休闲农业经营与管理

谈再红 ◎ 主编

100 问

中国农业出版社
农村读物出版社
北京

图书在版编目（CIP）数据

休闲农业经营与管理100问 / 谈再红主编. —北京：
中国农业出版社，2022.8
ISBN 978-7-109-29838-5

Ⅰ.①休… Ⅱ.①谈… Ⅲ.①观光农业—经营管理—
中国—问题解答 Ⅳ.①F323.4-44

中国版本图书馆CIP数据核字（2022）第149472号

中国农业出版社出版
地址：北京市朝阳区麦子店街18号楼
邮编：100125
责任编辑：武旭峰
版式设计：杨 婧 责任校对：刘丽香
印刷：中农印务有限公司
版次：2022年8月第1版
印次：2022年8月北京第1次印刷
发行：新华书店北京发行所
开本：700mm×1000mm 1/16
印张：18.75
字数：335千字
定价：90.00元

版权所有·侵权必究

编写人员

主　编　谈再红

副主编　刘唐兴　林丹婧

参　编　王建宇　沈　强　杨　杨　高杨杨　王　琰

目 录
● CONTENTS ●

第三章 休闲农业经营 / 121

第四章　休闲农业管理　/ 192

第五章 案例分析 / 245

第一章　休闲农业基础知识

休闲农业是20世纪80年代末期从四川成都起源后在我国发展起来的新型产业。在全球农业产业化发展进程中，现代农业不仅具有生产性功能，还具有改善生态环境质量，为人们提供休闲、度假、消遣的生活性功能。随着现代社会工作节奏的加快和竞争的日益激烈，人们渴望闲暇时间多样化的生活体验，尤其向往回归到拥有泥土芬芳的乡村自然环境中放松身心。于是，农业与休闲旅游边缘交叉，并紧密结合，一种新型产业——休闲农业应运而生。

休闲农业就是利用农村生态资源、农业生产、农家生活等条件，为消费者提供休闲、体验的一种农业经营新型产业。所以我们说：农业只有"一生"，

就是农业生产，而休闲农业则是在传统农业基础上发展起来的融生产、生态、生活"三生"于一体的新型产业。

"三生"中的生产意指农业生产。主要内容包括：利用土地资源进行粮油、经作、花草苗木种植生产，利用水域资源进行水产养殖，利用土地饲料饲草资源进行畜禽及特种经济动物养殖，对农产品（包括畜禽产品）进行加工或制作工艺品等。休闲农业中农业生产是基础，其理由是：农业在国民经济中属于第一产业，休闲农业是农旅结合的新型产业，其发展必须以农业生产为基础。可见，农业是休闲农业新业态当之无愧的"母亲产业"。农业生产的地位和作用就是休闲农业发展的基础，脱离了农业生产基础，再多的休闲旅游活动也都不是休闲农业。

"三生"中的生态意指农村生态。主要内容包括：利用农村"生态环境"资源，为人们的休闲旅游生活需要提供良好的自然条件，如清洁的水、绿色的山、负氧离子空气、适当的温度、必要的动植物伙伴、适量的紫外线照射等，发挥好"生态环境价值"。"生态环境价值"是一种"非消费性价值"，这种价值不是通过对自然的消费，而是通过对自然的"保存"实现的。生态环境价值具有越久越值钱的特性，发展休闲农业一定要保护生态环境，必须在做好生态与农业生产的基础之上再开发休闲旅游活动。

"三生"中的生活意指农民生活。主要内容包括：利用农业经营活动、农村文化及农家生活，为人们提供农作、观光、度假、游玩等休闲体验（娱乐）活动，增进人们对农业及农村的生活体验，享受乡土乐趣，感受独特的生活价值。生活的范畴较广，休闲农业中的乡村生活包括农村人们的日常活动、学习、工作、休闲、社交、娱乐等，可分为职业生活、个人生活、家庭生活、社会生活以及玩乐生活等。休闲农业经营要求会创意、设计与组织，为游客提供的休闲旅游生活内容不光有趣味，还需要有文化内涵。休闲农业做体验活动创意设计时要重点把握好四条原则：一是休闲农业的休闲体验活动设计要与当地的生产与资源利用相配套；二是休闲农业最重要的经营理念是，农业生产不能只是生产得好，更重要的是讲究如何卖得好；三是休闲农业不光卖物质产品，更重要的是卖精神服务产品，特别是满足青少年与儿童求真、求趣、求知的精神需求；四是休闲农业的休闲体验活动要不断创新，不断满足人们消费升级的需求。

发展休闲农业必须坚持可持续发展道路，坚持人与自然和谐相处，坚持人口、资源、环境协调发展。休闲农业投资与经营一定要坚持：先做生态，后做生产，再做生活，生产、生态、生活有机结合、融为一体，走生产发展、生态良好、生活富裕的文明发展道路。

休闲农业园区要做好"三生"结合，需要重点把握以下三个方向。

（1）以种养农产品为中心

根据种养农产品发展加工业、乡村旅游业，形成一个种养农产品产供销一体化的产业链，实现园区资源循环利用，保障园区效益高并且持久稳定。如，种植水稻的休闲农业项目除了以水稻种植为中心外，还可以种养结合，实现稻鱼、稻虾、稻蛙、稻鳖生态农业循环发展，延伸出大米、米粉、谷酒、米酒、甜酒、年糕等加工产品系列，还有特色餐饮、休闲旅游活动、水稻科普教育等，实现由农业到加工业，再到旅游服务业的高度融合。

（2）以农业资源利用为主

依托园区自然山水田园资源与农业生产条件，延伸出休闲地产、养生、养老、度假等。通过改善原居民的居住条件，吸引游客以及新居民在乡村度假或安家落户，甚至创新创业。这种休闲农业模式，虽然投资大，回收慢，但这是今后乡村振兴发展的方向。

（3）以乡村文化传承为主

休闲农业园区通过保护生态环境，发展农业产业，挖掘乡村民俗，不断发展与传承乡村文化，如建筑文化、服饰文化、美食文化、习俗文化、宗教文化、婚庆文化、游乐文化等。在营销模式上，可以探索发展农家乐、休闲农业园区、共享园区、田园综合体、农业特色小镇、会员制私人农场、农业公园、美丽休闲乡村、农业教育、体育休闲、陪同体验等多种休闲农业经营模式。

2 为什么说休闲农业必须农旅"有机"结合？

休闲农业是把农业生产经营活动和观光休闲活动有机结合起来的一种新型产业。它是一种创意农业，它通过农业基地生产、产品加工、休闲服务实现产业化和品牌化。

目前，我国休闲农业的发展在农旅结合上主要存在以下三个方面的问题。

（1）只做休闲旅游活动，不做农业

很多投资人没有弄清楚休闲农业新型产业和单纯的旅游产业是有差异的。它们的差异主要表现在：旅游主要是利用旅游资源，注重旅游设施开发投入与商业文化建设，满足的是旅客以吃、住、行、游、购、娱为主的旅游消费需要。休闲农业注重的是农业资源利用，农业生产功能拓展，乡村民俗文化挖掘与传承，在提供优质农产品的同时，满足的是人们体验认知与怡情养性的生活需要。所以，把休闲农业园区、农村普通村落当旅游景区来干是错误的，这样

干的后果是土地开发不够，投入资金多，投入产出回报低。

（2）把休闲农业当观光农业来做

主要表现在：一是搞大规模的花海；二是搞大规模的农业生产高端设施景观；三是搞人造景观旅游。这样干的结果是投入资金大，运行成本大，经济效益差。观光农业是休闲农业和乡村旅游发展过程中最低端的休闲旅游产品，主要满足的是游客以"看"为主的消费需求。以花海为例，难以盈利的主要原因有三个：一是所有植物都有花期，且花期较短；二是以观光为主的游客消费时间也很短；三是卖门票的观光园区很少有回头客，因此缺乏持续性。

（3）休闲农业农旅结合得不紧密

很多休闲农业项目虽然做的是农旅结合新型产业，但结合得很松散，不紧密，有的甚至是两张皮。如在江西、山东很多农业产业做得很好的示范园区，休闲旅游还是只有打牌、钓鱼、采摘、餐饮"老四样"的休闲农业和乡村旅游经营项目，这样干的结果也是资金投资大，回报期长，甚至亏本经营。在湖南几乎所有的休闲农庄都实现了从田头到餐桌的农旅结合方式，但这样的结合也只是一种低端农旅结合模式，一般农家乐也能做到，这种低端的服务产品，很容易复制，同质化经营，其结果就是价格竞争激烈，效益不高。

休闲农业中的农旅结合，是以农业为基础，根据农业园区的主导产业来创意休闲旅游活动，从而形成旅游活动与特色产业生产相呼应，加强产品品牌认知与传播，促进农业产业持续发展。只有这样的农旅结合才是休闲农业真正的农旅结合。

　　休闲农业园区"农业"方面具体可从三个方面来做：一是要有农业产业文化内涵贯穿；二是要有一二三产业融合发展；三是要打造园区平台，实现整合。

　　休闲农业园区"旅游"方面具体可从五方面来做：一是要有特色差异；二是能引起议论；三是能让人记忆；四是有艺术元素；五是容易做，让人能够体验。

　　从专业角度来分析，休闲农业是一种农旅结合的新型产业，既然是新业态肯定有其结合的经营模式。这种农旅结合经营模式肯定不只是简单的结合，一边是农业种养生产，一边是休闲旅游活动。目前大多数农庄主没有弄懂农旅结合的背后逻辑，认为做休闲农业只是为了增加游客休闲旅游活动。

　　其实，站在投资人的角度来看休闲农业，观光体验等只是一种手段和途径，发展农业产业才是目的。如果没有产业支持，没有将农业生产、农产品作为观光体验的主体，无异于买椟还珠。

　　我国台湾和一些发达国家的休闲农场，其设计的休闲体验项目，看似也是让游客参与的体验活动，但大多内容都是和农场的主题定位相结合，与农业产业发展相结合，通过场景化的旅游体验来带动"在地化"产品销售，进而沉淀出休闲农场的产品品牌。

　　比如台湾飞牛牧场，他们让孩子来看牧场、坐牛车、喂牛草、吃牛奶火锅，设计奶牛游戏让孩子们体验，最终不是为了赚"活动费"，而是为了带动牛奶以及延伸产品的销售，加强品牌传播和认知。

　　再比如台湾蘑菇部落通过场景化体验带动蘑菇销售，农场主设计了看蘑菇、吃蘑菇、蘑菇DIY体验、蘑菇科普教育、蘑菇文化欣赏等活动带动蘑菇产品销售，农场销售产品收入已经突破亿元大关，占到农场整体收入的六成以上。

所以说，休闲农业旅游的目的，不只是生产＋旅游的简单结合，不单是了解传统文化，而是通过休闲旅游活动沉淀出产品品牌和渠道品牌，它的价值远超休闲农业项目活动的收费，而是一个没有天花板的产业。

3　为什么休闲农业要一二三产业融合发展？

很多成功的企业实践证明：只有成为一二三产业的融合体、农民利益的共同体、农耕文化的传承体，休闲农业产业才能持续发展，必须实现多种融合才有出路。

目前，我国休闲农业发展势头迅猛，产业呈现出发展加快、布局优化、质量提升、领域拓展的良好态势。休闲农业融合农村一二三产业的这种经营方式，一些专家也将其称为"第六产业"。休闲农业企业不光有第一产业（农业种养业），还要有第二产业（农产品加工业）和第三产业（休闲服务业）。这样$1+2+3$等于6，$1×2×3$也是等于6，休闲农业的"第六产业"之名因此而产生。

一二三产业融合发展就是以农村产业为路径，以产业链延伸、产业范围拓展和产业功能转型为表征，以产业发展方式转变为结果，通过形成新技术、新业态、新商业模式，带动资源、要素、技术、市场需求在农村的整合集成和优化组合。

（1）休闲农业要确立基在农业、利在农民、惠在农村的基本发展思路

休闲农业的一二三产业融合发展要坚持：一产是基点，二产是重点，三产是亮点。在产业发展上，要以当地特色产业为引领，选择在本地区有基础、有优势、成规模的重点产业；选择与生态文明结合、与文化旅游结合的亮点产业；不断探索新模式、新业态，比如"互联网＋"的产业新增长点等。将产业发展落实到具体的功能区、产业带和品种上来，通过对休闲农业的投入，加快资产融合、技术融合、要素融合、利益融合，加强与政府、企业、农民等的配合和资金整合，实现一二三产业融合发展。

（2）休闲农业要使产业链、价值链呈前延后伸融合发展态势

① 前延后伸融合　休闲农业开展一二三产融合发展，向前延伸主要是发展自身标准化原料生产与示范基地，并借助基地发展以观光、科普、养生等为主的休闲体验活动，同时发展流通业和特色餐饮业。休闲农业在产业融合中要有效保障农民的基本利益，除了流转土地和吸纳农民打工外，还可采取农户、农民合作社注资或以土地经营权入股等多种方式。

② 围绕产业链进行配套发展　发展休闲农业可以与加工、旅游、仓储、物流、信息等配套服务企业开展广泛地联系，在生产环节上实现不同层次的首尾相连、上下游衔接，向前有集中连片的原料基地，向后有健全的物流配送和市场营销体系，相关企业以产业链为核心，形成相互融合、互促共进的抱团发展格局。

③ 在壮大休闲农园产业经营的基础上，加强"园社联合""园场联合""园企联合"　围绕一定区域内的特色产业，深化各产业间休闲农业企业与农户、家庭农场、农民合作社和相关企业的合作、联合与整合，形成长期稳定的订单关系、契约关系，一二三产业的相关产业各种组织通过在农村空间集聚，形成集群化、网络化发展格局，形成特色优势区域品牌，真正实现产业发展，农业增值，农民增收。

（3）休闲农业要打造农业与文化生态休闲旅游融合发展新业态

做休闲农业要以农耕文化为魂，以美丽田园为韵律，以生态农业为基，以创新创意为径，以古朴村落为行，将农业的生产功能向经济功能、社会功能、休闲功能、教育功能、文化功能和生态功能等多功能拓展，进一步催化新的产业形态和消费业态，再将这些新业态与种植业、加工业、餐饮业、创意农业等互相渗透、互相提升、融为一体，赋予农业科技、文化和环境价值，实现农业或乡村的产业兴旺。

休闲农业的旅游观光、文化传承、科技教育等功能，能促使大量的农区变旅游休闲区、田园变公园、空气变人气、劳动变运动、农产品变商品，使其在转变农业发展方式、带动农民就业增收、推进乡村振兴与美丽乡村建设等方面发挥积极作用。

（4）休闲农业要促进资源要素向农业渗透融合

休闲农业要做好"消费导向"的大文章，根据社会人口变化及其对农业需求的影响，深入研究不同类型、不同年龄消费人群，特别是"80后""90后""00后"人群的消费行为、消费方式、消费结构的差异，引进"大数据""互联网＋"为代表的先进技术，模糊农业与二、三产业间的边界，借助信息化等力量实现网络连接，缩短供求双方之间距离，优选市场定位、瞄准各类细分市场，大力发展网络营销、在线租赁托管、短链食品、社区支持农业、电子商务、体验经济等多业态融合发展方式。

（5）休闲农业要以改革创新为动力，构建其发展的长效机制

一要积极发展休闲农业租赁制、股份制、合作制等组织形式，打造利益共同体和命运共同体，形成产权清晰、利益直接、风险共担、机制灵活的制度安排。二要积极探索休闲农业各种融合发展模式，让农民参与休闲农业发展全过程。

4 休闲农业开发主要依托哪些乡村资源条件？

除了经济、交通、区位等条件外，优越的乡村资源条件是休闲农业规划和开发十分重要的基础。因此，休闲农业项目开发与规划时，应首先对乡村资源进行综合调查与分析评价，从而为规划建设和合理开发提供可靠依据。

乡村资源种类繁多，涵盖生产资源、生活资源和生态资源，较乡村传统农业资源更为宽广。

(1) 乡村农业生产资源

乡村农业生产资源一般是指农作物及与农作物密切相关的农耕活动、农机具等。另外，家禽家畜也包括在农业生产资源之中。

① **农作物生产** 农作物可分为粮食作物、经济作物、绿肥与饲料作物、园艺作物等，作物类型不同，休闲农业的做法也就不同。从这个方面来说，休闲农业创意千差万别，只要不是照抄照搬，比较容易形成自己的特色。

② **农耕活动** 主要包括水田、旱地、果园、菜园、花圃、茶园等不同生产场地的农耕活动。

• 水田。耕作对象主要是水稻，主要创意休闲活动有插秧、播种、病虫害防治、除草、捉鱼、捉泥鳅、钓黄鳝、捡鸭蛋、水稻收割等。

• 水域。耕作对象是水生植物和动物，主要创意活动有赏花、采莲、钓虾、钓鱼、挖藕等。

• 旱地。耕作对象是玉米、花生、油菜、棉花、黄豆、芝麻等，主要围绕作物的耕种、除草、采收等进行休闲农业活动创意设计。

• 果园。耕作活动主要是根据水果苗期、生长期、花期、挂果期、成熟期开展嫁接、修剪、疏果、套袋和采摘等休闲农业活动。

• 菜园和花圃。耕作活动主要有播种、管理、采收，可开发成市民农园或者供市民参与采摘等。

• 茶园。耕作活动主要有修剪、管理、采茶、制茶等，可开展采茶、制茶、茶道表演、品茶等丰富多彩的休闲活动。

③ **农机具** 是农民在从事农事活动过程中使用的有特色的农业工具，可

供展示观赏、体验劳作、作纪念品等。

④ **家畜家禽** 家畜包括猪、牛、马、羊、兔子等，可供游客观赏、喂养、骑玩，或举办动物比赛等。家禽包括鸡、鸭、鹅、鸽子等，可圈养或散养，供游客观赏、知识科普或喂养互动。

（2）乡村农业生活资源

① **乡村礼仪** 包括当地农民的方言、宗教信仰、农民特质、人文历史等。在休闲农业创意中要充分展示农民的淳朴、热情与好客。

② **农民生活** 包括衣、食、住、行四个方面，如服饰、烹饪方式、饮食习俗、婚庆活动、农家院落、民宅、阡陌、村道等。

③ **民俗文化与节庆** 民俗文化由于具有很强的地方特色，也是非常吸引游客的地方。我国乡村具有非常丰富的民俗文化，如民间技艺、雕刻、绘画、赏花灯、舞狮、地方戏曲、民谣等。我国乡村节庆很多，除了传统的节庆外，还有不同民族的节庆、农事节庆等。

（3）乡村农业生态资源

乡村农业生态资源也是一项自然资源，同时又与乡村生产生活息息相关，只有生态、生产、生活"三生"协调发展，休闲农业才能达到健康、自然、生态的要求。乡村农业生态资源主要包括乡村气象、乡村地理、乡村生物和乡村景观等。

① **乡村气象** 农业生产与自然气象条件密切相关，在很早以前我国劳动人民就意识到了这一点。农耕文化中二十四节气、流传至今的农谚等都是劳动

人民智慧的结晶。在乡村，特殊的气象如雾凇、云雾、雨雪、日出日落等都会给城市游客带来不一样的感受。

② **乡村地理**　主要包括乡村的地形地貌、农作物生长的土壤、水文以及大气环境等。不同的地形对休闲农业创意活动有着重要的影响，如平地适合大型团队活动，缓坡地适合做生产性体验活动，梯田和山坡茶园适合观光，陡峭的林地可以满足游客探险、猎奇的心理等。

③ **乡村生物**　乡村生物种类繁多，充满着田野气息，可以设计出非常多的有趣味、有知识的休闲体验活动。野草野花等让人赏心悦目；麻雀、蚯蚓、泥鳅、青蛙、田鼠、松鼠等，可以让人增长知识，激发小朋友对大自然的好奇心；蝴蝶、蜻蜓、萤火虫、蝉、小鸟等，可以让人体会乡间情趣，体验回归自然的美好意境。

④ **乡村景观**　主要包括全景景观、特色景观、焦点景观、围闭景观、框景景观、细部景观、瞬间景观等。

• 全景景观。以地平线为主导，通常由远处观赏，如群山叠翠、山地村落、绿色田野、广阔草原、散落村庄、村集等。

• 特色景观。是具有农业农村特色的景观，如稻田、果园、江海河湖、泉水溪流、传统聚落等。

• 焦点景观。是吸引人视线、具有明显标志物的景观，如某种特别的农作物、古树、古宅、古茶园、寺庙等。

• 围闭景观。是被地形、树、围墙围闭起来的景观，如古村落中的巷道、大树隐蔽的林间等。

• 框景景观。是被大树或建筑物框住的景观，可以在优美的地方框景或者在框景处创造优美的景观。

• 细部景观。需要走近才能体会的景观，如稻草发出的淡淡清香、农宅门框上的花纹等。

• 瞬间景观。不是经常存在的，偶尔或定时出现的景观，如蛙鸣、鸟叫、彩虹、日出、日落、耕作等。

5　目前我国休闲农业有几种主要发展模式？

休闲农业作为一个农旅相结合的新型学科，内容涉及农业、生态、地理、景观、旅游等多专业领域，具有综合性。随着乡村振兴战略的进一步实施，休闲农业和乡村旅游的蓬勃发展，学习和掌握休闲农业专业知识十分必要。

由于自然资源、人文资源、农业资源和经济状况的差异，各地休闲农业和乡村旅游发展类型和模式表现为多样性。从休闲农业专业角度分析，目前，我国休闲农业的发展模式主要有如下几种。

(1) 农家乐

农家乐是以农民家庭为基本接待单位，以利用自然生态与环境资源、农村活动以及农民生活资源，体验生活为特色；以农业、农村、农事为载体，以"吃农家饭、住农家屋、干农家活、享农家乐"为主要内容，以休闲旅游服务经营项目为主的休闲农业项目。

农家乐一般是在原有的农田、果园、牧场、养殖场的基础上，将环境略加美化和修饰，以淳朴的农家风光吸引城市居民前来观光游览。农家乐定位于休闲类旅游，既无涉水之险，也无爬山之累，在林荫庭院中，或依山傍水，或竹林幽幽，或花果飘香，清香幽静，小桥流水，绿野成片；或打牌、下棋，或饮茶、畅谈，给人一种心旷神怡、身心舒畅之感，犹如置身世外桃源，让游客真正享受清静与悠闲。此外，农家乐也具有很强的参与性，能让每个游客亲自动手，在轻松、愉快的参与过程中获得返璞归真的感受。

(2) 休闲农庄

休闲农庄是一种综合性的休闲农业园区，是伴随着近年来都市生活水平和城市化程度提高而出现的集科技示范、观光采摘、休闲度假于一体的农庄式的综合农业园区。农庄内提供的休闲活动包括田园景观观赏、农业体验、亲子活动、垂钓、乡味品尝等，游客不仅可以观光、采果，体验农作，了解农民生活，享受乡土情趣，而且可以住宿、游乐、度假等。

目前，休闲农庄主要可归纳为城市郊区型、景区周边型、特色村寨型、基地兼容型等 4 种模式。国内休闲农庄主要集中在城市郊外及周边地区，城市居民是主要"客源"。城郊距离城市较近，基础配套设施比较完善，开发成本相对较低，经济效益突出。随着我国经济发展水平不断提高，以及居民收入大幅增长，城郊旅游市场需求快速扩张，景区周边、特色村寨、高科技农业基地将逐渐成为新的休闲农业和乡村旅游热点。

(3) 田园综合体

田园综合体实质上是"田园"与"综合"的合体，是集现代农业、休闲旅游、田园社区为一体，助力农业发展，促进三产融合，实现乡村现代化、新型城镇化、社会经济全面发展的一种休闲农业发展模式。

从功能性而言，田园综合体主要有农业产业侧重型和农旅休闲侧重型两类。其中，农业产业基础较好的地区，以农业生产、产业加工为其核心功能，主要任务是保障基础农业、发展特色农业，同时兼具休闲农业和乡村旅游等多重功能；而旅游资源较好或旅游市场较成熟的地区，则以田园意象的实现为基础，将农业产业作为吸引旅游的平台或项目，以田园风光和生态度假为重点，满足城乡居民的休闲观光、农事体验等需求。目前，我国田园综合体主要有优势农业主导、文化创意带动、自然资源引领、市场需求引导 4 种建设模式。

(4) 共享农庄

共享农庄就是按照共享经济的理念，在不改变农民所有权的前提下，将农村民宿、土地、产品、资源、项目等闲置资源，根据城市居民田园生活、度假养生、文化创意产业等多种需求进行个性化改造，采取产品定制型、休闲养生型、投资回报型、扶贫济困型、文化创意型等共享方法进行共享，通过互联网与城市居民需求对接，形成政府、集体经济组织、农户以及城市消费者"四赢"局面。

目前，共享农庄在我国还处于初步探索阶段，主要发展思路有以下几种。

① **简易共享模式** 就是农场主通过股权认筹、农产品认种等方式将农场投资者、经营者、消费者联合起来形成利益共同体，实现利益最大化的休闲农业经营模式。

② **平台共享模式** 就是以网络信用体系构建为基础，以场景化营销为核心，以信息化建设为根本，实现产业聚集，构建一个联系消费者与农庄的平台，从而形成休闲农业产业平台聚集型发展模式。

③ **智慧共享模式** 利用物联网技术、人工智能技术与大数据技术的发展，休闲农业带给消费者生产体验的智能化、交易过程的智能化和消费体验的智能化。

（5）民宿

民宿是指利用自用住宅空闲房间，结合当地人文、自然景观、生态环境资源及农林渔牧生产活动，为外出郊游或远行的旅客提供个性化住宿场所。

目前，我国民宿发展的主要模式有自然风光型民宿、历史人文型民宿、特色体验型民宿、新村展示型民宿四种。

（6）农旅特色小镇

农旅特色小镇是一种以农业产业与旅游产业相结合的新型交叉性产业为主的新型休闲农业业态。主要依托当地农业基础条件和特色环境条件，在充

分尊重农业产业功能的基础上，合理开发特色农业旅游资源、土地资源、文化资源，打造集农业旅游休闲项目、农村产业创新项目、农村商业地产项目、农业文化保护项目为核心的，集合产业、生态、文化和社区功能于一体的特色镇。

鲜明的农业产业定位、农业旅游特征和农业文化内涵是农旅特色小镇区别于其他类型特色小镇的关键要素。同时，农旅特色小镇强调"镇"的要素，即在强调农旅产业特色的同时，强调了该主体在"社区功能"的作用。目前，我国农旅特色小镇的发展模式主要有三种：镇村互动、产镇融合模式；以农促旅、以旅强农模式；资源整合、差异发展模式。

（7）美丽休闲乡村

住在农家、玩在农庄、游在村落，这就是美丽休闲乡村的主要内涵。从2019年开始，国家加大了对美丽休闲乡村项目的政策支持力度，各地相继出台了大力支持美丽休闲乡村发展项目的扶持政策。2020年，国家大力支持发展美丽休闲乡村项目的核心目的有两个：一是充分利用乡村资源；二是促进农民脱贫致富。农业农村部《2020年乡村产业工作要点》提出2020年要认定一批"一村一景""一村一韵"美丽休闲乡村，开展"最美乡创、乡红、乡艺、乡厨、乡贤、乡社、乡品、乡园、乡景、乡居"等"十最十乡"推介活动。

美丽休闲乡村是以村庄或自然村落自然资源、主导产业为基础，结合乡村文化，融入旅游要素，打造可观、可游、可品、可住、可行、可体验的多元化休闲农业产品，实现主导产业与特色产品的旅游化链条延伸，让当地农民参与其中的休闲农业经营模式。

（8）农业公园

农业公园是以自然村庄和村民的生活、生产圈为核心，涵盖园林化的乡村、生态化的田园、现代化的农业生产等景观，并融合农耕文化、民俗文化和乡村产业文化等于一体的新型公园形态。我国农业公园还处在发展的初期阶段。

目前，我国农业公园建设，依主要功能，有旅游观光型、休闲度假型、科技服务型之分；依区域位置，有都市型、乡村型之分；依产业数量，有单一型、复合型之分。

休闲农业其他经营模式还有：农业科普教育基地、农业嘉年华、社区支持农业、农产品展销等，目前都还在探索之中。

6　怎样办一家与众不同的农家乐？

　　乡村振兴战略提倡大力发展休闲农业和乡村旅游，普通农民怎样参与？是土地出租了事，还是参与其中？农民在休闲农业和乡村旅游发展中可积极兴办采摘园、农产品加工作坊体验店、民宿、农家乐、农学堂等，享受乡村振兴发展的政策红利。

　　普通农民如何转型做农家乐？做农家乐需要哪些前提条件？重点应该把握如下几点。

（1）区位条件要优越

　　① 选择离城镇较近，视野开阔的地方　　农家乐的主体消费者是城镇客人，当然周边乡里乡亲的生意也需要考虑。因此，农家乐最好是建在离城镇不远的地方。一般来说，离小城镇30千米（半小时车程）之内是第一优越条件，离大中城市30～90千米（一个半小时车程内）是第二优越条件。农家乐依托的城市越大，商机相对来说就越大。因此，农家乐的产品和服务一定要以满足城里人的需求为主。开办农家乐的目的是供客人吃喝玩乐，为消费者提供农家服务而盈利，其中生态条件好、风景优美也是必须考虑的因素。因此，离城较近，环境优美，视野开阔，当为首选。

　　② 选择交通便利、场地宽敞的地方　　现在的私家车普及率很高，城里居民超过六七成的家庭有车，小汽车已经成为普通的代步工具。做农家乐一定要

靠近交通便利的公路。因此，农家乐应重点选择在高速公路出口不远处，选择在国道、省道、市县道路的路边。如果是乡村道路，连接农家乐的道路一般需要有5米左右的宽度，3.5米的村级小道不适合发展农家乐。除了交通条件，停车场也是农家乐要重点考虑的条件，没有足够的停车场地也是不行的。

　　③ **依托景区景点，靠近游客进出口的地方**　农家乐可选择在旅游景区、乡村旅游景点的周边或景区（点）内开办。目前，很多地方都在大力开发全域旅游。由政府支持，龙头企业领办开发了很多旅游景区、美丽示范乡村旅游景点、休闲农庄、农业主题公园、田园综合体、特色小镇等休闲农业和乡村旅游项目。如果农民朋友们的住宅就在其中，或是在景区景点周边，就可以借势开办一家农家乐，招揽一部分客人到家里来消费，以增加收入。

（2）要有经营管理人才

　　做农家乐除了区位条件优越，经营硬件条件好外，经营管理人才也是需要重点考虑的内容。

　　① **老板要有经营头脑**　做农家乐不是种地，与农业生产不同的是，农家乐是一门生意。做生意就一定要会经营管理，要有胸怀与格局，会迎来送往，会与人打交道，会做服务。因此，没有经营头脑的人是做不了农家乐的。当然，经营理念与经营知识也是可以通过学习来建立的，想当农家乐老板的农民朋友一定要有虚心学习的态度。

　　② **家里要有做事的人**　做农家乐一般来说需要家里有人帮忙做事。当然，也可聘请村里的老乡来做事，如厨师、服务员、生产临工等。一些重点岗位由于管理方式达不到城里的水平，还是安排家里的人来做会好一些，如店面管理、收银、采购等，这些岗位由放心的亲戚朋友来做，老板会省心很多。一些小型农家

乐，大多是夫妻店，家人班子，那就再好不过了。

③ **聘请职业经理人经营**　一些专业性较强，规模较大的农家乐，也可以借鉴城里现代企业管理方式，聘请专业团队、职业经理人来经营。如农家乐的厨房可以承包给厨师团队经营管理，店面经营聘请职业经理人来管理。农家乐老板只要建立好管理模式、管理制度和奖惩办法就可以了。

（3）有经营特色，做到与众不同

① **要吃得可口**　美食是农家乐经营的标配项目，只有做出自己的特色才会生意兴隆。农家乐的家常小炒一般都是主打菜品，但是如果大家都只做这些常规菜谱，什么都叫土菜，如土猪肉、土鸡、土鸭、活鱼等，那就没有什么特色了。农家乐一定要开发出两三款独家菜品，才能吸引更多顾客的光临。农家乐如何做特色菜品呢？除了特别的制作方法外，菜品还要让游客知晓来源。如做肉可以按品种来叫，如黑猪肉、花猪肉、黑山羊肉、茶陵黄牛肉等；做鱼可以按养殖来源叫，如大河鱼、大湖鱼、水库鱼、泉水鱼、山塘鱼等；做鸡鸭可以按喂养方法叫，如板栗鸡、水果鸡、虫草鸡、水鸭、谷鸭等；做蔬菜主要是做当地的山野菜，如竹笋、蒌蒿、马齿苋，或选时令菜，如南瓜花、南瓜尖、萝卜苗等。总之，你一定要有拿得出手的几款菜品并做到与众不同。

② **要住得舒服**　农家乐的客房除了要干净卫生外，还需按城里人的需求来打造，切不可按乡里人平常的生活习惯来设置。如客房中抽水马桶、席梦思床一般都是标配；有些设施需现代化，如澡堂设施、门锁等；有些设施可具有乡土韵味，如家具、茶具、椅子、板凳等；有些要体现人文关怀，如枕头、灯光、被子、插座插头等。总之，客房一定要做到看起来既有乡味又有档次，住起来还感觉非常舒服。

③ **要玩得开心**　农家乐要充分体现出农家之味，也要发挥出可乐之处。如果客人在农家乐能有一段体验农家农活或自做美食的过程，一定会令人流连忘返的。比如水果、蔬菜采摘，比如采茶炒茶，比如捕鱼摸虾，比如石磨豆腐，比如打糍粑等，让顾客参与劳动或美食的制作过程，对顾客及孩子们都具有十分的吸引力，能给他们留下深刻印象，加深印记。农家乐可以按一年四季设计春播、夏种、秋收、冬藏的农事体验活动，这是游客再次到农家乐重复消费的休闲旅游基础。

④ **要有文化内涵**　农家乐能否挖掘民间乡村表演节目，让顾客体验民俗风情？面对众多竞争对手，农家乐靠什么吸引游客光顾？农家乐一定要拥有自己的独特之处，其中乡村文化是一个重要的竞争砝码。这些乡村文化除了前面说到的美食文化、民俗文化外，还可以从建筑文化、服饰文化、习俗文化、宗教文化、游戏文化等方面进行创意。如乡村游戏文化可以有：小时玩的斗鸡、跳飞机、叠石子等，青年人玩的耍狮子、民间舞、地方戏等，这些都能勾起大家美好回忆与参与感。此外，农家乐还可以将特色菜品、特色农产品编成传说故事讲给游客听，增加特色产品的传播影响力。在乡村节日期间，可以设计与组织与众不同的节庆活动来吸引游客。

⑤ **要服务温馨**　迎来送往、端茶倒水这些服务工作目前很多农家乐都做得不太好，如顾客来了没人招呼停车，没人在院门口迎来送往，更没有人组织

客人游乐体验，有时候上茶送水也不及时等。如果农家乐的服务做得比别人好，则会加深印象并建立美妙情感。现在的人们大多是手机控，在农家乐的店里无线网络一定要好，上网密码要方便客人知晓。还有充电装备一定要备齐，方便顾客手机没电时能随时充电。当你的农家乐景好、食好、房好、玩乐有特色，顾客自会帮你宣传。

总之，农家乐是一种投资省、见效快，做好了还是很赚钱的休闲农业和乡村旅游项目。但如何做好做精，这需要学习与思考。得做得与众不同，打造出自己的特色，并充分做好服务，这样才能做得更好，赚钱更多。

7　怎样建设主题鲜明的休闲农庄？

目前，采摘、垂钓已是低端休闲农业服务产品的代名词。在这个体验经济的时代，人们追求的不只是自然环境的淳朴，更是想要一种别样的生活品质。因此，休闲农业需要跟随时代步伐，在乡土产品中融入新的流行元素，构建足以吸引游客的主题，提升休闲农庄的整体品质，才能够留住游客的心。

(1) 休闲农庄的概念

休闲农庄是伴随着近年来我国人民生活水平和城市化程度提高而出现的一种集生产示范、科技展示、观光采摘、休闲度假于一体的庄园式的农业综合产业园区。

休闲农庄除了提供农产品外，还提供田园景观观赏、农业体验、亲子活动、垂钓、野味品尝等，游客不仅可以观光、采果，体验农作，了解农民生活，享受乡土情趣，而且可以住宿、游乐、度假等。

(2) 休闲农庄的发展

休闲农庄最早起源于欧洲，至今已有一百多年的历史。早在1855年，法国巴黎市的贵族就组织到郊区乡村度假旅游。1865年，意大利成立了"农业与旅游全国协会"。20世纪60年代初，西班牙积极发展休闲农业，把农场、庄园进行规划建设，提供徒步旅游、骑马、滑翔、登山、漂流、参加农事活动等多种休闲项目，并举办各种形式的务农学校、自然学习班、培训班等，从而开创了休闲农庄的先河。此后，休闲农庄在德国、美国、波兰、日本、澳大利亚等国家得到倡导和发展。我国的休闲农庄最早开始于20世纪90年代中后期，随着人们收入水平的提高，乡村旅游和生态旅游的兴起，休闲农庄迅速发展。

（3）休闲农庄的模式

通过综合分析国内外休闲农庄的发展现状，休闲农庄目前的经营模式可归纳为城市郊区型、景区周边型、特色村寨型和基地兼容型。

休闲农庄的发展模式

农庄模式	资源禀赋	功　能	市场需求	经营内容
城市郊区型	农村风光、农业资源、新农村建设	观光、休闲、学习、体验、购物、休闲度假	本地城市居民、少量外地或境外游客	近期以观光、休闲为主，长期以休闲度假为主
景区周边型	城镇、村寨、农业资源	休闲度假、观光、旅游、学习、体验、购物	风景区游客、本地城市居民、境外游客	旅游休闲、度假购物并重
特色村寨型	特色自然、人文景观、特色文化	观光、旅游、求知、体验、购物、休闲、度假	城市居民、外地或境外游客	观光、旅游、学习、科普、购物为主，少量休闲度假
基地兼容型	农业生产基地	观光、学习、求知、体验、劳作、购物、休闲	本地城市居民、少量外地或境外游客	观光、学习、科普、购物为主，适当发展其他经营项目

（4）休闲农庄规划

如何打造具有鲜明主题特色的休闲农庄？一般而言，一个休闲农庄的建成需要经历市场调查和主题定位、规划设计、农庄建设、营销推广四个阶段。其中农庄规划设计一定要围绕园区的田园景观、农业生产活动和特色农产品等吸引物，从景观性、体验性、休闲性、有机健康角度进行规划，如农业体验、创意农业休闲、养生养老、农业科普教育、农耕文化展示等，规划出农业游、林果游、花卉游、渔业游、牧业游、养生游、科普游等不同特色的主题休闲活动项目，来满足游客体验农业、回归自然的心理需求。

① **主题特色**　结合当地的历史、人文、风俗等因素，通过打造主题景观，加强视觉效果，比如主题种植、主题茶庄、主题花卉、休闲牧业、休闲渔业等。

② **生态保护**　生态环境质量是休闲旅游吸引力和竞争力的主要基础，以保护"地球之肺"的森林、"地球之肾"的湿地、草场、动植物等原生态环境，开发旅游休闲、环境教育等项目，从而为园区带来可观的经济效益。

③ **体验项目**　体验项目是园区永续经营、拉动消费、抓住回头客的有效手段，如农业体验、休闲娱乐、户外竞技、节庆活动等丰富的互动元素。

④ **业态模式**　比如农事体验、养生养老、亲子活动、游学教育、体育休闲、婚庆主题、市民假日大学、宠物训导、民间收藏展示、国防教育训练、公益社团活动、民宿等，创新规划不同园区模式。

⑤ **创意元素**　创意元素是吸引眼球的最直接办法，如创意农作物生态景观、创意设施、创意休闲体验活动、创意节庆游乐活动、特色商品等。除上述必备的五要素外，还要有相应的配套设施，如灌溉水、给水排水、道路、电力、交通、智慧园区、广播音乐、通暖通气、停车位、监控消防、场地平整、垃圾回收、园区三通一平等基础性设施；如有条件，同时配备观光车、牛车、马车等特色交通工具；设置站牌站点，道路两侧设计人行步道，人车分流，保证游客安全；园区内所有人行道路，需设计无障碍通道，关怀残障人士及老人，确保其顺利通行。

（5）休闲农庄建设

主要包括农庄的房屋建筑、农业生产、旅游设施、园区景观等硬件设备建设，同时还有软件建设，如农业经营管理、服务流程、主题形象等，具体建设内容如下。

① 硬件设备

- 农庄产品体验设施。
- 农庄生产设备及其产业相关衍生产品展示（售）设施。
- 餐饮设施。
- 消防、安全设施。
- 科普馆（室）、DIY教室及互动设备设施。
- 公共厕所。
- 停车场。
- 长廊、凉亭（棚）设施。
- 观景设施、水池、公共艺术或其他景观设施等。

② 软件建设

- 主题特色（农庄主题与形象）。
- 产业休闲观光教育主题。
- 农庄设计风格、特色与休闲农庄园区的主题相匹配。
- 适合不同游客群体的体验课程。
- 农庄识别系统（CIS）。
- 鲜明的企业形象。
- 服务质量。
- 服务人员培训与教育。
- 危机处理能力及客户投诉体系。

（6）营销与推广

营销推广是农庄开业前最后阶段的工作，它是建立在前三个阶段的基础之上的。在这一阶段，最重要的是采取各种营销推广措施，比如网络营销、社群营销、口碑营销、公共营销、顾客关系服务等。

（7）政策支持

休闲农庄建成开业一年后，根据规模大小与经营情况可以申请星级评定。目前，星级评定分为国家级与省市级之分。一些地方政府对被评为星级的休闲农庄都出台了相应的扶持与奖励政策。如湖南省被评为省级五星级的休闲农庄，可享受省级农业龙头企业优惠政策，有一定的贴息贷款补贴与奖励。

休闲农庄在建设与经营过程中，还可向农业、旅游、交通等部门争取相应的专项资金支持，如农田水利、交通道路、标示标牌、旅游厕所等公共设施设备建设专项资金。

8　一个标准休闲农庄的建设内容有哪些？

休闲农庄是以现代化农业生产为基础，以休闲旅游为主导，以先进经营理念和管理方式为支撑，依托特色自然、人文资源，拓展精深加工、农耕体验、旅游观光、休闲度假、健康养老、教育文化等多种功能，满足消费者多元化需求的一种新型现代农业发展模式和旅游消费形态。

休闲农庄的建设内容按照相关标准，主要围绕三个方面来开展：现代农业质量、服务质量、景观与资源质量。

（1）现代农业质量

① **农业物质装备水平**　土地集中连片、平整，田间道路布局科学、合理，水利设施完备，智能化控制设备在农业资源利用、农业生态环境监测、农业精细管理、农产品与食品质量安全管理与追溯、农产品物流等方面得到应用。农庄主要农作物生产综合机械化水平高于同区域同行业平均水平。

② **农业科技水平**　农庄有科技研发部门，与科研院所建立了合作关系；有自主研发或引进的新品种、新技术。有农业科技成果示范基地，示范带动作用明显；成立了专业社会化服务组织，可为所在区域提供专业化服务。

③ **农业产出水平**　农业劳均产值高于同区域同行业平均水平；亩均产值高于同区域同行业平均水平；从业人员人均可支配收入高于同区域同行业平均水平。

④ **产业融合水平**　农产品产地初加工、精深加工、仓储、物流等产业链环节完备、衔接良好。农产品销售模式、渠道多样。产品种类丰富，特色鲜明，有自主品牌，市场认可度和知名度较高。

⑤ **农产品质量安全水平**　有农产品质量控制体系，生产过程标准化，符合国家标准要求。农产品优质安全，质量安全抽检合格率均达到100%。农庄主要农产品通过"三品一标"认证。农产品质量安全追溯符合国家的操作规程。

⑥ **绿色发展水平**　农庄化肥、农药等农资利用率较高。化肥使用、农业

废物利用、无害化处理、农田地膜残留、畜禽养殖业污染物排放、绿化植物废弃物处置和应用、农业社会化服务农作物病虫害防治服务等符合相关要求。

（2）服务质量

① **游览**　游客中心位置合理，标志醒目，规模适度，设施齐全，功能完备。咨询服务人员配备齐全、业务熟练、服务热情。相关设置与服务规范。游览线路设置合理、观赏面大，便于游览。游客步道设计美观、适地适路、安全舒适，能够满足旅游活动需求。公共信息导向系统设置合理。游客公共休息和观景设施布局合理。导游员人数及语种满足游客需要，讲解准确、服务规范。停车场地位置合理，规模水平与农庄发展相适应。农庄管理有序，具有一定的旅游承载能力。

② **住宿**　农庄设施设备齐全，使用方便。指示标志醒目、准确、美观。客房软垫床、写字台、衣橱及衣架、座椅、床头柜、床头灯、台灯、行李架、电话、吹风机等配套设施一应俱全，客房用品质量达标、配备规范。卫生间装有抽水马桶、梳妆台、淋浴喷头等，供应冷、热水，客房、卫生间清理及时。

③ **餐饮**　餐厅布局合理，管理规范，餐位数与农庄接待能力相适应。厨房消毒、冷藏冷冻等设施设备齐全，消杀虫害、垃圾收集处理等措施到位。食物品类丰富，特色鲜明，能正常提供早、中、晚餐。

④ **购物**　农庄商品卖场布局合理，管理规范，秩序良好，明码标价。商品种类丰富、特色突出，销售模式、渠道多样。有农产品展示区，有自主品牌。

⑤ **娱乐与其他**　休闲场所布局合理，管理规范，秩序良好。体验活动项目种类丰富，特色突出。设施设备养护良好，使用方便。场所基础设施管理及服务规范。

⑥ **卫生**　环境整洁，无污水、污物，无乱堆、乱放现象。建筑物及各种设施设备无剥落、无污垢。空气清新，无异味；各类场所卫生均达到规定要求。公共厕所数量充足、布局合理，设有第三卫生间，标志醒目准确，整洁卫生、无污渍、无异味。垃圾箱数量充足、布局合理，造型、色彩等与环境相协调，垃圾箱分类设置，垃圾清扫及时，日产日清。

⑦ **安全**　执行有关安全法律法规，建立了完善的安全制度。消防、救护等安全保护设施设备齐全、完好、有效。交通、机电、游览、住宿、餐饮、娱乐等设施设备运行正常，无安全隐患。游乐园的安全和服务达到规定要求，安全警告标志齐全、设置规范、合理、醒目，配备专职安全保护人员，特殊区域有专人看守。监控设施满足安全管理需要。建立了紧急救援机制和必备的医疗条件。

⑧ **信息服务**　有以服务为核心内容的农庄门户网站、移动客户端等，正

常运营，可用性较强。票务、导游、产品销售及游客评价、咨询、投诉等信息化服务系统功能齐全、运转良好，旅游信息咨询中心设置与服务符合规范。公共场所Wi-Fi全覆盖，使用正常。农庄手机信号全覆盖，线路畅通。

⑨ **共享服务**　接纳社会普遍存在的共享服务，并有效管理。发展农庄共享经济，鼓励探索、创新共享新业态、新模式。

⑩ **经营管理**　管理人员配置合理，管理水平较高。服务人员业务熟练、态度热情、工作效率高，满足游客需要。建立了员工培训机制，效果良好。建立了信息化管理手段，信息安全符合要求。

（3）景观与资源质量

① **资源吸引力**　农庄具备自然和人文资源的观赏游憩价值且有一定规模，充分挖掘其历史、文化、科学价值。农庄具备农业资源观赏体验价值，主题鲜明、有特色。

② **环境氛围**　农庄出入口环境整洁美观，秩序良好，与农庄整体氛围相协调。农庄建筑布局合理，建筑物体量、高度、色彩、造型与景观相协调。主体建筑特色突出，建筑物与景观协调。园区规划科学、布局合理、景观均匀，各项功能有机完整、相互协调。绿化覆盖率高，植物与景观配置得当。

③ **资源和环境保护**　农庄空气质量达到《环境空气质量标准》（GB 3095—2012）中规定的一级标准。地面水环境质量、土壤环境质量、噪声质量、污水排放达到相关规定。农业资源、生态环境、自然景观和文物古迹保护措施到位。各项设施设备符合国家关于环境保护的要求，不造成环境污染和其他公害。

④ **外部可达性**　农庄区位优势明显，与机场、高铁客运站、高速公路出入口、普通铁路客运站或客用航运码头距离适宜，进出便捷。

⑤ **市场吸引力**　农庄在一定区域内知名度高，市场辐射力强。有一定游客量，游客有一定消费额。

目前，国家级现代农业庄园评定标准是：种植类农庄不少于5 000亩*，畜牧类农庄不少于1 500亩，渔业类农庄不少于1 000亩；年游客量达到40万人次以上。其他指标：旅游功能突出；自然或人文资源优质；旅游项目主题鲜明、特色突出、类型丰富；住宿餐饮、产品展示、文化展览等功能齐全等。

各地省级、地市级、县级休闲农庄标准也将会逐步出台。

---

* 亩为非法定计量单位，1亩＝1/15公顷。

9 什么样的发展模式才叫田园综合体？

2017年中央1号文件提出："支持有条件的乡村建设以农民合作社为主要载体，让农民充分参与和受益，集循环农业、创意农业、农事体验于一体的田园综合体，通过农业综合开发、农村综合改革转移支付等渠道开展试点示范。"从此，田园综合体就成为乡村新型产业发展的亮点之一。

(1) 田园综合体的概念

田园综合体实质上是"田园"与"综合"的合体，即突破过去农业单线发展思维模式，顺应市场消费需求，通过资源聚合、功能整合和要素融合，以空间创新实现产业优化、链条延伸，是集现代农业、休闲旅游、田园社区三位一体、三产融合的一种发展模式。

"田园"主要包括：田地和园圃，农村和乡村自然风光，即所谓"田园意象"。而现代背景下，人们重新思考生产与消费、城市与乡村、工业与农业的关系，田园又成了"盛世乡愁""诗意栖居""放慢节奏"的寄托地。因此，田园综合体中的"田园"，同时包含上述三个层面的意思，但更加侧重"田园意象"的传达，即发生在广大乡村土地上诗意化的乡村风光和舒适的农村生活方式。

"综合体"最早源于城市综合体建设，它是城市发展到一定阶段的产物，是一种新的商业空间形式，强调服务、商业和资源集聚。城市综合体之后又相继出现了旅游综合体、商业综合体、农业综合体等概念。2017年，源于江苏省无锡市阳山镇"田园东方"的基层实践，"田园综合体"一词被正式写入中央1号文件。

(2) 田园综合体的发展

田园综合体概念提出之后，多方纷纷对此进行解读，有提出以旅游为先导的，有提出以乡村复兴再造为目标的，更有的直接提出了田园综合体就是农业＋旅游＋地产。因此，田园综合体被提出后的前两年，主要还是被房地产开发商所青睐。但是，由于没有具体的实施标准与细则，一些专家、企业把田园综合体的"经"给念歪了。

田园综合体的设想和构造，是国家在改革开放与实施乡村振兴战略给农民的一大利好，其本意是：在借鉴城市综合体基础上，提出现代农业的新型发展模式，通过农村一二三产业的相互融合和农业多功能拓展，延伸产业链，提升价值链，增加农民收入，促进新农村建设，并逐步推动农业发展方式的根本转变。

田园综合体不是以旅游为目的，更不以地产为导向，就是实实在在地以循环农业、创意农业、农事体验为基础、为支撑、为产业，实现一二三产融合发展。参与打造和构造这种产业的人，是以新型农民为主体，而不是房地产开发企业。

当然，田园综合体可能也要建一些房子，但绝不会上升到"产业"的层面。田园综合体范围内，如果有民房，就保留民房，外观按品牌构造的整体性做一些修整就是；没有民房呢，可以建一点，一般也不需要大兴土木。一句话：真正的田园综合体，重点还是农业产业，也可以有其他乡村产业，至于旅游产业，那是"你若芳香，蝴蝶自来"，一般跟房地产的关系不大。

田园综合体的基本内涵是以农业为主导，以科技支撑和文化创意为两翼，融合农产品加工、商贸物流、科普会展、教育培训、休闲观光、文化创意等多个相关产业，构建多功能、复合型、创新性的产业综合体，它是伴随着区域社会经济快速发展和对长期以来农业园区实践的不断总结基础上提出的一个现代农业发展的新概念。

（3）田园综合体的发展模式

从功能性而言，田园综合体主要有农业产业侧重型和农旅休闲侧重型两类。农业产业侧重型主要是在农业产业基础较好的地区，以农业生产、产业加工为其核心功能，在发展特色农业的基础上，同时兼具农业观光、乡村旅游等多重功能；而农旅休闲侧重型主要是在旅游资源较好或旅游市场较成熟的地区，以田园意象的实现为基础，将农业产业作为吸引旅游的平台或项目，以田园风光和生态度假为重点，满足城乡居民的休闲观光、农事体验等需求。根据已有开发现状，田园综合体可以归纳为4种发展模式。

① **优势农业主导模式**　该模式是目前田园综合体的主要发展模式，即围绕具备区域优势、地方特色等条件的农业产业为主导，以产业链条为核心，从农产品生产、加工、销售、经营、开发等环节入手，推进集约化、标准化和规模化生产，打造优势特色农业产业园，着力发展优势特色主导产业带和重点生产区域，培育发展一批与农民建立紧密利益联结机制的新型农业经营主体，提高现代农业生产的示范引导效应，并以此为基础，带动形成以农业为核心的田园生产、综合体开发模式。如广西"美丽南方"田园综合体采取"蔬菜＋养殖＋葡萄"为主导；浙江"花香漓渚"田园综合体以高端花木为产业核心等。

② **文化创意带动模式**　该模式主要以农村一二三产业融合发展为基础，依托当地乡村民俗和特色文化，通过文化创意产业的引导，推动农旅结合和生态休闲旅游，形成产业、生态、旅游融合互动的农旅型综合体。该模式主要是以文化创意企业的入驻为发展动力，以特色创意为核心，开发精品民宿、创意工坊、民艺体验、艺术展览等特色文化产品，打造青年返乡创业基地以及拥有生态旅游、乡土文化旅游和农事体验功能为核心的创意型田园综合体。如四川"明月陶艺"田园综合体，依托竹园、茶园，发展以陶艺为核心的乡村旅游创客示范基地，吸引文化艺术类人才入驻，配套建设书院、客栈、茶吧、民宿等文化和生活服务设施。

③ **自然资源引领模式**　该模式主要以区域内的特色自然资源条件为前提，通过地域优势型自然资源的引领，发展度假旅游、创意农业、农事体验为核心的田园景观和休闲集聚的田园综合体。该模式相对比较接近典型旅游项目的建设，同时又对产业融合尤其是农旅结合、一二三产的融合发展予以关注。如汉中市洋县的"魅力龙亭"通过朱鹮湿地休闲旅游为引领，逐步建成了以新型农业经营为主体的田园综合体项目。

④ **市场需求引导模式**　该模式主要是根据一定区域内消费者的实际需求为发展重点，通过满足市场需求，实现田园综合体的聚集。通常来说，以满足消费者的旅游观光、休闲度假、农事体验等需求为核心。该模式的建立主要是处于区位交通优势明显的城郊乡村，以田园风光和生态环境为基础，为城乡居民打造一个贴近自然的美丽乡村居住环境与休闲旅游体验区域，形成一个以田园生活、田园体验为主要特色的生活型田园综合体。如无锡"田园东方"田园综合体，距无锡市仅30千米，交通十分便捷；并辐射上海、南京等周边客源市场群体，游客自驾游当日可轻松往返。该综合体拥有阳山火山、水蜜桃产业等资源，集现代农业、休闲旅游、田园社区等产业为一体，打造成为城乡居民田园休闲体验地。

10 怎样做乡村民宿？

（1）什么是民宿

民宿是指利用乡村住宅房屋，结合当地人文历史、自然景观、生态资源及农林渔牧生产活动，为外出郊游或远行的旅客提供个性化住宿的场所。

除城镇常见的宾馆、酒店之外，城市以外提供游客住宿的地方，例如乡村民宅、度假中心、休闲农庄、农家乐、休闲牧场等，也都被纳入民宿。

（2）民宿的起源

民宿在20世纪50年代兴起于欧美国家，当时的民宿具有私人服务的特质，多为主人自己经营，客人与主人有一定程度上的交流，并有特殊的机会去认识当地环境，属于家庭式招待。20世纪70年代，日本开始出现民宿，并形成了专有名词"Minshuku"，该词后来成为中文"民宿"一词的来源。我国民宿起源于20世纪80年代的台湾垦丁，现已成为台湾旅游发展的重要品牌和核心竞争力。20世纪90年代，民宿传入我国大陆，主要形式为农家乐和家庭旅馆，随着休闲度假旅游的发展，民宿产业得到了蓬勃发展。

（3）民宿发展模式

① **自然风光型民宿** 主要是利用周边江河湖海、山林、田园等自然景观

资源条件或旅游景区来发展民宿，民宿主人给游客介绍景观由来与传说，为游客联系当地旅行社，为客人策划周边旅游景区观光线路。民宿与周边旅游景区合作，推广住宿减免门票等经营活动。

② **历史人文型民宿**　主要是以附近古城、古镇、古村落、古道、古街区为资源条件，民宿以展示当地文化传承和风俗习惯为主，民宿主人与游客一起畅谈历史、讲当地民间故事、分享文娱节庆活动等，主要为游客营造梦回千古的穿越体验。

③ **特色体验型民宿**　特色体验型民宿可分为特色资源体验和农业产业体验两种类型。特色资源体验民宿，如湖南长沙县开慧镇依托杨开慧故居红色文化的乡村民宿，宁乡市灰汤镇依托当地特色温泉的温泉主题民宿等。农业产业民宿主要以某一种（类）农产品设计休闲采摘、垂钓、农业产业体验活动的民宿，民宿主人主要为游客提供多样化的参与体验套餐。

④ **新村展示型民宿**　主要是结合"美丽乡村""三改一拆"建设和"美丽休闲乡村""特色小镇"创建等工作进行民宿打造。主题是展现新农村新风貌，适当融入城镇科技元素，让游客同时享受乡村优美环境和城镇便利服务，打造乡村夜生活，引进城镇医疗、购物便利化服务，完善休闲设施等。

（4）民宿的建设

民宿不仅仅是简单的一栋房子，而是一种依凭乡村原有房子的特质构建一种有别于都市生活的生活形态，是一个生活方式的系统设计与建设。构建这种生活形态包括对建筑的设计、环境的规划与生活氛围的营造。

① **环境研究** 想要打造一间好的民宿，在进行设计建设之前一定要进行现场环境研究。首先是要对想用于开发民宿的建筑物有充分地了解。其次对建筑周边的自然环境进行考察研究，认真分析建筑物与周围环境的互动与联系。因为一间好的民宿除了必要的硬件条件外，还应具备相应的人文环境，以便挖掘生活在建筑中的人在这里发生的故事、美好记忆与周围的一些传说典故，向游客展示每个家庭、每间民宿独特的信息。

② **民宿设计** 原生态是民宿引人驻足的法宝，因此在进行设计的时候，重点是要把原生态的特质进行强化，最大化的保留，给游客带来良好的感受。民宿设计主要使用艺术的手法，将环境中隐藏的美景进行放大、强化，让原生态的景观变得更加鲜明、显眼，从而吸引人们的注意。

③ **民宿建设** 目前，在民宿建设过程中的主要问题是很多人一味地追求现代化、都市化，盲目的遵从城市的风格，对乡村进行大拆大建的改造，使得乡村失去了原有的价值与特征，而这种特征恰恰是吸引游客到来的理由。民宿建设要将乡村建筑、生态环境作为农业文明的一种载体，尽力维护老房子的历史脉络延续，要在满足新的使用需要和美学诉求的基础上，尽量保持原有建筑的历史形态和独特韵味，只有这样的改造，才能让老房子看起来还是原本熟悉的样子，却又增添了舒适性和时尚感。

（5）民宿产品

民宿的运营，一是向游客提供深度的文化体验；二是提供日常化、生活化的幸福感，让旅客离开的时候，带走开心、故事和回忆。因此，民宿运营产品一定不能局限于住宿和简单的餐饮，应该包含更多乡村体验性的产品。民宿运营的产品主要分为基本产品、特色产品、配套产品等。

① **基本产品** 主要提供基本的住宿、餐饮，还包括各种主题的民宿以及特色早餐。

② **特色产品** 结合民宿主人爱好，重点是打造创意休闲体验活动，比如各种DIY体验活动、休闲娱乐中心、音乐室、茶室、咖啡馆等。

③ **配套产品** 一是特色农产品及手工艺品等；二是休闲旅游服务产品，联合周边资源和景区打造主题旅游活动，如农耕体验、垂钓、温泉浴、景区游览等。

（6）民宿运营

① **客户群确定** 确定目标客户，是民宿制定市场定位、产品和包装、定

价及销售策略的关键因素，也是民宿差异化竞争的需要。客群确定主要是依据核心资源来决定民宿的客户群体；通过定价来聚集民宿目标客户。

② **满足需求** 现在是一个喜欢讲故事的时代，没有故事的民宿，绝对不是一个完整的民宿。有着浓郁情怀的故事，能深深打动顾客，更能让顾客自发的传播，这就是民宿满足需求最大的竞争优势。看到老房子会怀旧，是因为老房子勾起了人们心中对儿时生活的回忆。

③ **细节服务** 用户体验落实的具体表现，就是细节服务。有别于标准化的宾馆布置和服务，民宿更倾向于将硬件和服务的细节做到极致，每一个细节都能感受民宿主人的良苦用心，体会到积极向上的生活态度。

④ **民宿不是酒店** 民宿和酒店是有本质区别的，酒店讲究方便舒适，而民宿除了舒适，其本质还是在于追求一种自我向往的生活态度。老宅子虽旧，但里面各种设施与服务依然独具特色。

11 农业特色小镇应该怎么建？

（1）农业特色小镇的概念

农业特色小镇是以农业产业与旅游产业相结合的新兴交叉性产业为主要业态，主要依靠当地的特色农业产业基础条件和特色环境条件，在充分尊重农业功能的基础上，合理开发农业旅游资源、土地资源、文化资源，打造集特色农业产业旅游休闲项目为核心的，集合一定产业、生态、文化和社区功能的新型小镇模式。农业特色小镇主要是完善"镇"的要素，即在强调农业产业特色的同时强调该主体在发挥"社区功能"方面的重要作用。

（2）农业特色小镇的分类

鲜明的农业产业定位、农业旅游特征和农业文化内涵是农业特色小镇区别于其他类型特色小镇的关键要素。根据农业业态的细分，农业特色小镇一般可分为三类。

① **农耕体验小镇** 主要以传播与传承农耕文明，通过农业生产再现与体

验，融合乡村旅游、教育科普等业态，形成农耕文明体验基地。

② **农业加工小镇** 主要依托特色农产品，延伸传统农业产业链，在农业精深加工与农产品二次开发等方面进行深度延伸，形成完整的农业育种、种植、采摘、精深加工等农业链条的业态体系。

③ **农业科技小镇** 主要以农业技术研发与中试、生物育种、农业栽培、农业互联网等农业科学技术集聚，从而提升农业科技含量，提高农业生产力的空间载体。

（3）农业特色小镇的特征

农业特色小镇是特色小镇的重要类型之一，在实施乡村振兴战略中，在提升农村经济、创新发展农业产业以及美丽乡村建设等方面有着非常重要的作用，也是乡村产业集聚发展、经济转型升级、文化传承发扬、生态绿色集约的重要实现途径和手段。作为特色小镇的重要类型，农业特色小镇主要体现如下特征。

① **综合性** 农业特色小镇的综合性主要包括产业综合性和服务综合性两个方面。产业综合性是指农业和旅游业的融合。服务综合性指的是农业特色小镇提供多元化服务，除农产品销售、农村餐饮住宿、田园风景观光等传统服务项目之外，进一步增加生产体验、文化普及、科技研究、创新创业、电商扩展等新兴服务项目。

② **体验性** 农业特色小镇通过提供农业生产体验（种植、采摘、运输）、农产品体验（品尝、加工、购买）、民俗民风体验（演艺、节庆）、乡村生活风貌体验（住宿餐饮、景观欣赏）等体验活动，满足游客对于农业生产、乡村生活、田园环境的娱乐需求、求知需求和审美需求，使游客获得愉悦感、参与感

和归属感。

③ **原乡性**　在农业特色小镇规划建设中，重点是尊重自然、尊重景观本色、尊重乡村本真，以保留实现本地区传统生产生活方式和民俗民风。

④ **自然性**　优美的田园环境是农业特色小镇的重要组成部分，良好的人居环境和生态环境是增加受众体验满意度的必要元素之一。

⑤ **社区性**　打造宜产、宜游、宜居的生产生活空间是农业特色小镇的核心目标，社区性是农业特色小镇生活功能的集中展现。农业特色小镇作为"产、城、人、文"四位一体的新型空间，是符合现代人生产生活二元需求的新型社区。

（4）农业特色小镇的主要发展模式

① **镇村互动、产镇融合模式**　以农业和旅游为纽带，协调和加强农村与城镇的发展关系，将农村、城镇、生产、生活四大要素通过特色小镇的综合规划与组织梳理捏合成一个整体。

② **以农促旅、以旅强农模式**　主要利用农业自然环境、农业生产经营、农耕文化生活等资源，从原有单一的基础农业逐渐向农旅融合、以农促旅、以旅强农的方向转变。将传统农业从第一产业延伸到第三产业，以传统的农耕生产为主体，以旅游市场为导向，以科技为依托，以农民增收为主线，形成农业旅游相结合的新业态。

③ **资源整合、差异发展模式**　农旅资源型特色小镇主要是结合当地特有的元素，放大自身优势，在休闲农业与乡村旅游等农旅发展方面形成差异化开发。可充分发挥农旅资源型特色小镇的资源优势，深入挖掘当地特色自然资源与人文资源，与当地的农业特色资源有机结合，以旅游的方式将特色资源串联起来。

（5）农业特色小镇的建设

① **规划引领，依规建设整治**　特色小镇的建设一般都会分步走，因此要科学制定分步走的线路图。主要做好小镇的总体规划、土地利用总体规划和地区发展战略规划"三规合一"编制工作，根据规划制定涵盖乡村产业布局、社区改造、道路交通、农贸市场、村容村貌等内容，使之成为农业特色小镇的专项建设与整治方案。

② **文化挖掘，丰富小镇内涵**　主要是开展农业特色小镇"升级版"美丽城镇建设，深挖历史底蕴，重新唤醒老屋古街乡愁记忆，让特色更出彩，让颜值更出众。深入挖掘和保护传统民俗、民间艺术、民俗文化等非物质文化遗

产，将蕴含独特人文资源、人文景观、人文故事的"文化基因"植入农业特色小镇建设当中，再现文化传承，打造文化旅游资源点。

③ **主题定位，围绕特色打造**　特色小镇要根据资源条件、生产习惯、文化特色进行产业或文化主题定位，依据主题开展特色打造。围绕主题来打造各村的主入口、主线路、主节点，最大程度彰显其特色。村里的指示牌、门牌、垃圾桶、窨井盖、标语等，都要用特色文化元素来制作。

④ **产城融合，重点发展产业**　农业特色小镇围绕当地特色农业产业，以集群发展、产学研一体发展为路径创建，是彰显其产业特色的重要手段。打造"国家级""省级"特色农业生产示范基地，可以引领、示范、带动农民脱贫致富，也是农业特色小镇的十分重要的建设项目。这些项目建设都是争取国家专项与政策支持的重要内容。

⑤ **提升功能，打造宜居小镇**　完善农业特色小镇市政功能设施建设。主要着眼"交通运输堵、建筑建设乱、居住环境差"三大难题，重点建设与改造的项目有：停车场、环卫设施、农贸市场、公厕、垃圾池、主要道路、旅游线路、居住环境等。

⑥ **建立机制，科学运行小镇**　农业特色小镇要坚持政府引导、企业主体、市场化运作，不断创新建设模式、管理方式、服务手段，只有这样，才能做活农业特色小镇。

首先，建设主体要活。农业特色小镇要以全开放的理念，不设门槛、不问出身，敞开大门欢迎各类建设主体参与农业特色小镇建设。

其次，资金来源要活。要以平等开放的竞争机制，鼓励各类资金投入到农业特色小镇建设中，积极争取民间资本、股权投资基金、银行信贷资金、国家建设专项基金等注资，让特色小镇建设资金的渠道通畅多元。

最后，过程管理要活。要特别注重农业特色小镇的建设过程，用足、用活、用好相关政策与制度，管理服务好特色小镇。

12　"共享农庄"的经营理念与经营模式是什么?

振兴乡村，发展"共享农庄"，就是将有条件的村庄、农场、基地通过基础设施、产业支撑、公共服务、环境风貌等建设，实现农村生产、生活、生态"三生同步"，第一、第二、第三产业"三产融合"，农业、文化、旅游"三位一体"协同发展。

(1) 什么是"共享农庄"

"共享农庄"是以农民合作社为主要载体，以企业经营为主，让农民参与和受益，集循环农业、创意农业、农事体验于一体；以移动互联网、物联网等信息技术为支撑；以现代农业和民宿共享为主要业态的新型农庄经营模式。

共享经济概念如今已经发展到各个领域，有共享汽车、共享单车、共享雨伞……在我国，海南省最先提出了发展"共享农庄"的新概念。发展"共享农庄"，主要就是要实现农民变股民、农房变客房、农产品现货变期货、消费者变投资者，最终实现农民增收、农业增效、农村增美。

(2)"共享农庄"的主要模式

"共享农庄"的模式多种多样，但还需要不断创新与探索，就我国目前实际情况而言，发展"共享农庄"的主要模式有以下几类。

① **产品订单型**　就是以个人订制和团购订制等形式，为消费者提供农庄的特色农产品认养、直供等订制服务。对消费者认养的农作物建立档案，配有标志，严格按照约定标准进行生产，并确保消费者可现场或以视频等方式实时查看生长情况。产品成熟后，按照消费者的要求进行个性化包装、处置，既可以配送到指定地点，也可以进行代销，将销售收入返还消费者。这种模式适合蔬菜批发市场经营户、超市、酒店、企业、机关学校等机构合作或直接投资"共享农庄"，建立农庄生产基地与消费者之间稳定的直销关系，推动农庄特色农产品产供销一体化发展。

② **休闲养生型**　主要是农民或集体经济组织以出租、合作等方式盘活、利用空闲农房和宅基地，发展特色民宿客栈，吸引消费者前往农庄休闲度假，为美丽乡村提供产业支撑，使农庄和美丽乡村成为既有"面子"、又有"里子"的田园综合体。打造"民宿＋农地"休闲养生产品，将农庄农地按一定面积或农作物按一定数量分块，把经营权租赁给城市居民，形成农业生产或农事体验的"共享农庄"。

③ **投资回报型**　消费者及投资主体通过众筹等方式募集资金用于发展"共享农庄"，农庄为消费者及投资者提供农资供应、技术指导、托管代种代养、产品销售等配套服务，消费者及投资者按约定获得实物或投资收益回报。

④ **扶贫帮困型**　引导消费者及投资主体与贫困村或贫困户直接对接，消费者认养贫困户的农作物或者承租贫困户的农地、农房，贫困户通过出租土地、房产或以土地、房产入股获得财产性收入，通过打理农庄获得务工收入，打造贫困户和消费者利益共同体式的"共享农庄"，实现贫困户持续稳定增收。

⑤ **文化创意型**　立足特色资源，树立文创理念，吸引各类艺术家、创客，利用品牌设计、故事挖掘、艺术再造、农业科普等文创艺术方式，打造集人文

要素、生态要素、科技要素、创意要素于一体的特色"共享农庄"。

（3）"共享农庄"如何经营

① **完善基础配套设施**　"共享农庄"要建设高标准农田和配套水利设施；建设水肥一体化、沼气、田间废弃物回收等设施，确保"共享农庄"达到生态循环农业发展要求；配套建设"共享农庄"通信网络基础设施。在休闲旅游功能建设方面，农庄要完善农庄及周边的道路、餐厅、客房、景观、生态停车场、污水处理、标志标牌、休闲娱乐等设施，实现农庄美化、亮化。

② **打造"共享农庄"品牌**　建立健全"共享农庄"技术标准、管理标准、服务标准等标准体系。按照产品生产标准和技术规程，实行标准化生产，为消费者提供绿色、优质、安全的农产品。农庄要建立农业物联网系统和可视化监控系统，做到全程可视化生产，实时监测农产品生长情况，对产品实行标志和编号管理，确保质量可追溯，确保"三品一标"农产品质量安全。

③ **开展"共享农庄"营销**　设计"共享农庄"品牌形象，提高辨识度，增强社会认知。组建专业营销团队，开展推介，打造"共享农庄"品牌。开展线上、线下推广活动，利用门户网站、微信公众号等自媒体以及电视、报刊开展线上宣传，与知名电商平台合作推广，吸引广大消费者（经营主体）参与项目。整合公共资源，大力推介"共享农庄"，扩大"共享农庄"品牌知名度和影响力。

13　怎样选择休闲农业的发展模式？

　　明确主题发展模式是做好休闲农业的前提条件。但是，如何确定主题定位并选出投入产出比最佳的休闲农业发展模式？可以参考用"土地、区位、资金"三大资源要素来选择休闲农业发展模式的简单方法。

（1）休闲农业的主要发展模式

　　不管是投资休闲农庄，还是投资田园综合体等，很多人都遇到了在开发建设过程中到底应该是注重农业还是注重旅游的问题，的确很难以选择。我们认为：做休闲农业，投资人先要了解休闲农业有哪些发展模式。目前，我国休闲农业的主要发展模式有以下几类。

　　① **产业带动模式**　指休闲农业园区首先要能生产特色农产品，拥有自己的农产品品牌。然后通过休闲农业这个经营平台，吸引城市消费者来购买，从而拉动产业的发展。

　　② **村镇旅游模式**　主要指将休闲农业开发与小城镇建设结合在一起，以古宅院建筑和新农村格局为旅游吸引物，开发观光旅游。这种类型有古民居和古宅院型、民族村寨型、古镇建筑型、新村风貌型等模式。

　　③ **休闲农场或观光农园模式**　指农业科技园区由单一的生产示范功能，逐渐转变为兼有休闲和观光等多项功能的农业休闲园区。主要类型有田园休闲型、园林观光型、科技展示型、务农体验型等。

　　④ **科普教育模式**　主要是为游客提供了解农业历史、学习农业技术、增长农业知识的教育活动。主要类型有农业科技教育基地、观光休闲教育基地、少儿农业教育基地、农业博览园等。

　　⑤ **民俗风情旅游模式**　指以农村风土人情、民俗文化为旅游吸引物，充分突出农耕文化、乡土文化和民俗文化特色，开发农耕展示、民间技艺、时令民俗、节庆活动、民间歌舞等休闲旅游活动，增加乡村旅游的文化内涵。主要类型有农耕文化型、民俗文化型、乡土文化型、民族文化型等。

　　⑥ **休闲度假模式**　主要指依托优美的自然乡野风景、舒适怡人的清新气候、独特的地热温泉、环保生态的绿色空间，结合周围的田园景观和民俗文化，兴建一些休闲、娱乐设施，为游客提供休憩、度假、娱乐、餐饮、健身等

服务。

⑦ **农家乐模式**　指农民利用自家庭院、自己生产的农产品及周围的田园风光、自然景观，以实惠的价格吸引游客前来吃、住、玩、游、娱、购等。

（2）运用"地址、土地、资金"三大主要资源要素选择发展模式

① 土地条件

• 土地富饶型。主要指平原、丘陵、山区土地丰厚，水资源条件优越的地区。这些地方可以大力发展生态农业、循环农业、设施农业等产业主题模式。因此，可以选择产业带动模式、休闲农场与观光农园模式、科普教育模式、农家乐模式等。

• 耕地匮乏型。这种类型一般耕地较少且分散，农业规模效益可能性小，不能开展机械化生产，但通常这些地方的植被与空气环境都是上等，因此应该扬长避短，选择休闲农业发展模式，应该确定生态优势是核心，主要从旅游资源价值考虑，可以结合种养生产选择做村镇旅游模式、旅游度假模式、民俗风情旅游模式、科普教育模式、农家乐模式等。

② 区位条件

• 郊区型。主要指离县城半小时车程内，离大中城市一小时车程内的区域。这类区域大多农业条件较好，但土地价格较为昂贵，如果仅依靠农业产值增收，收益效果不大。这种情况就应选择村镇旅游型、休闲农场和观光农园型、科普教育型、农家乐型等发展模式。

• 乡村型。与郊区相比，乡村型地方土地租金较低，有一定的经营优势。在投入额变化不大的情况下，乡村做休闲农业，可以适当选择生态或人文资源条件好一点的地方。随着交通工具与道路的改善，节假日与周末城市游客越来越有选择到相对较远的农庄去消费的趋势。因为远离城市，周边环境好，空气新鲜，特别适合休闲度假，只要好看、好玩、好吃，体验活动丰富，能够让更多顾客愿意停留。发展模式主要选择产业带动模式、村镇旅游模式、休闲农场和观光农园模式、民族风情旅游模式、度假旅游模式、科普教育模式和农家乐模式等。

③ 资金条件　休闲农业是农旅结合的产业，相对农业生产投入而言多了休闲旅游的项目投入，因此资金问题是每个人能否进入休闲农业行业的最重要影响因素。可以根据资金状况来选择适合自己的发展模式。

如果你资金雄厚，就可以选择任何发展模式。但是，如果你资金短缺，实力较弱，在做好生态与农业生产的前提下，如果有余钱再考虑做休闲农业。在

模式的选择上，应重点考虑选择产业带动型模式、科普教育型模式和农家乐模式。

14　休闲农业在拓展农业功能中如何实现增收？

　　休闲农业不是旅游＋农业，而是"农业＋"文化、旅游、教育、康养等融合发展形成的新兴产业。休闲农业具有经济功能、社会功能、生态功能、休闲功能、教育功能、文化功能等六大功能。

　　一是生态涵养功能。休闲农业可以保护和改善生态环境，维护自然景观生态，提升环境品质，有利于生态系统良性循环。发展休闲农业主要是利用农村清新空气、绿水青山、清洁环境、农业生产等，发展生态绿色旅游，实现生态环境增收。

　　二是休闲体验功能。休闲农业可以为游客提供观光、休闲、体验、娱乐、度假等各种活动的场所和服务，有利于放松身心，缓解紧张工作和学习的压力，陶冶性情。休闲农业主要是通过创意设计乡村生态体验、乡村生活体验、农业生产体验、乡村文化体验等活动，实现乡村休闲体验的增收。

　　三是科普教育功能。休闲农业可以为游客提供了解农业文明、学习农业知识、参与农业生产活动的机会，是融知识性、科学性、趣味性为一体的农业生态科普园地。休闲农业重点是通过建设农业科普基地，劳动实践基地、研学基地、学农基地等实现农业教育的增收。

　　四是文化传承功能。休闲农业包涵农村民俗文化、乡村文化和农业产业文化，在为游客提供各种农村文化活动的同时，也能促进农村文化发展。休闲农业主要是通过挖掘传承乡村文化，提供文化旅游产品，举办乡村文化节庆活动等实现文化服

务增收。

休闲农业拓展农业多种功能，能凸显乡村的经济、生态、社会和文化价值，实现由过去农业只卖一次产品，变为卖环境、卖生产、卖生活、卖知识、卖文化、最后卖产品的"六卖"增收，从而实现带动农民增收和促进乡村全面振兴。

2019 年，全国休闲农业接待游客达 32 亿人次，营业收入 8500 亿元。2021 年，受新冠肺炎疫情影响，全国休闲农业接待游客总体下降 20% 左右，但仍有部分地区已恢复到 2019 年同期水平，成为引领旅游行业率先恢复发展的新亮点。

但是，目前一些地区的休闲农业发展，还存在着同质化现象严重，缺乏小众类、精准化、中高端产品和服务，品牌溢价有限等问题。主要表现在：没有产业支撑，重旅游、轻农业的现象；有产业，但没有产业主题与特色；一些项目效益较差，不盈利现象较普遍等。

围绕乡村振兴，休闲农业一定要做精做优，重点是做好以下六个方面的工作。

一是保护生态环境资源。发展休闲农业要坚持保护与开发并举、生产与生态并重、农业与旅游结合的原则，形成资源可持续利用、文化可接续传承、产业可长久发展为基础的休闲农业发展模式。

二是发掘生态涵养产品。发展生态观光、休闲旅游等乡村新业态，开发森林人家等民宿旅游产品，打造一批绿色农业、立体农业、循环农业等生态样板，建设一批农业科普教育等实训基地，开发一批农事生产体验等科普活动教材等。

三是培育乡村文化产品。文化振兴是乡村振兴的重要内容，要将乡村民俗文化、乡村节日文化、非遗文化等人文精神与现代要素、时尚元素和美学艺术相结合，打造具有农耕特质、民族特色、地域特点的乡村文化项目，发展历史赋能、独具特色、还原传统的休闲农业经济。

四是丰富乡村休闲体验产品。依托乡村自然生态资源、农业生产资源、乡村文化资源，围绕多功能拓展、多业态聚集、多场景应用，开发乡宿、乡游、乡食、乡购、乡娱等综合体验项目。

五是提升休闲农业水平。要通过休闲农业的发展，推进农村建设和人居环境治理，改善餐饮、住宿、停车、厕所等硬件设施条件。制订休闲农业服务规程和标准，用标准来创立当地品牌。

六是培育休闲农业精品工程。休闲农业起步晚，总的来说还处于发展的初级阶段。因此，各级政府与主管部门要大力培育一批美丽休闲乡村，推介一批休闲农业精品与景点线路，建设一批休闲农业示范县，逐步构建"点线面"结合的休闲农业发展新格局。

15 为什么发展生态农业能促进休闲农业的持续发展？

乡村振兴战略是国家提出的一项长期历史性任务。休闲农业的发展，已经成为乡村振兴的一个重要抓手。这是因为休闲农业是以农业为主，实现农旅有机结合、一二三产融合发展的新型现代农业产业，能有效解决乡村振兴中"三农"发展问题。休闲农业发展也将为现代农业科技的创新发展带来机遇。休闲农业要充分利用生态农业原理、技术与方法，为乡村振兴发展做出应有的贡献。

目前，休闲农业与乡村旅游发展中，农业生产存在的主要问题包括：

• 城市居民消费升级与休闲旅游产品与服务供应结构性失衡，低端重复产品过剩，特色产品不足。

• 资源环境约束趋紧，休闲农业发展方式粗放，大广场、大政策、大开发项目太多。

• 农产品市场深度融合，农业竞争力不强，原材料产品、质次价差产品、无品牌产品太多。

• 农业、农村经济增速放缓，农民增收渠道变窄，多数休闲农业项目缺乏盈利，持续发展能力不强。

• 休闲农业发展动力转换与科技创新成果供给不足，低技术、低效率、低收益的农业生产模式不利于休闲农业的发展。

为什么发展生态农业能促进休闲农业的持续发展？这是因为：生态农业主要是按照生态学和经济学原理，运用现代科学技术成果和现代管理手段，以及传统农业的有效经验建立起来的，能获得较高的经济效益、生态效益和社会效益的现代化高效农业。

在发展休闲农业与乡村旅游过程中，需要把农业与第二、三产业结合起来，利用传统农业精华和现代科技成果，通过人工设计生态工程，协调发展与环境之间、资源利用与保护之间的矛盾，形成生态上与经济上两个良性循环，经济、生态、社会三大效益的统一。随着中国城市化进程的加速和交通快速改善，休闲农业新型产业迅速发展，生态农业的发展空间也将得到进一步深化。

① 用生态原理生产农药、兽药、饲料、肥料以及天然调理剂　目前，这方面已经研制成功的产品很多，有的已广泛应用于水果、茶叶、水稻、瓜果和

蔬菜等种植业，有的在养羊、养牛、养猪、养鸡、养鱼等养殖业中也有很多运用。

很多植物保护液既可以提供作物营养，又能防控病虫害，其有效成分还是全新的生物活体，具有调节植物生长的作用，可以促使作物恢复到健康生长状态，减少有害生物对农田作物的侵害，能增强作物的各种抗逆性，从而达到优质、高产的目标，在农业生产中连续使用不会产生抗性，不破坏生态环境。

② **建立生态健康循环理论的循环种养技术模式**　在很多动植物生态链循环转化技术中，人们已将全域营养源借助多种生物体自身的生物降解、合成、富集和沉积作用等，实现多重生物转化形成综合营养素。国家提倡要充分利用集成生物发酵技术、沼气发酵技术、生物有机肥生产技术、固体粪便堆肥技术和水肥一体化施用技术等高效粪污资源化利用技术，改进优化无害化处理设施设备，实现污染物有效消纳与低排放。

休闲养殖牧场就可以应用新型高效活性生物技术生产无激素、无抗生素的生物饲料用于畜禽养殖，加上农业废弃物秸秆膨化发酵饲料的配合喂养，就可以形成可持续发展的生态农业种养良性循环高效模式。

③ **利用生物群落之间的交互作用提升农业系统功能**　当前，很多农田大面积种植单一作物是造成农田病虫害和土壤养分失衡的主要原因。在发展休闲农业时，可以采用园区带状种植，既不影响机械化操作，又可以实现农田生物多样化，还能提升农业系统功能，从而达到减轻病虫害、自然培肥土壤的目的。

例如，在休闲茶园里，可以采用乔灌草立体种植，利用动植物、微生物等生物群落驱虫、杀虫、引虫、吃虫；茶园种植的草本植物具有很强的生命力，能够抑制杂草生长，无需使用除草剂；利用茶叶的吸附性和喜欢适度遮阴的特点，可以种植花香、草香、果香植物，既可为茶叶增香，又可以为茶树适度遮阴，为茶树生长创造一个适宜的生态环境。

16　休闲农业中的农业应该怎么做？

不少人投资休闲农业与乡村旅游，在旅游方面思考得很多也很细，很多农家乐、休闲农庄在餐饮、住宿的经营上基本上还是盈利的，大多数亏本的休闲农业企业都是亏在农业上。所以，休闲农业的农业到底怎么做，一直是困扰休闲农业投资人与经营者的一个突出问题。

（1）土地原则

不是什么地方都适合发展休闲农业与乡村旅游。休闲农业经营地的选择，与普通农业生产地是不一样的。休闲农业的经营用地，除了农业生产用基本农田、一般农田、经济林地外，一般还需要农业设施用地、基本建设用地等土地性质条件。除了农业生产用地必需的土壤条件、水源条件外，土地区位条件还要坚持"四个依托"，即依托城市、依托交通、依托景区、依托产业。

休闲农业经营用地要选择离城市不太远的地方；选择靠近高速公路的出口不远处，靠近国道、省道、县道的道路边上；最好选择在景区里面、景区周边

或通往景区的道路边上；选择农业生产（产业）、生态条件比较优越的地方。

（2）规模原则

投资休闲农业要根据市场需求，坚持适度规模的原则。大面积流转土地搞自营种植、养殖是一件很危险的事，投入大、回报慢，稍有不慎就会血本无归。没有足够的资金和经验，大规模流转土地搞自营种养的休闲农业，看起来很美好，但实际就是一颗随时会爆炸的炸弹。

休闲农业园区到底多大规模合适？由于地域、城市规模、消费习惯等差别较大很难有定论。一般来说，大中型休闲农庄自营地300～500亩为最好；田园综合体1 000～3 000亩比较适宜；乡村旅游和特色小镇1～3千米^{2}核心区域比较合适。想做大休闲农业和乡村旅游规模，与农户和农民合作社合作才是最佳方式，多采用合作、股份、订单等农业生产经营模式。

（3）品种选择原则

休闲农业中的农业种植、养殖品种的选择一定要坚持因地制宜的原则。首先要依据资源条件宜种则种，宜养则养，然后确定农业生产种养品种。休闲农业园区农业主导品种的选择原则主要是坚持"三个优先"，即优先选择"三品一标"产品；优先选择当地的特色资源产品；优先选择当地规模化生产的产品。

休闲农业在农业种养产业布局的规划原则是：第一，要有区域观念。在一定的区域范围内要有示范、引领、带动的作用。第二，要有平台的观念。休闲农业的产业发展不能只盯着自己园区的"一亩三分地"来规划，要把企业当平台来规划打造，尽可能地整合周边农业产业资源，实现做大做强。第三，要有生态、绿色理念。尽量选择优质、高产、市场前景好的产品品种。

（4）生产布局原则

休闲农业项目农业生产规划布局，一定要坚持专业生产，围绕主导产品做长产业链的原则，尽量不搞多品种的生产布局。很多人总是认为休闲农业园区要做到四季有花看、四季有果摘，这样的生产布局实践证明是不科学的，也是投入较大的。

休闲农业市场的细分与生产的专业化是今后发展的一种趋势。园区多品种生产，对人才和运营带来的压力巨大。为了平衡淡旺季可以选择全年轮作，那也得有主次，一个为主，一个为辅，平摊一下成本。

当然，有些特殊主题的休闲农业园区也有种养很多产品的，如亲子农园、游学基地、科普教育基地等，但基本就是为了销售体验活动的，真正去考量产品产值都是没有竞争力的。

（5）生产模式原则

休闲农业项目的农业生产模式，主要是依据园区的产业主题来确定。要充分利用现代农业生产新品种、新技术进行规划设计。在生产模式上，要重点选择既能生产，又适合游客观光体验的现代农业生产模式，优选传统农业种养生产模式。

如水稻休闲农业园区，重点是开展稻鱼、稻虾、稻蛙、稻鳖等生态种养生产模式。因为这样的种养模式不仅收益高，也深受游客的喜欢（好看、好玩、好吃）。林地、果园休闲农业园区的农业生产就可以选择林下经济模式，还有大棚设施农业生产模式、立体农业生产模式、循环农业生产模式等。

（6）融合发展原则

休闲农业是一个生产、生态、生活融于一体的新型产业，其"三生融合"一定要坚持先生态、后生产、再生活的投资理念。

休闲农业是一个农旅有机结合的新型产业。融合发展一定要坚持以农业为基础，在发展乡村产业的基础上来设计休闲旅游活动。没有产业作为支撑的休闲农业项目一般是难以持续发展的。

休闲农业还是一个一二三产融合发展的新型产业。因此，做休闲农业一定要始终坚持"一产是基点，二产是重点，三产是亮点"的原则；在已有的产业基础上，采取"一产向后延，二产两头联，三产走高端"的融合发展思路。

第二章 休闲农业规划与策划

17 休闲农业的规划设计理念是什么？

休闲农业的规划设计理念是以消费者需求为导向，构建乡村田园空间系统，将自然资源、农业生产、乡村文化生活化，以迎合消费者的消费习惯，让消费者能重复消费，目的是吸引游客，让休闲农业园区持续发展经营。

为使规划设计理念易懂易做，我们特提出"三惊""五意""七满"及"十美"设计理念。

（1）要有"三惊"

休闲农业的规划设计方案要让游客休闲之旅成为"三惊之旅"。

① 惊讶　当消费者进入休闲农业园区时感到惊讶，从未见过这样有创意的设计，游客心中受到一种有形或无形的冲击，感受莫名地激动。

② 惊奇　当消费者对休闲农业园区产生惊讶以后，必定产生惊奇之感，心中充满好奇，想深入探讨其中的奥妙之理，经过一段时间体验，才了解原创者的心思巧妙，悟出其中的道理。

③ 惊喜　当消费者体会到休闲农业园区的设计理念，心中感到无此惊喜，认为是少见的设计。

"三惊之旅"最容易产生口碑营销，让人心中感觉兴奋与快乐，与人分享后又会产生成倍的效果。如首先是带家人来休闲农庄体会快乐，其次是带亲戚，最后是带朋友，最少可以实现三倍以上的营销效果，这是"三惊"的口碑营销效果。

（2）坚持"五意"

休闲农业规划设计方案要有吸引客人来又能留住客人的能力，最重要的关键因素在于创意，尤其是体验活动规划设计创意，能带给消费者快乐与兴奋，更能激起消费者参与的兴趣。所以，创意是休闲农园的第二品牌。创意到底需要何种内容，重点有五个要意。

① **差异**　创意的首要重点是与众不同，不能模仿或拷贝，要有绝对差异性，一眼望去，即可知是有差异性的创作，不是经过琢磨的变异性差异。虽然创意性的差异有其困难性，但是有存在的核心价值。

② **议论**　创意性的作品或活动，常为一般人所讨论或模仿，甚至成为流行的主题，当创造性激起人们心底的思绪，往往就成了讨论的话题，所以创新与创意必须具备被议论的条件。

③ **记忆**　创意或创新的活动与一般活动最大的不同，在于看了或做了，马上印象深刻，永难磨灭，甚至勾起其他的回忆相互印证，甚至一再被回味，让记忆深刻。

④ **艺术**　创新或创意本身是一种艺术，而艺术对于不同领域的人有不同的诠释方法，所以艺术对于创意而言，是一种结构体，而非附加体，能表达出其真正的意义。

⑤ **容易**　创意本身要容易做、容易懂，这种创意才能长久流传，这样的创意才会有经济价值，也才会有市场。

（3）做到"七满"

休闲农业除有活动设计外，主要是让消费者体会大自然的生态美，而这种体会是身体力行，满足消费者的各种心理与生理需求的。

① **满足眼睛**　主要是好看，满足眼睛的视觉，让消费者赞叹从未或很少看过这样漂亮的景观或设计。

② **满足鼻子**　主要是好闻，满足鼻子的嗅觉，让消费者赞叹从未或很少闻过这样的芳香的气味，真是香味扑鼻。

③ **满足耳朵**　主要是好听，满足耳朵的听觉，让消费者赞叹从未或很少听过这种大自然的声音，仿佛是一曲乐章。

④ **满足嘴巴**　主要是好吃，满足嘴巴的味觉，让消费者赞叹从未或很少吃到这样新鲜的美味，不仅是快乐，而且是人生一大享受。

⑤ **满足头脑**　主要指形象，满足头脑的想象空间，让消费者赞叹从未或

很少看到这样经典的形象，不仅有三分形象、七分想象的想象空间，而且还有好奇心的满足。

⑥ **满足四肢**　主要指运动与休闲，满足四肢的运动神经，让消费者尽情放松，使其精疲力竭，徜徉在大自然的怀抱中，体会大自然的伟大。

⑦ **满足口袋**　主要指好的产品，让消费者感觉不买可惜，充分满足消费者的购买欲望，让消费者觉得不虚此行，觉得心中充满踏实感。

（4）设计"十美"

休闲农业是一种真、善、美的整合体现，有自然美和人工艺术美，还有人文管理美。所以，休闲农园前期是表现自然美，环境经人工修饰，建立整齐、清洁、简单、朴素等四美，后期主要表现整体美与人文管理素养美，以标牌显示及主题设计为主。

① **自然美**　休闲农业最大的核心价值是自然美，是由地形、气候、日照、雨量、土壤等自然条件形成的。自然美是开发休闲农业的基本条件。

② **环境美**　由自然美衬托出休闲农业的环境美。环境美由春、夏、秋、冬不同季节、不同的景致或风味形成。例如北方是寒带或温带的作物，南方是热带、亚热带的作物，各有其独特的美丽之处。

③ **整齐美**　休闲农业如能创造出好山、好水、好意境必须有整齐美。整齐美让人有心情舒畅的感觉，不会有紊乱烦躁的厌恶感。

④ **清洁美**　人们天生喜爱清洁的环境，休闲农业园区具有清洁美，就有清新优雅之态，消费者就能有悠闲自得之感，慢慢地欣赏和体会园区之美。

⑤ **简单美**　消费者大部分来自纷繁嘈杂的都市环境，到了休闲农业园区后感受简单之美，会产生不同的思绪，体会到别样的快乐。

⑥ **朴素美**　消费者平时接触太多的华丽和浮夸，无法接近大自然的朴素和简约，来到农业休闲园区能感受真实与朴素，放松拘谨的心情。

⑦ **标示美**　休闲农业园区的标示或指示牌要具有特色，除了一目了然外，最好还能显现制作的用心，虽然是小细节，但仍能表达人文素养。

⑧ **主题美**　主题美是休闲农业吸引消费者的目标策略，是经过精心设计、打造的，许多消费者会因主题美，不远千里来一睹风采。所以，主题美是休闲农业持续经营的生命力，其设计内容必须依据当地消费者的需求，考验经营者的智慧。

⑨ **整体综合美**　休闲农业有自然景观及人工设计的景色，两者的结合必须是协调而温馨的，不会让消费者感到不习惯或不自然，能让消费者感受到整体的协调美、综合美。

⑩ **人文管理美**　休闲农业最不容易也最难的是人文管理美，因涉及人文水平与管理素养，经营者的用心和细心会让消费者感到温馨。如对休闲农园内的生物保护、游客服务，都是需要特别设计，这不仅是人文管理的体现，更是经验的累积。

18　休闲农业规划设计中的主要问题有哪些？

(1) 规划设计问题突出

① **千篇一律，没有特色**　农庄的主题定位、景观立意、景观形式与活动内容，大多都是千篇一律。很多休闲农业项目虽然有景观形式，景点较多，但景观主题、休闲活动内容等却大同小异，毫无特色可言，极易产生"游一岳即览百山"的审美疲劳，重复建设、模仿建设也造成了资源的浪费。

② **凭空想象，没有系统**　休闲农业的规划设计应从多学科、多角度系统、综合地思考，保证项目经营功能协调、合理、可持续地运行，实现休闲农业效益的最大化。但是，目前很多规划设计公司在规划设计过程中理解片面，只从单一角度来考虑问题，缺乏科学性和系统性。有的违背农业生产规律，给休闲农业生产与经营带来了损失，并耗费了大量资金。

③ **流于表面，没有内涵**　许多规划设计内容只在表面做文章，流于形式上的模仿，缺少对休闲农业产业发展和景观内涵的发掘。如一些休闲农庄民族民风民俗景观，只是简单的模仿了少数民族的着装佩饰和饮食居住等表面形

式，对内在的民俗文化没有刻画。休闲农业项目的景观形式单调，只会园林景观设计，不会农作物配置与造景，并且在景区、景点的设计上，手段也过于单一，造成活动内容呆板，很容易让人失去游览的兴致。

④ **破坏生态，没有农味**　休闲农业的景观风貌应以自然为主调，规划设计应重点表达简洁、质朴的田园生活。但是，一些休闲农业项目在景区、景点设计中，喜欢搞与自然生态不协调的人造景观，追求高大上，搞一些古今结合、城乡结合、土洋结合的建筑，结果自相矛盾、不伦不类，还破坏了整个景区的自然生态环境。

(2) 投资人对规划设计的认识不足

我们也调查过不少休闲农业投资人，他们对休闲农业项目规划设计一般有三种态度：

一是不愿做规划设计。这类投资人都比较刚愎自用，只相信自己，因为他们过去的成功也是自我努力的结果，他们愿意花钱自己四处去参观学习，也不会请人做规划设计。其结果是休闲农业项目想到哪就做到哪，他们个人可能有十分经典的创意方案，但不够系统全面。其中不乏投资大、效益差的案例，投资几百万、几千万还不能正常营业的休闲农庄也不少见。

二是迷信规划设计。这类投资人过于迷信规划设计，认为只要规划好了，项目就会什么都好。岂不知，休闲农业的规划设计只是项目实施的基础与第一步，项目的管理与经营、策划与创意、营销与推广等，这些都与休闲农业企业的生存与发展息息相关。

三是只找便宜的规划设计。这类投资人多数对休闲农业规划设计似懂非懂，谁收费便宜就认谁，不管你水平多高，能画图就行。这样的规划设计方案落地建设是十分困难的，想要盈利那更是天方夜谭了。

19 休闲农业规划与其他城乡建设规划的区别是什么？

休闲农业园区既是乡村产业、农业生产、乡村文化的集中展示基地，又是游客接近自然、观光休闲的最佳去处。随着我国人民收入的增加、闲暇时间的增多，现代城市人群的生活节奏加快，以及竞争的日趋激烈，人们渴望拥有多样化的旅游体验，尤其是希望能够在典型的乡村环境中享受优美的田园风光，放松一下自己疲惫的身心。特别是近年来，我国各地休闲农业蓬勃发展，休闲农业企业数量急剧增加就是佐证。

但是，从现实情况来看，很多休闲农业园区和乡村旅游项目，由于缺乏系统化的规划理论指导，一定程度上影响了我国休闲农业的建设水平，束缚了我国休闲农业快速发展的步伐。其主要表现在：一些休闲农业规划只重视规划项目申报的审批，不重视规划的科学性、可操作落地性，往往凭着自己的经验，随意复制别的地方相对火爆的项目，没有进行市场分析、合理规划，没有与专业团队合作，从而造成资金浪费，档次不高，休闲农业同质化严重，不能满足市场需求，是造成休闲农业投资效益低下的一个重要因素。

休闲农业规划不同于村庄空间规划、小城镇规划、旅游景区建设规划、乡村整治规划，更有别于市政园林规划、房地产建筑规划设计。休闲农业的规划是经营实体的规划，其核心内容是经营项目的规划设计，而后者多是景观（文化）的规划设计，重点追求的是美观与风格的协调。休闲农业规划与其他规划设计的区别就在于以下几方面。

（1）休闲农业的规划是以农业经营活动为基础的规划

休闲农业是一种新型产业。从学科角度看，休闲农业也是一门与生态、农业、旅游、小城镇规划，甚至餐饮和乡村文化等相交叉的一门新的边缘学科。

因此，休闲农业项目的规划设计，首先要求有突出的特色主题。用鲜明的现代农业特色来展现农业生产经营和乡村旅游的风貌，并使之与周边其他资源条件具有明显的差异性。休闲农业规划要利用原有的自然资源、农业生产、乡村文化创造出独特的景观形象和游赏魅力。这是休闲农业主题要表达的中心思想，也是休闲农业企业文化的核心。

主题的确定，要突出休闲农业特色，营造具有吸引人气的氛围。整个休闲农业的规划设计要时刻呼应主题，体现主题，突出农业文化内涵。休闲农业的发展规划，应该以农业资源（如农产品、农耕文化、区域自然风貌）为前提，以科学的规划、设计、修建为手段，再以现代化创新的经营管理理念为载体，展现给游客以生态观光、休闲、采摘、购物、品尝、农事活动体验和传统农耕文化回味为目的，把新农村建设与体现传统农业和乡村旅游风貌充分地结合起来，还要讲求"原汁原味"，避免"视觉污染"，追求休闲设施与农业系统、生态系统、人文景观系统的和谐统一。向游客提供一种自在、自然、幽静、野趣、新奇的新型游乐空间，尽力体现返璞归真、回归自然的消费心态，使之形成一个集生态旅游观光、现代高效农业、优化生态环境和社会文化功能为一体的原生态休闲农业企业。

（2）休闲农业规划是现代生态学在园区的综合运用

在规划设计休闲农业项目时要对园区的生物个体、种群、群落和生态系统予以保护，促进生态的良性循环。目前，农村生态环境遭受破坏的问题较为严重，这是因为不合理使用化肥、农药、除草剂等造成的，急需采取有力的措施来加大规划和建设力度，现在已经有一部分农业和乡村旅游经营者们开始在有机蔬菜和水果种植、畜禽和水产品绿色养殖等方面做出了有益的尝试。

但受传统观念、技术、资金的限制，还有很多农业和乡村旅游在整体规划设计中，没有能够充分的把握好可持续发展理念，真正以此为卖点的农业和乡村旅游少之又少。国家大力发展休闲农业的本质上就是发展生态农业，遏制资源的过度开发以及给环境带来的负面影响，在提高农业综合生产能力和增加农业收入的同时，协调经济与生态的关系，促进农业可持续发展。其实，生态农业技术在我国已经有几千年的深厚基础，但是目前仍存在低技术、低效益、低规模、低循环的不足。休闲农业规划就是要运用现代生态学的原理和方法，采用先进的生态工程技术和现代农业科技来引导我国休闲农业走上可持续发展的道路。

（3）休闲农业规划是当地乡土文化的集中展示

休闲农业的开发，要注重农业文化和民俗文化内涵的挖掘，以文化来支撑旅游脉络。乡村文化就是中国特色的快乐文化！"越是地方的，越是世界的"。在休闲农业的规划中，文化内涵的分量，与休闲农业所具有的吸引力是成正比的，休闲农业的主题必须与地域文化密切相连。休闲农业乡土文化规划主要从居住文化、建筑文化、美食文化、婚庆文化、习俗文化、宗教文化、游戏文化等方面表达。

我国台湾的许多休闲农业经营者都具有很强的传承和展示乡土文化的责任感和使命感，他们充分挖掘和整理乡土文化，邀请当地民间艺人参与表演，能做到让特定的乡土文化贯穿于整个庄园经营中。

目前，很多休闲农业园区将乡村文化融入农业和乡村旅游中展示，既让游客感受到大自然无限风光，又能够尽情享受民族快乐文化的魅力。

（4）休闲农业规划是因地制宜的科学设计

休闲农业的动人之处在于其自然之美、乡土气息、农业文化与娱乐休闲等元素的充分结合。要按照"准确定位、统一规划、合理布局、配套完善、科学管理、综合开发"的原则，坚持保护、开发、利用并重，实现"社会效益、生态效益、经济效益"相统一。

休闲农业规划要因地制宜进行产业布局。宜果则果，宜渔则渔，宜牧则牧，产业对接，注重结合。不要盲目照搬别人的项目，应该做到人无我有，人有我精。要在内容设置上办出自己的特色。

在休闲农业园区建设规划设计中，要特别注意不应大兴土木，切忌将整个场地用推土机推成一块平地来规划设计，要充分利用原有的各种资源，如自然地形地貌、植物群种，使这些资源发挥其天然的优势，农业和乡村旅游只要因地制宜地进行合理规划布局，还能够减少基础性投资。

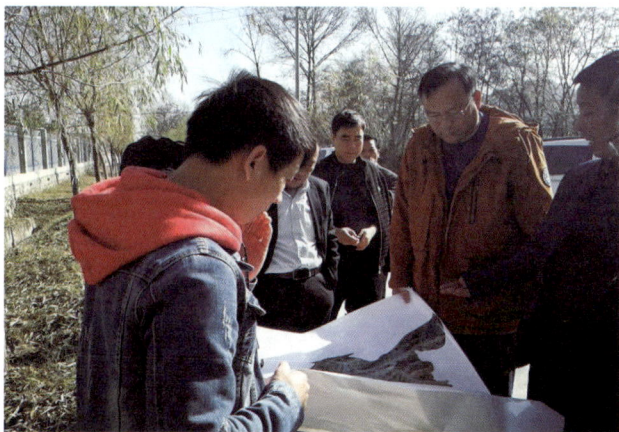

（5）休闲农业规划要兼顾农时季节因素

休闲农业具有很强的季节性。季节因素对休闲农业的旅游产品种类、建设规模、客流容量等有很大影响。如在双休日和一些特定的节假日很多景区都人满为患，而平时游客又很少。还有在我国北方的一些地区，因一年中寒冷月份居多，导致农业观光的旺季时间较短。而在我国南方，气候及其生态环境就相对比北方要好得多，如在长江中下游及以南地区，农业景观所呈现的自上而下由园艺型经济林、用材林到山地草场的次第变化，特别是江南山地立体农业特征极为突出，山地资源丰富多彩，气候条件得天独厚。在休闲农业的规划中，应本着兼顾季节因素的原则，北方可以利用大棚温室等农业设施发展种植业，也可以特种养殖为主体，来避开这些不利因素。

总之，休闲农业一定要根据当地的实际情况，合理调整农业和乡村旅游的观光项目，尽力做到一年四季都能够为游客展现一幅忙闲有序、景观变化多彩、活动分别有致的具有自己特色的乡村场景。

（6）休闲农业规划的核心是商业经营模式的设计

休闲农业项目，面对的是市场，要的是效益。对于市场，休闲农业园区规划要解决的是定位、形象、产品和主题问题；而对于效益，就必须将休闲农业园区未来的商业经营模式设计清楚。其经营模式与项目规划设计的产业、文化、休闲活动定位是分不开的，与规划园区的形象、产品特色也是相辅相成的。一方面，要依托规划中的项目来构筑合适的商业经营模式；另一方面要依托盈利点来增加规划中的项目。选择什么样的运营模式，如何依托市场效应设计好商业经营模式，是休闲农业规划前最重要的考量。

同样的模式，把这个模式放到另一个地方仿制是难以成功的，这便是规划设计所要解决的商业经营与规划本身是否相匹配的问题。

20　为什么休闲农业园区不能模仿旅游景区进行规划与建设？

很多休闲农业投资人与规划设计人员习惯把休闲农业园区当作旅游景区进行规划与建设，以被评为 AAA 以上的旅游景区为梦想，其结果是投资大，收益低，普遍存在不赚钱甚至是亏本经营的现象。

　　某园艺场是市属国有农业企业，成立于1956年，2010年以"现代高新农业、文化体育休闲产业和旅游观光度假业"为发展方向，利用场部场地、房屋、设施等，建设"欢天喜地园艺场"旅游景区，被评为国家AA级旅游景区。

　　园艺场过去是园艺种植龙头企业，在发展休闲农业过程中，弱化了园艺种植生产，主要按照旅游景区模式设计观光休闲与游乐活动项目，但由于紧靠市区，真正休闲农业产业为主要内容的农旅建设项目较少，园艺场重点还是当作旅游景区来开发，规划设计的旅游休闲活动主要有：团队拓展、水上游乐、观光火车等项目，还有常见的餐饮、住宿、旅游纪念品销售等。旅游休闲活动创意与农业产业发展、农产品销售、农业品牌打造联系不紧密，由于周边同类项目越来越多的竞争压力，游客越来越少了。"欢天喜地园艺场"旅游景区持续发展面临巨大困难，亟待转型升级发展。

　　尽管休闲农业园区和旅游景区服务的目标市场——游客是相同的，但休闲农业园区与旅游景区从规划建设到服务经营还是有较大区别的。

（1）经营内容有差异

　　旅游景区是指以旅游及其相关活动为主要功能的区域场所，能够满足游客参观游览、休闲度假、康乐健身等旅游需求，具备相应的旅游设施并提供相应的旅游服务的独立管理区。旅游景区主要是开展景区范围的经营与管理。

　　休闲农业园区由于大部分是农田、鱼塘和林地，从根本上来说休闲农业园区就是一个农业生产区，因此除了考虑园区休闲观光经营管理外，还要考虑农林牧渔生产与经营，并实现农旅有机结合。

（2）规模大小不一样

　　目前，旅游景区一般规模较大，因此习惯把旅游景区开发叫作大旅游。不仅面积大，多数都能让游客游玩一天以上，特别是AAA级以上旅游景区都有具体规模标准；而且投资也很大，一般起点就是上亿元，几个亿是正常情况，几十亿、上百亿也不稀罕。

　　而休闲农业园区目前相对旅游景区来说就小很多，一般的农庄就是几百亩、上千亩，因此习惯将其叫作小休闲。不仅规模小，投资也比较小，几十万、几百万办个农家乐或休闲农庄是正常的，几千万、上亿元开农庄就算是巨额投资了，这样的项目一定要请懂休闲农业的专家来给你规划设计，建立科学的休闲农业园区盈利模式，否则一般都很难赚钱并收回投资。

由于休闲农业是一种新型产业，人们对其认识还不够，相关商业模式还在实践探索阶段。因此，目前休闲农业园区缺少像旅游景区那样做大的前提条件。但随着休闲农业进一步发展，其商业模式、经营业态、盈利方式、社会服务等进一步健全完善，休闲农业园区也会逐步向大规模的方向发展，甚至品牌连锁都会涌现。

(3) 投资方向与内容不同

旅游景区投资方向与内容主要是旅游经营设施设备的投入与商业文化的开发建设，重点是机场、火车站、高速公路、旅游专线、景区内的道路、桥梁、观光缆车、观光电梯、观光玻璃桥、景点开发，还有旅游酒店、饭店、美食街、大型游乐场、各种风情园等。

而休闲农业园区投资方向与内容的重点是注重自然生态保护、农业生产投入与乡村文化的开发利用。如在乡村文化开发上，休闲农业园区重点是打造与城市公园、旅游景区不一样的乡村文化活动项目，如乡村建筑文化、民宿居住文化、农耕文化，还有服饰文化、美食文化、习俗文化、婚庆文化、宗教文化、乡村游乐文化等。

(4) 休闲度假方式有差异

旅游景区主要满足游客以观光性质的旅行需要。当然，目前旅游景区除了观光旅游，休闲活动也越来越丰富了。

而休闲农业园区主要是满足旅客进行体验休闲与怡情养性的目的。休闲农业园区切不可模仿旅游景区，只满足游客走马观花的需求，搞大型观光型花海、设施农业景观、人造景观等，这些只能热闹一时，很难持续。休闲农业园区一定要让游客的生活慢下来，深入农村，深入农园，体验生活，体验生产，体验乡村文化。

(5) 盈利模式不一样

目前，旅游景区的经营方式主要就是卖门票，盈利模式主要靠餐饮、酒店、游乐项目、旅游产品等来获取收入，实现盈利。从发展趋势来分析，随着经济的发展，以收取门票，以满足观光为主的旅游景区经营模式会越来越难盈利，这是因为凡是去旅游景区看过玩过的游客，由于门票门槛，很少主动回头去看第二次、第三次。

而休闲农业园区一般是不卖门票的，主要靠为周边城镇游客提供各种休闲体验服务与生态产品来实现增收，靠丰富业态和产品经营来实现盈利。所以我们常常说，休闲农业和乡村旅游没有产业支撑是难以盈利的，就是这个道理。

休闲农业园区通过生产、生态、生活"三生"的融合发展，农业和旅游的"农旅"有机结合，并建立一二三产业有机融合模式让游客参与其中，可以说，随着经济的发展，以产业体验、产品体验、乡愁体验为主要内容的休闲农业和乡村旅游，越来越会成为城市人群对现代时尚生活的一种追求，发展前景与潜力巨大。

21 投资休闲农业需要做好哪些前期准备工作？

第一步：选好地址

首先，你要找一块好地，这是决定土地增值与休闲农业经营发展的主要因素，应该重点把握，以达到在短期内效益最大化的增幅与投资回报。

要想选好一块地，除了选中的土地能满足农业生产的基本条件外，还要认真调查其周边的经济、交通、人流、景点、人口、城市未来发展方向、重点工程、厂矿等。

选择地址要充分与当地乡镇政府，特别是村委会进行协商沟通，争取当地政府的支持态度，了解土地价格、当地民情民风及生产经营环境等。

一般来讲，投资休闲农业选择地址，重点是考虑四个依托，即依托城市，依托交通，依托景区，依托产业。项目地址一定要离城区或是景区不远，交通道路通达性、生态与生产条件好。

只有找准了地，休闲农业的经营发展才有基础性保障。

第二步：准确定位

如果拥有了一片土地，接下来你要思考的就是主题定位。主题定位是休闲农业开发中比较难的一项工作，必须系统分析项目地的优势与劣势才可确定。休闲农业不是定位越泛越好，和众多的行业企业一样，它需要的是针对性与准确性。

休闲农业要有新颖准确、有针对性的主题定位，才能更好地抓住目标市场的"痒"点，从而打开消费市场。休闲农业主题定位主要取决于项目地所处的地理空间环境，如特殊的民族、地理特色、传统习俗、特色农业资源、乡村产业发展、土地性质、周边同类企业等因素。

休闲农业定位主要包括产业主题定位、休闲活动定位与乡村文化定位。

• 产业主题。主要是要想好经营什么，选择哪类（个）产品生产作为园区的主导产业。

• 休闲活动。主要根据消费对象来确定，有亲子活动、游学基地、科普教育基地、休闲度假、健康养生、认种认养、养老、民宿、休闲地产等，休闲活动定位可以指定一种，也可按同类人群复合定位。

• 文化定位。主要根据产业文化、地域文化、民族文化等来确定。

第三步：做好规划

做休闲农业规划除了政府立项有明文规定要求外，重点还是要科学布局，将有限的资金合理使用，以免造成不必要的浪费。

休闲农业的规划设计要坚持以农业为基础，以乡村产业发展为先导，注重科技成果的转化，科学规划、科学设计，充分发挥休闲农业示范、引领、带动作用。规划设计要坚持开发与保护并举原则，遵循自然生态规律，保护、开发培育资源与环境，确保园区景观的完整性、原始性和生态性。

休闲农业规划不同于城区建设规划、旅游景区规划、市政园林规划。休闲农业规划是一个农业企业产业经营与发展规划，要有利于乡村资源整合经营，有利于项目规划区内原有的农业生产、产业业态、自然资源、乡村文化等的综合开发利用，使各种元素相互促进，并使由点成线，由线成面，通过规划理顺景观物理关系与产业逻辑关系，使园区价值最大化。

休闲农业规划设计要根据不同地区的农业资源、生产条件和季节特点，充分考虑区位和交通条件，因地制宜，因时制宜，突出区域特色，如水力资源丰富的可以多开展水上休闲娱乐项目，或者结合周边的资源推出旅游观光、住宿、餐饮等项目。

此外，休闲农业规划必要以"农"为本。单靠休闲项目，没有产业支撑也是不能持续发展的。

第四步：争取政策支持

近年来，针对休闲农业项目的支持与扶持政策越来越多，有产业扶持政策、专项补助政策、公共基础支持政策、先建后补和以奖代补政策等。了解这些政策对于项目的发展十分必要。做休闲农业要积极争取国家政策的支持，但又不能依赖政府，投资人重点是建立项目的商业盈利模式，这样才能使项目健康发展。

目前，国家的农地管理政策是十分严格的。投资人对项目地的土地利用现状，如基本农田、一般农田、经济林地、公益林地、水源保护地、"四荒地"、建设用地、宅基地等土地性质与使用规定一定要弄清楚，否则很容易出现违法与违规问题。

今后，土地改革的步伐将越来越快，土地的相关政策将逐步完善，因此休闲农业要适时把握政策，看准形势，才能更好地用好用活政策，让休闲农业拥有较好的发展环境，取得较好的经济效益。

上述四个方面的准备工作做好后，你就可以大胆动土开工建设了，否则，走弯路与损失浪费将不可避免。

22　为什么休闲农业景观规划要围绕生产来设计？

休闲农业景观规划不同于城市景观设计，必须围绕产业做文章，尽可能地选择有生产价值的物种，使其既有造景和遮阴作用，又有生产和经济价值。坚持轻资产、重创意，增强游客的体验感和参与性，充分挖掘地方文化，方能持续发展。

这是因为休闲农业的本质还是农业，因此其景观的设计应该以农业作为依托。休闲农业景观不仅需要围绕生产来设计，还离不开丰富多彩的生产。休闲农业景观是由农作物"长"成的。农产品、畜产品和水产品的生产，本身就是一道景观，若经过有主题的规划、有特色的设计，其景观作用就能得到充分彰显。

（1）休闲农业景观应提供特色农产品，满足人们对食物的喜爱

当前，休闲农业与乡村旅游快速发展，但一些园区的效益还是不太理想，甚至入不敷出，原因有很多，但过分强调园区的景观效果而忽略农业生产特性是重要原因之一。

实践证明，如果一个农业休闲园区只卖门票，只提供观赏功能，忽略了休闲农业景观是一种有物质产出的属性，不注重农业生产，园区效益肯定不会太好，发展也不会持续。

随着经济发展与人民生活水平的提高，城乡居民对农产品安全的要求大大地提升了，能够吃到安全、有特色的农产品成为城市人群的一种消费时尚，食品安全已成为一种必然的社会发展阶段。优质、安全的农产品成为一种奢侈品的同时，也成了人们追逐的对象。这样的农产品在哪儿找？因此，看得见生产过程、加工流程的休闲农业园区，便成为他们的首选。休闲农业最初起源，就是遍布各地、各种类型的采摘园。

休闲农业景观规划设计强调生产性，既是迎合消费者胃口的必要举措，又是休闲农业产业纾困解难的重要方法，更是对传统园林思想的发展传承。

（2）休闲农业景观应提供独特参与感，满足人们对农耕体验的需求

休闲农业景观中的"体验"内容非常广泛，可以概括为农业生产体验、农

村生活体验、乡村文化体验三大类。具体的体验活动有很多，譬如农事体验活动、采摘活动、吃住农家院、参加乡村民俗与游乐节庆活动，甚至与农民拉家常等都是一种具有唯一性的体验。可以围绕城市人们消费的喜好变化，有针对性、因地制宜地设计一些独特的休闲农业体验景观。

作为一种直接的体验，休闲农业景观可以为人们提供内在的精神满足感。与工业景观、城市园林景观、旅游景区景观不同，休闲农业景观还有一种特殊的属性就是它的情怀性。乡村情怀是一种普遍的社会情怀，广泛存在于社会各个阶层中，在休闲农业游客中更是普遍。这就是同样一株菜，自己到乡下去亲手种出来的与在城里市场买的，为什么有那么大不同的原因所在。

因此，休闲农业景观的设计和安排，一定要考虑情怀因素，要去研究情怀，同时在"作品"中要体现情怀，要让游客满足自己的情怀。

（3）休闲农业景观应提供持续发展新模式，满足人们对休闲农业园区发展的期待

休闲农业景观规划设计应该重点注意两个方面：一是进行农业环境的整治和对农业发展现状的思考。根据拥有的休闲农业资源，创意规划环境友好型产业。因此，要注意环境的改善提升，注意资源的循环利用，注意人与自然的和谐。休闲农业景观培育的过程，也是农业环境整治净化的过程，体现对农业现状创新发展的思考过程。二是对农业模式的创新和对农业未来的探索。休闲农业景观设计实施的过程，是对各种资源进行再加工、再改造、再提升的过程，因此也是对农业模式不断创新的过程。

当前，我国农业在经过了连续多年较快发展之后，取得了巨大的成就，也面临着一些问题，譬如生产成本过高、价格和补贴的制约，还有环境问题、资源问题等。这就亟须转变生产方式，探索新的发展模式，休闲农业的发展本身就是在进行这样的探索。

目前，休闲农业发展很快，一些旅游规划、园林规划、建筑规划甚至平面规划机构和个人都转型做休闲农业规划设计，导致了很多规划设计方案都是模仿旅游景区，城市园林景观来做休闲农业园区的，导致了休闲农业园区像旅游景区，像城市公园，观光内容多，生产体验内容少。

实践已经证明，休闲农业景观的规划设计，要努力实现提高农业的科技水平、管理水平和生产效率，改善农业生态环境，提升农业生产能力，进一步拓展农业的多重功能，实现促进适度规模经营、多元经营，推动农业供给侧结构性改革深入发展，加速传统农业向现代农业转变。

休闲农业景观规划设计是一种有文化、有情怀、有生命、有未来的景观规划设计。

23　投资休闲农业需要重点做好哪些规划才能动工？

（1）项目规划

项目规划亦称"项目设计"，主要是聘请专业技术人员对拟建项目进行全面、详细的规划。它是项目方案的具体化。休闲农业项目规划，一般分为概念规划、总体规划、修造性详细规划以及专项规划等。

项目规划是休闲农业项目向政府部门申请立项，争取国家政策与资金支持的必备材料，也是投资人筹资及施工阶段控制的主要依据，直接关系到项目预期目标的实现。不做项目规划的休闲农业项目，就不能立项，不立项的休闲农业项目投资，政府很难有大的资金扶持。

休闲农业项目规划的原则包括：产业主题突出原则、经营特色鲜明原则、生态保护优先原则、农业与旅游相结合原则、民俗文化特别原则、体验活动丰富与趣味相结合的原则。

（2）时间规划

要提高工作效率最关键的就是先做好规划。时间规划就是规划实施工作计划和过程，这是高效完成项目工作的有效方法。时间规划一般分为长期规划和短期规划，主要有年度计划、月计划、周计划。每天的工作计划一般也可以预先制定。

休闲农业项目的时间规划，除了做短期时间规划外，最重要的是要做长期时间规划。因为农业生产具有周期长、风险大的特点。一般来说农业的生产周期（果树、花卉等）是 10 年左右，第 4 年才会开始有盈利，第 7 年效益才会达到最高，10 年后又开始逐年下降。

所以，投资人选择了做休闲农业，一般就选择了后半辈子从事的事业，想一投资就很快能盈利，想做一下就离开，这是非常不现实的。

（3）产业规划

所谓产业规划，就是从乡村实际状况出发，充分考虑区域内社会经济发展态势，对当地乡村产业发展的定位、产业体系、产业结构、产业链、空间布局、经济社会环境影响、实施方案等做科学的计划。目前，乡村产业规划比较普遍存在的问题主要有以下方面。

① **深度不够**　很多乡村产业规划在编制方法上只是对乡村中的产业布局进行粗线条描述，或是对乡村产业发展现状进行提炼汇总。规划空间狭窄，缺乏对乡村或休闲农业园区种什么、养什么、加工什么等产业发展的深刻认识，导致规划内容比较单一，发挥的作用有限。

② **操作性不强**　由于很多规划设计机构都是从做城市规划转型而来，由于不懂农业，不了解乡村产业，因此水平参差不齐，对乡村实际情况了解不透彻，对乡村产业发展中的问题和障碍认识不足，导致乡村产业规划与乡村振兴规划、土地利用规划等空间规划的衔接产生矛盾，乡村产业规划的思路和布局难以落地。

（4）空间规划

空间规划主要是对休闲农业园区进行功能布局。它的目的是创造一个更合理的土地利用和旅游功能关系的空间体系，平衡保护环境和发展两个需求，以实现农业与旅游有机结合和经济发展的总目标。

休闲农业规划不存在放之四海皆准的标准，其思维模式和工作方式主要是根据乡村不同的发展需求而不断改进，以多学科交叉融合，严谨的指标体系和量化分析来构建休闲农业空间。休闲农业必须以乡村生态资源、农业生产、人文资源为前提，为城市消费者提供新型的游乐空间，体现返璞归真、回归自然消费心态，形成生态休闲农业、乡村生活体验的新型园区。

（5）运营规划

休闲农业运营规划主要根据市场的要求来制定发展目标。运营规划可采用五步法：梳理现状、确定挑战目标、制订行动计划、进行资源分配、制定检视计划。

休闲农业运营规划的门道往大了说可以无穷大，往小了说无非就是"设套"。休闲农业园区用不同的方式吸引游客，然后"一环套一环"让消费者进行休闲体验，然后再继续通过"圈套"把客人留下来。而这个所谓"圈套"就是休闲农业的运营战术。

"圈套"二字"圈"在前，"套"在后。"圈"是运营规划战略的具体表现，如休闲旅游产品服务质量、消费受众、运营规划等就是构成"圈"的重要途径。"套"主要是指战术，即运营框架、运营逻辑、运营分解等。

休闲农业运营规划不要盲目地画运营规划草图，先确定"略"，再研究"术"，一步步设计这个"圈套"，一步步"诱导"游客，如设计一个节庆活动先想着传播媒介，没有媒介作为载体，一个再成功的活动也隐藏在深山老林里无人可知。有了传播媒介接下来就是诱导方式，是通过精心策划体验服务，还是开展各类诱人的游戏活动，这就需要因地制宜，按需而设。

在这个过程中投资者必须紧盯着各项指标，因为战术架构中没办法深入到每项细致的工作，所以只能通过数据反馈的形式来进行更正指导。

（6）平台规划

做休闲农业要想获得成功，投资人必须拥有两个战略资产，即让人欲罢不能的产品和有效平台。在"互联网＋"时代，平台规划只能提供一种思路或者指导方向，但具体落地部分，是一个动态变化、不断调整的过程。需要说明的是，平台不是一个独立的 APP 或者网站，它更多的是一套或者多个产品的集群，它是休闲农业战略的载体，是乡村振兴达到经营目的的工具。

平台规划主要包括平台战略和规划、平台规划流程、平台发展战略、平台组合战略、平台绩效与生命周期五个部分。平台建设与园区大小、规划能力、执行能力、投入资源、投入人力有一定关系。平台建设也需要大量资金、人力与时间的投入。

（7）人才规划

人才规划指休闲农业园区依据现有人力资源状况，结合经营发展战略，对未来人才资源需求和供给状况进行分析和估计，对园区的岗位编制、人员合理配置、员工教育培训、人才资源管理政策、招聘和选拔等内容进行的人才资源规划。

今后，休闲农业市场的竞争主要是人才的竞争。为了实现乡村振兴战略目标，除资金、技术外，如何打造一支能够引领和支撑乡村转型、跨越发展的高素质人才队伍，是摆在休闲农业投资人面前的重要战略任务。

做好人才规划的主要原则是：坚持人才优先策略；注重以用为本；创新用人机制。

（8）资本规划

资本规划的重点是设计休闲农业项目最优资本结构以及优化的路径，建立休闲农业企业科学的资本结构与股权结构，保证园区持续、稳定、安全的运营，提升经营效率。

投资休闲农业项目的资本规划，可以通过系统了解休闲农业行业信息，以及国家有关税收、金融、证券、投资的法律法规，进行休闲农业行业研究及分析来制定。

（9）营销规划

营销规划主要是通过周边市场竞争环境分析，细分市场、产品定位等，明确休闲农业项目怎样满足顾客需求、扩大市场份额；怎样推介新产品、开拓新市场；怎样分析竞争环境、识别并利用自己的竞争优势，如何在竞争激烈的市场中脱颖而出。

休闲农业经营三分靠产品，七分靠营销。在做好产品的基础上，做好营销是非常重要的一环，有效的营销是休闲农业凝聚人气的关键。

营销规划的内容很多，仅从休闲农业的营销方法而言，主要有：细分市场、营销口号、线上推广、平台合作、基地建设、节庆活动等。

（10）渠道规划

渠道规划主要是指投资人为实现休闲农业的发展目标，对各种营运渠道结构进行评估和选择，从而开发出新型的营运渠道或改进现有营运渠道的过程。渠道规划主要包括渠道建立、渠道营运、渠道管理、日常监督、信息反馈与管理等。如休闲农业企业在发展初期，企业就可以充分利用产品利润较高的特点，充分调动更多层级的渠道成员来谋定市场；在后期，如果产品价格竞争激烈，这时就要有意识地压缩渠道层级，以削减渠道运营成本来确保自身的利润。

24　如何创新休闲农业规划设计方案？

休闲农业是以农业为基础的融生产、生活、生态于一体的新型产业，创新发展显得尤为重要。一个休闲农业项目要想与众不同，就要围绕功能布局、主题定位、产业发展、体验产品、资源整合、生态环境等规划方面进行不断创新。

（1）功能布局创新

所谓"麻雀虽小，五脏俱全"。即使再小的休闲农业园区，也包括了管理、生产、加工、营销、景观设置、配套设施等多方面的建设。况且区位交通、气候条件、生态环境、产品内容等，都与休闲农业项目的经营成败息息相关，事先必须有一个清晰的思路。

在休闲农业项目的市场定位、功能分区、项目设置、开发原则与时序安排、经费预算、效益分析等方面需要做好规划设计。有了科学而适当超前的规划，事情也就成功了一半，以后的建设也能事半功倍。

在外部布局上，休闲农业项目要选择区位交通条件便利的地方，能与周边同类项目及景区景点具有互补性，能与整个区域发展形成互动，这样能够获得较为广泛的客源。

在内部布局上，要将生产区、观赏区、加工区、休闲区等科学合理搭配，尤其是景观设计和游憩设施，要充分考虑游客的感受和舒适性，尽量做到移步换景，不走回头路，累了有地方可以暂停休息。游憩设施要尽量就地取材，在形式上进行创意运用，石凳、竹椅或木条横座等，各种材料和形态都可以利用。

（2）主题定位创新

无论是人、事物或者产品，有个性才能吸引眼球，让人过目不忘。休闲农业项目也是如此。鲜明、突出的个性和主题就是休闲农业项目独一无二的靓丽名片。休闲农业项目的个性往往与投资与经营者的风格、追求和修为有关。

休闲农业主题定位十分重要，主题要能够突出项目最有特色的部分，最好在项目名称上就能有所体现，是以产业为主，还是侧重休闲活动，是做亲子教育、还是做民宿，要让人一目了然。鲜明的主题特色有助于顾客根据自己的喜好，能有针对性地做出精准的选择。

（3）产业发展创新

休闲农业项目的基础是农业，产业支撑也是休闲农业项目能够持续经营下去的根本。无农不强，无旅难富。脱离了农业，就成了"休而不农"，名不副实。开发多元化的新、奇、特农产品是休闲农业经营的核心竞争力。要精心选择有特色、有市场前景的种养殖产品，做出休闲农业项目自身的品牌，达到"人无我有，人有我新"的效果。

休闲农业项目很容易陷入假日经济的泥潭，淡季无游客，旺季无招待。休闲农业项目产品的精深加工显得尤为重要，要将生鲜产品制作成干货制品、加工产品，并逐步向开发功能饮品、礼品、美容保健品、休闲旅游商品等方向发展，延长产业链，同时通过不同时节的体验活动与营销推广解决淡季无事可做的问题，提高经营效益。

（4）体验产品创新

休闲农业只有有创意的体验产品，才会具有恒久的生命力，能带给游客以心灵的共鸣和别样的感受，强化游客的黏性。无论是产品、包装，还是景观小品，都要注入创新的思维。

休闲农业体验产品除了传统的农事体验、文化体验、节庆体验外，还可适当结合时尚元素，让游客有耳目一新，眼前一亮，回味深刻，时尚元素也很契合城里年轻人的喜好。

休闲农业农事活动产品体验，可以从以下方面创新规划设计：在不同农事季节，规划不同的有偿农事体验产品；设计参与农事季节管理及生产种植、收获等农事活动产品；设计粮、菜、蔬、果生产竞赛活动、赛畜活动及农产品交易活动产品；规划设计农事活动、节令盛会产品等。

（5）资源整合创新

休闲农业规划设计可用的资源很多，主要有自然资源、农业资源、乡土文化、乡村建筑、民间技艺、民俗节庆、传统手工等，这些素材只要运用得当，加入一定的创意设计，就能够起到意想不到的效果。

• 要根据园区的资源条件和功能定位，进行农产品和农业景观资源以及乡村文化资源等的项目设计。重点突显地区特色或旅游吸引力，提供丰富多彩的乡土性旅游项目，以吸引差异化客源，确定核心竞争力。

• 要充分挖掘当地文化资源，将文化融合和规划到具体项目中去。休闲农业规划设计要做到：与农村教育相结合，增加休闲旅游的科技含量；与厚重独特的乡土文化相结合；与差异化的地脉和人脉相结合。

• 要满足旅游者回归自然、逃避城市、休闲放松等的需求。休闲农业规划除了要着重突出农业和休闲功能外，更要兼顾趣味性浓、参与性强、体验性足，体现"农"味和"野"味，以多样的形式满足不同消费层次游客的需要。

（6）旅游设施创新

休闲农业规划设计必然会涉及道路、停车场、餐厅、宾馆等服务设施的规划以及指示牌、垃圾箱等环境景观的设计，这些设计要结合实际，要求与环境共生，体现生态和自然原理。它们的风格、尺度、轮廓、色彩等都要与休闲农业园区的草木、河湖、山体等自然环境结合得贴切、完美。

例如，休闲农业园区内道路应根据自然地势设计；建筑最好采用乡村民居的形式；餐饮设施可以是与环境相协调的野外型、家庭旅馆型，或将餐饮与观光温室结合的温室餐厅；住宿设施如渔家客栈、农家旅店安置在相对安静的区域，有怡人的景致，与娱乐区有一定距离。

（7）生态环境创新

① **地形环境**　休闲农业地形规划设计应本着尊重原始地形的原则，充分挖掘原有地形优势，并尽量做到土方平衡，从而节省投资。

② **水体造景**　休闲农业水资源规划设计，可以利用水库、湖泊、河流、小溪等规划水上游乐活动项目；结合传统农业中的灌溉工具，设置一些反映水文化特色的景观小品，如灌溉用的水车、打水用的水井等，增加文化趣味等。

③ **植物景观**　休闲农业园区的绿化植物的配置应本着广泛采用乡土植物的原则，注重适地适树，强调多样性与稳定性；用于观光、采摘、体验的各类农作物生产，要考虑到作物本身的观赏性，进行合理布置。此外，还要考虑季节的交替、轮作的品种、土地闲置等情况。休闲农业植物景观规划要在田园景观基质上，进行农作物景观创新设计，以丰富景观层次和季相变化，在不同地区，努力争取达到"四时有不谢之花，八节有长春之景"的境界。

25　水稻基本农田发展休闲农业生产什么好？

"禁止占用基本农田发展林果业和挖塘养鱼。"这是现行《土地管理法》第三十六条第三款的明确规定。基本农田上只能种稻种菜，可是种稻种菜的利润太小了，如何把基本农田用活用好又不违规，还能农旅结合发展休闲农业呢？

（1）稻渔种养

稻渔种养是一种将水稻种植与水产养殖（鱼、虾、蟹、鳖、泥鳅、黄鳝等）有机结合的生态高效农业生产模式，具有"增收、稳产、减污、提质、休闲"五大功效，休闲农业与乡村旅游在园区发展稻渔种养并引入旅游观光、休闲娱乐等元素，在提质增效中大有作为。

我国发展稻渔种养有悠久的历史。过去，由于生活物资贫乏，发展稻渔种养是为保供应；如今，人们对农产品品质与休闲体验活动要求越来越高，休闲农业发展稻渔种养正当其时。

目前，我国各地通过实践集成了一大批可复制、可推广的稻渔种养技术体系，并在生产中得到广泛应用。比如，湖南环洞庭湖、湖北潜江等地区通过改稻虾连作为稻虾共作、改一稻一虾为一稻两虾、改以稻为主为稻虾兼顾的"三改"，集成创新了"稻虾共作"种养模式，克服了养虾和种稻的矛盾；湖南绥宁县、祁东县等地集成了"稻鳅共生"立体种养模式，田里插稻、水中养鳅、架上结瓜，立体生态农业初步形成；湖南辰溪县等地探索了"再生稻＋鱼"，长沙县等地探索了"双季稻＋虾"模式，稻田增收潜力进一步增强。

除此之外，目前还有莲鱼、稻蛙、稻鳖等种养模式。据统计，实施"稻虾共作""稻鳖共作"模式的稻田普遍亩均纯利在 3 000 元以上，最高可过万元，比单一种稻纯利润高 3 倍以上。

休闲农业与乡村旅游注重农耕和休闲的融合发展，注重产业发展与乡村建设的和谐共生，在园区发展稻渔种养并引入旅游观光、休闲娱乐等元素，

不断拓展休闲功能，激发休闲养殖活力，从而能极大地满足城市消费者的需求。

　　发展休闲农业，开展稻渔种养，不光能增产增效，还能创意设计丰富多彩的休闲体验活动，如捕鱼、捉泥鳅、钓龙虾、插秧、撩稻、打谷等。还可举办各种文化节庆活动，如龙虾节、捕鱼节、插秧节、新米节、丰收节等。当前，"禾花鱼""虾稻米"等稻渔产品在市场上也很受消费者青睐。

（2）稻田轮种

　　水稻收完后种植什么好？一般有稻－油菜轮作、稻－绿肥轮作、稻－蔬菜轮作、稻－菌轮作等模式的选择，这里我们重点介绍水稻－羊肚菌轮作。

　　① **稻菌轮作好处多**　羊肚菌种植后土壤中残余的大量菌丝和菇脚可作为天然有机肥，为水稻的生长提供多种营养成分，提升稻米的品质（菌香米），减少了化肥的施用量；水稻种植后的秸秆还田可作为栽培基质，为羊肚菌的生长提供天然底肥，增加产量；羊肚菌种植存在一定程度的连作障碍，水旱轮作能够有效降低田间病虫害的发生率，从而保障羊肚菌的产量和品质。

　　② **羊肚菌经济价值高**　羊肚菌一直以来依靠野生采集，产量低、采集难度大，人工栽培技术是一大进步。而且羊肚菌是一种珍稀名贵食药兼用真菌，羊肚菌的市场价格较高，干货每千克1 200元左右，鲜货每千克200元左右。四川金堂、新都、简阳等地推广水稻－羊肚菌轮作生产模式，平均亩产羊肚菌达200千克，优质水稻800千克，在四川地区推广近10 000亩，平均每亩增加收益达万元以上，经济社会及生态效益十分显著。

　　③ **羊肚菌在休闲农业中的运用**　羊肚菌是一种很珍贵的天然食品，富含蛋白质、多种维生素及20多种氨基酸，味道鲜美，营养丰富，是一种珍贵的

食用菌。在休闲农业经营中，羊肚菌可开发美食产品、养生产品、DIY 活动、科普教育活动等，从而增加其经济效益。

（3）立体种植

① **立体种植的分类**　立体种植的类型主要有：蔬菜、瓜果、粮食立体种植模式；洋葱、菠菜、生菜、玉米立体种植模式；西瓜、山药、西芹立体种植模式；洋葱、生菜、番茄立体种植模式。此外，鱼菜共生、稻渔种养也是立体农业生产模式。

② **立体种植具有见效快的特点**　立体农业不是迫在眉睫，而是大势所趋，是未来农业的风口。立体种植模式是国家大力提倡的高效生态农业模式。

立体种植是通过多方面种植（养殖）条件来实现优质、高产、高效、节能、环保的农业种养模式，典型的例子应该就是中国传统的"四位一体"的庭院农业模型，例如：将鸡、猪、沼、菜等生物组分整合成一个生态微循环系统。一个核心的闭环就是：种—养的闭环，一定要形成一个闭环才能展现出立体种植的大功效。而且这种系统是生态立体农业中见效较快、土地利用率较高的一种模式。

③ **立体种植在休闲农业中的运用**　在发展休闲农业与乡村旅游中，进行立体种植的好处在于，可以多方面兼顾土地多功能使用，也规避了休闲农业经营的约束。

在休闲农业与乡村旅游景观设计中，可以多运用立体种植，在保证基本农田的规定种植外，利用栏架空间造型，打造游乐形式、体验形式的景观性布局，形成高中低的套种，不影响基本农作物的收益，同时又能兼顾休闲农业体验功

能，还能形成植物景观的视觉冲击力，以获得游客的青睐而积极地参与。给空旷单调的田间增加了层次感，多了体验性、游乐性的必要条件，比如亲子活动、科普教育、游学基地等。利用空间植物景观的障碍、不同品种通过空间分割出来的体验区块等，还可以设计休闲娱乐项目，从而增加休闲农业经营服务收入。

26　为什么建议休闲果园的规模不要太大？

很多人投资休闲农业喜欢贪大，流转土地一开口就是几千亩、上万亩，以为土地越多，赚钱也就越多，这样投资休闲农业失败的案例有很多。目前，一些相对落后的地区，山林地租金相对便宜，有农业情怀的投资人都会拿来种植水果，做以采摘为主题的休闲农业，这样投资的思路是对的。

水果采摘既是一种生产活动，还包含着收获与喜悦，加之水果可以即采即食，城里人特别喜欢水果采摘活动。因此，很多投资人，还有返乡创业者，投资休闲农业就喜欢种果树，搞采摘主题农园。但是，采摘园要做精，不能做得规模太大，因为大规模的采摘园风险很大，主要存在以下问题。

(1) 土地问题

做采摘主题休闲果园要详细了解拟流转土地的不利因素，如土质是否合适进行水果种植；水、电是否充足。曾经有山林地果园就是因为水源（包括地下水）困难造成了水果种植失败，很多投资人容易忽视这种农业生产基础条件。

(2) 资金问题

投资大规模的休闲果园，投资人一定要对手里的经费科学安排，既要做到心中有"数"，又要做到使用有"度"，要留有余地，不能一次用完。如果你有500万元资金，你最多只能给生产与设施安排投资400万元左右。开工前，要安排适当预算请专业团队做规划设计方案。俗话说得好："一分钱难倒英雄汉"，如果没有预期计划盈利，又没有后续资金，到时你的农园想扔都扔不掉，这样的例子很多。

（3）盈利问题

做以采摘为主题的休闲农园，不要盲目自信，高估自己的能力，很多投资人认为经验比理论更重要，用自己以往的赚钱思维来经营休闲农业，但实际操作后，回过头来看很多东西都是错误的。休闲农业是前无古人的事业，学习与探索是主旋律，只有这样才能找到盈利模式与发展规律。因此，做果树采摘农园既要有创新意识，又要脚踏实地。

（4）种苗问题

做休闲果园首先考虑的是种苗问题。要舍得在树苗上花钱，不能图省钱降低树苗标准。一些返乡创业者为了图省钱大量用半成品树苗，由于面积大，管理质量难控制，造成不能一次成园，后来几年补种，损失很大。同时，不要盲目相信新品种。一些专家给你推荐的新品种，一定要实地察看，调查市场的卖价，实际上很多高价新种苗，不一定都比老品种有优势。最后还要注意控制好种苗纯度，品种不纯后患无穷，否则一定会出现采果难、卖果难，休闲果园生意更难做。

（5）品种问题

很多投资人都想做到四季有花看、四季有果采，其实做四季花果园从经济利益角度来看是不科学的，想盈利也是很难做到的。因此，做采摘主题休闲农园果树品种不要太多。一个品种要有一定的规模，少了不宜做采摘。经常可以看到很多采摘园游客人多而无果可采的现象，最后生意越来越差。

（6）用工问题

休闲农园用人是关键，特别是果园，目前机械化程度比较低，果树大规模种植必须大量用工，工人工作面大，不好监督，不好控制质量，一些工人相对素质较差，如何管理成为难题。因此，大规模的果园一定要建立好的用工体制机制。做休闲果园最好不要直接流转太多的土地，与农民实行合作制、股份制模式是比较容易成功的办法。

（7）市场问题

在休闲农业服务过程中，很多人时常会问同一个问题：栽什么果树最赚钱？其实水果市场像小孩脸，说变就变了。果树从种苗到盛果最少要4年，不能用当下的市场来衡量未来的市场，对未来市场的变化只有上帝知道，但他不会告诉你。选择水果品种一定不能跟风，重点是栽种优质品种，至于栽什么其实不是很重要。

（8）采摘问题

很多采摘主题休闲农园都会面临一个问题，水果采摘期不长，长的一个月左右，短的一个星期（如杨梅等）。过了采摘期休闲果园怎么办？靠餐厅、靠烧烤实际上是很难盈利的。休闲果园从果树苗期、生长期、花期、挂果期、成熟期都可以设计开展休闲体验服务活动，开发城里人在城市看不到的景观，玩不到的活动，难吃到的美食，难买到的绿色产品等。

27 小规模的畜禽养殖场应该如何转型发展？

我国为了保护生态环境，出台了许多畜禽养殖环境保护政策。从短期来说，从事小规模养殖业赚钱的难度加大了，但从长远来说，更有利于养殖企业的持续发展。

小规模畜禽养殖企业怎样发展？规模化、生态化、特色化、合作化、休闲化这"五化"是养殖场转型升级发展的主要方向。只有选择"五化"发展模式，小规模养殖场才会有出路。

（1）规模化

目前，很多资本涉足养殖业，出现许多大型养殖企业，其养殖经验丰富，技术、设施先进齐全，同时由于具有养殖规模，在人力、物力、资源以及市场等方面占尽了优势。

而一些小型的、传统的养殖场，因为资金、技术等问题，多数在环保方面无法达标，又没能力实现转型，关闭停产在所难免。因此，在这样的情况下，未来环保达标的规模化养殖企业将会是发展趋势。

（2）生态化

生态养殖将成为今后养殖企业发展的主要方向。随着我国经济的不断发展，城乡居民经济收入的不断增加，越来越多的人开始关注自己的身体健康，重视每天所吃食物的安全，生态健康产品成了消费者的首选。

养殖业作为农产品的基础产业，其在人们生活中的重要性不言而喻。近几年，我国生态养殖模式，以科学的养殖方法减少污染，践行"绿水青山就是金山银山"的理念。国家在这方面出台了不少支持与扶持政策，用实际行动来支持生态养殖，标准化生态示范养殖场，可以申请政策扶持资金。也就是说，只要小规模养殖企业生态养殖做得好，能示范、引领、带动当地经济的发展，符合相关的生态养殖扶持政策就能拿到相关补贴。因此，未来有眼光、有能力的小规模养殖企业势必会向生态养殖这个方向转型发展。

（3）特色化

所谓特色化，就是搞养殖不走平常路，选择一些特色品种养殖也是发展趋势。随着科技的快速发展，养殖业也越来越向精细化、特色化发展。新、奇、特将成为农业新的关注点，特种养殖将会成为新的农产品价格增长点。

作为传统的畜禽养殖基地，必将逐渐走向规模化、集团化、一体化和现代化模式。而特种养殖业必将从传统的副业、辅业中脱离出来，发展成为一个独立的特色产业。

很多开展小型养殖创业的新农人，大多都会选择特种养殖，这是因为：一是可以申请国家补贴，即"一村一品""一县一特"补贴项目。二是随着城镇居民生活水平逐渐提高，对中高端养殖产品的需求也越来越多。所以，我们有理由相信，特种养殖在未来一定会具有很大的发展潜力。

（4）合作化

养殖合作社发展模式也是小规模养殖企业今后生存发展的出路之一。目前，成立专业养殖合作社，实现养殖规模化是散养农户（企业）的唯一出路。

为什么说是专业养殖合作社而不是家庭农场呢？这是因为专业养殖合作社侧重于资源整合，可以从生产、加工、流通、服务等各个环节帮助散养农户。而家庭农场主要以种养业为主，很难将养殖产业链延伸至农副产品加工业以及前期的产品研发。所以对散养农户（企业）而言，选择加入专业养殖合作社，其发展前景会更好。

专业养殖合作社的发展，可以为养殖业节约能源，变废为宝，充分利用秸秆，培养养殖专业能手，依靠相关龙头企业，采取统一的购苗、防疫、供料、技术指导、销售等统一模式，解决散养农户（企业）的难题。此外，国家对专业合作社有补贴政策，也是散养农户（企业）建立专业合作社的原动力。未来，专业合作社作为将小规模养猪场整合起来发展的最佳平台，借助国家支持的强劲东风，一定具有繁荣发展的前景。

（5）休闲化

休闲农业和乡村旅游的发展也为养殖企业的转型升级提供了发展思路。养殖场做休闲农业可以让游客观赏和亲近家禽、家畜等动物。通过开发相关科普教育等休闲娱乐产品，培养游客（特别是青少年）的爱心，培养人与自然和谐相处的情趣。

如在特种畜禽休闲园，游客可通过参与饲养动物，增加农业常识，了解养殖动物肉、蛋、皮、毛等深加工工艺。养殖场设立体验馆、饲料科普区、养殖观摩区、饲喂区、传统农耕展示区、亲子娱乐区等，通过与幼儿园合作等方式，开展以亲子活动为主题，宣传特种养殖生产科普知识等，引导特种养殖产品的消费。在家禽家畜休闲园，还可以设计丰富多彩的体验活动。比如动物竞技活动，可以观看小猪赛跑与杂技表演、龟兔赛跑、斗鸡、斗牛等节目。总之，养殖场通过农业休闲旅游功能的拓展，可以达到增收与提质增效的目的，从而反过来促进养殖企业的进一步发展。

28　温室大棚生产基地如何发展休闲农业？

　　温室大棚一般是指借助大棚设施对作物生长的全部或部分阶段所需的环境条件（如光、温、水、肥、气等）进行调节、控制或者创造，使植物的上部和根部环境得以改善，提高作物光能利用率，进而增加作物产量、改善作物品质、延长作物生长季节，并使作物在露地不能生长的季节和环境中能正常生长。温室大棚在一定程度上可以使作物摆脱对自然环境的高度依赖，是一种高效的农业生产。以高技术、高投入、高产出为特征的温室大棚不仅代表现代农业的发展方向，而且温室大棚的发展在一定程度上成为衡量一个国家或地区农业现代化水平的重要标志之一。

　　近年来，我国在温室大棚设施农业方面取得了可喜的成就，但与发达国家相比仍有较大差距，具体表现在：科技创新条件差，机制不完善 ；推广体系不健全，技术应用水平较低；从业者素质较低，人才资源缺乏，发展经营模式落后；栽培作物品种机械化和自动化程度低；标准生产体系不健全，标准贯彻滞后等。

很多温室大棚生产基地也有发展休闲农业的想法，但如何利用温室大棚做农旅结合的休闲农业，不少投资者还不知道怎么做。

（1）把握设施农业相关国家政策

国家对设施农业生产已有明确的政策规定和要求，主要内容有以下几方面。

一是温室大棚只能用于农业种植、养殖生产，所有生产经营活动不能对大棚内耕地耕作层进行破坏。

二是大棚看护房，南方地区控制在"单层、15米²以内"，北方地区控制在"单层、22.5米²以内"，其中严寒地区控制在"单层、30米²以内"（占地面积超过2亩的农业大棚，其看护房控制在"单层、40米²以内"）。

三是温室大棚不能用于改建住宅、私家庄园、别墅，不能用于餐饮、娱乐、康养等经营性用途。

四是基本农田内的温室大棚只能种植粮食、蔬菜，不能种植水果、花卉等。

（2）做好休闲农业规划设计

① 规划旅游路线 温室大棚不同于普通农业生产基地，设施障碍让人很难了解基地生产内容，因此游客在基地的休闲观光线路，进入大棚内的参观通道，都必须事先科学规划设计。

② 尽量四季轮种 温室大棚主要种植瓜果、蔬菜等作物。开发休闲农业项目，大棚内的生产品种一定要考虑科学搭配，尽可能做到一年四季让游客都有看的、玩的、吃的、购的、学的。游客不管什么时候去，都要尽可能满足其休闲旅游的需求。

③ 设计拍照景点 大棚内的景观设计，规划设计时除了要运用园林景观设计理念外，还要懂农业生产生态景观设计知识，要将大棚内的瓜果、蔬菜等设计出不同的造型，吸引游客拍照留念。

④ 设计体验活动 温室大棚生产基地除了常规的水果、蔬菜采摘外，还可以设计翻地、播种、移栽、培管、收获等农耕生产体验活动，根据农产品生产设计出不同的游学与科普教育课程，以满足中小学生、游客学习的需要。还可以设计不同植物盆栽、嫁接等各种DIY体验活动等。总之，温室大棚也能设计出丰富多彩的休闲体验活动。

⑤ **展示现代农业**　温室大棚开发休闲农业项目，应该有新品种、新技术的展示，特别是生物防治、环境智能控制、水肥一体化、灌溉保温系统、手机控制、远程监控等现代农业生产技术，都可以考虑加入。游客参观大棚，就等于了解了现代农业生产技术。

（3）建立休闲农业主题模式

① **展览展示温室**　主要利用温室大棚高科技农业生产条件，举办农业节庆活动、农业展会等休闲农业活动。展览展示温室主要以农业生产为主，结合不同主导产品，每年在一定的时间内，以某一个主题的形式呈现，通过节庆与展示活动，为游客提供高科技农业产品，展示农业新技术，从而达到宣传与增收的目的，例如北京昌平农业嘉年华、陕西杨凌农业高新科技成果博览会、山东寿光蔬菜科技博览会等。

② **休闲体验温室**　一些休闲农业园区建造、利用温室大棚开展休闲旅游活动，其目的是为满足游客在园区游玩时，获得更多、更好地体验，度过更美好的闲暇时光，特别是满足团队拓展、亲子家庭、中小学生的需求。休闲体验温室主要是在温室中设计丰富多彩的游艺、戏水、游学、科普等体验项目。设计不同的植物生态景观，给游客以赏心悦目、惊险刺激的游园体验，不仅丰富了活动内容，同时也增加园区收入。尤其在雨天与冬季，可适当缓解因天气原因造成的休闲体验问题。例如北京的五洲植物乐园、盐城的杨侍生态园等。

③ **综合服务温室**　一般是指利用温室，规划设计生态环境，如山水、瀑布、花草、果木等观光景观，是以上温室开发经营模式的综合型式，是以旅游

服务为主要功能的温室大棚。由于温室大棚环境具有可控制性，可种植不同气候或地区的各种植物，为游客提供田园农业游、园林观光游、水果蔬菜采摘游等体验活动，以及现代高科技农业展示、科普教育活动等主题农业科技旅游活动。综合服务温室通常以乡村环境、田园风光为大背景，结合其他资源条件，功能设置由农业向复合型休闲、会议度假、康疗体检等延伸，形成温室大棚休闲综合体的概念。例如北京的蟹岛绿色生态度假村、华彬庄园乡村俱乐部、锦绣大地农业观光园等都是具有代表性的案例。

29 休闲农业主要利用哪些资源开展休闲活动创意？

休闲农业是利用田园风光、自然资源及环境，结合农林渔牧生产、农业经营活动、农村文化及农家生活体验为目的的农业经营方式。可以说，休闲农业的基础是农业，目的是休闲，本质是体验。

休闲农业主要利用哪些资源条件开展休闲活动创意呢？

（1）充分利用自然资源

休闲农业的自然资源主要指休闲农业园区天然赋存的实体资源，例如山川、江河、湖泊、溪水、源泉、峡谷、海洋、洞穴、森林、草原、野生动物、气象等。

这些要素经过巧妙的组合，可以形成生机盎然、千变万化的休闲农业园区资源与休闲娱乐体验活动场地。旅游者通过自己的视觉、听觉、嗅觉、味觉、触觉与这些资源要素发生联系，便可产生种种联想、理念和美感，通过参与相关休闲体验活动，

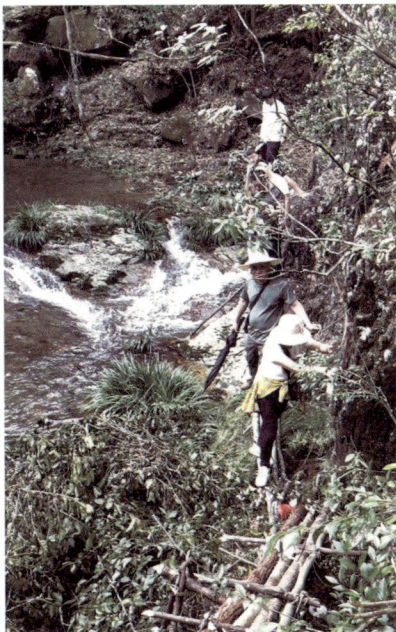

获得精神上的享受。

（2）充分用活农业资源

农业资源是人类在大自然的基础上，经过长期农业劳动而形成的资源条件。

① **农田**　主要有稻田、麦田、玉米田、高粱地、菜园、果园、茶园、苗圃地、花草地等农业土地资源。

② **种养生产**　主要有各种花卉、蔬菜、果树等农作物生产；各类家禽、家畜、特畜种经济动物等养殖生产。

③ **农业设施**　例如大坝、水车等水利设施；农业防护林、鱼塘、水库、温室大棚、农业机械等农用设施。

④ **农居建筑**　例如村落、民居、祠堂、寺庙及其他宗教场所等。

⑤ **农业劳作**　例如采茶、打场、收割、播种、放牧、打鱼等劳作；剪纸、编织、酿造等民俗技艺；捉鱼、抓泥鳅、放风筝、荡秋千、骑马等民间游戏等。

作为我国南北客观存在的地物、地貌以及人们生产、生活的空间和现象，农业资源同样可以作为游客视觉审美及心理体验的对象，在休闲农业创意中应当充分用好、用活。

（3）充分挖掘社会文化资源

社会文化资源是人类在不同的历史时期和社会发展阶段，通过劳动实践创造的物质和精神财富的总和。乡村是人们长期聚居和生产的场所，能用于休闲农业开发的社会文化资源主要包括以下几方面。

① **乡村历史文化资源** 例如古人类遗址、古代建筑设施、古代军事设施、古道路、古战争遗址、历史和革命纪念地等。

② **乡村民俗文化资源** 例如地方特色饮食、服饰、住宅等文化生活资源；传统农耕劳动、生产器具、手工业、交通运输等生产文化资源；曲艺、杂技等文化艺术资源；以及各民族独特的生活习惯、社会制度、礼仪习俗、信仰禁忌和传统节庆活动等。

③ **现代科技文化资源** 例如，无土栽培、转基因技术、现代灌溉技术、智能控温控湿控光设施、水墙技术等现代农业科技手段，以及清洁生产、循环利用等现代生态农业生产过程等。

这些社会文化资源不仅具有丰富的外在表现形式，而且包含有深厚的历史、经济、科学、民俗、文学等文化内涵。在休闲农业创意活动设计时可以充分挖掘与利用这些丰富内涵。

除充分利用上述各种资源条件开展休闲农业创意外，休闲农庄园区还可根据其主题与市场定位，为旅游活动开展住宿、餐饮、交通、游览、娱乐、健身、购物等相关设施及特色服务，以及休闲农业社区生活环境、政策制度环境、投资环境等，这些都是对城市游客产生吸引力的休闲农业创意活动。

（4）常见的休闲活动

① **观光休闲** 主要观光对象有日出、夜景、霞光、雨雾、彩虹、山川、河流、瀑布、池塘、水田倒影、梯田、茶园、油菜园、草原、竹林、古镇、村庄、海浪、湖泊、山岩、海湾、盐田、渔船等。

② **体验活动** 主要有农耕作业（松土、播种、育苗、施肥、除草）、亲自

驾驶农耕机具（收割机、牛车、耕耘机、中耕机、插秧机等）、采茶、炒茶、栽树、栽菜、挖竹笋、捡蘑菇、捡鸡蛋、拔花生、剥玉米、采水果、挤牛奶、捕鱼虾、农产品加工、农产品分级包装等活动。

③ **美食品尝**　主要在特色餐厅、土菜馆、咖啡屋、茶室等场所。还可以让游客自己动手制作烤地瓜、烤土鸡、烤兔子、烤全羊以及药用植物炒食、鲜乳试饮、地方特产品尝、野果采摘等活动。

④ **民俗活动**　主要有乡土历史探索、人文古迹查访、自然生态认识、大自然学堂、农村生活体验、田野健行、手工艺品制作（花艺、陶艺、剪纸等）、森林浴等。

⑤ **乡村文化活动**　主要有庙会、丰收庆祝、捕鱼祭祀、车鼓阵、赏花灯、舞龙舞狮、皮影戏、歌仔戏、布袋戏、划龙舟、山歌对唱、说古书、雕刻、绘画、泥塑等。

⑥ **亲子活动**　主要有玩陀螺、竹蜻蜓、捏面人、玩大车轮、打水井、推石磨、踩水车、坐牛车、羊拉车、灌蟋蟀、捉泥鳅、钓鱼、钓青蛙、捞鱼虾、喂牛羊、踢铁罐、扮家家、骑马打仗、跳房子、放风筝、踩高跷、玩泥巴、儿童垂钓、儿童水上乐园等。

⑦ **森林游乐活动**　主要有游客体验森林浴、体能训练、生态环境教育、丛林穿越、树上探险、赏鸟、森林幼儿园、知性之旅、养生馆等。

⑧ **产业文化活动**　主要有游客体验农产品产、制、贮、销及利用的全部或部分过程等，如蔬菜生产过程的腌制、干制、脱水、加工体验。

30　休闲农业农事体验活动的分类与设计原则是什么？

休闲农业农事体验就是让游客参与农耕、感受农趣，同时也将农事活动、农耕文化与农业知识相结合，在传承农耕文明的同时，通过原乡、原俗的农事体验，展现农业生产劳动热烈场面，让游客体验农业劳动生活的一种休闲旅游方式。

（1）农事体验活动分类

• 按产业分类：分为种植体验、养殖体验、加工体验。

• 按体验方式分类：分为生产体验、收获体验、品尝体验。

• 按运用物品分类：分为生产工具使用体验、生产资料应用体验、生产技能应用体验。

（2）农事体验活动的内涵

① **种植体验**　就是在休闲农业和乡村旅游过程中进行种植劳动、获取种植知识、体验种植生活的一种休闲旅游方式，例如水稻犁田插秧、果树嫁接移栽、花卉造型做盆景、蔬菜苗移栽和培管等。通过这些劳动体验，能让游客获得相关农事知识、体验农事生活。

② **养殖体验**　就是在休闲农业和乡村旅游过程中体验畜禽、水产的养殖劳动，以及与动物互动、捕捉活动等。例如，给鹅、兔子、小牛喂草，还有捡鸡蛋、捉鱼、撒网、捉泥鳅、捉鸡等。通过这些活动体验，能让游客获得养殖知识、体验养殖生活。

③ **加工体验**　主要指农副产品在乡村作坊的加工活动。包括初级加工，如将稻谷碾成米，将米磨成米粉和米浆，将鲜茶加工成绿茶、红茶等；还有精深加工，如将稻谷加工成谷酒，将大米加工成米酒、米线，将米粉加工成年糕、汤圆等。游客通过参与加工实践，可以获取加工知识，体验加工生活。

④ **生产体验**　主要指通过在农田中进行中耕、播种、除草、施肥、浇水、防虫、治病等生产劳动体验，获取农田生产知识，体验农民生产生活方式。

⑤ **收获体验**　主要是通过在农田中进行农作物收获，获取收获知识，体验收获生活的生活方式。例如，水稻、小麦等的收割，蔬菜、水果的采摘都是收获，游客可以获取收获知识、体验收获的喜悦。

⑥ **品尝体验**　主要指游客到乡村田园去品尝自身种养或采摘收获的农产品。其实，平常吃到的和体验品尝到的产品味道是本质相同的，但感受却大不相同，游客通过品尝自身的劳动成果，不仅仅是吃到食物的味道，还体会到亲身劳动的收获。

⑦ **生产工具使用体验**　主要包括拖拉机、插秧机、收割机、抽水机、小型农机具等现代生产工具使用体验，也包括锄头、镰刀、水车、犁、耙、椿臼、石磨、风车、石碓、渔网等传统生产工具使用体验。通过现代生产工具的使用可以获取农业生产工具使用的一般知识，体验现在的农村生产生活，通过传统生产工具的使用则可以获取历史知识，体验农耕历史生活。

⑧ **生产资料应用体验**　主要指肥料、农药、地膜等农资使用体验。生产资料的特点是直接用于作物生产中，有利于农作物的生长发育，有利于农产品种类多样、品质优良、营养丰富、口感适宜、卫生安全、外观美观。通过这些应用体验，能获取其知识，体验其生产活动。

⑨ **生产技能运用体验**　主要包括古代生产技能体验、传统生产技能体验和现代生产技能体验。古代生产技能如刀耕火种自然农法；传统生产技能如区田法和代田法；现代生产技能如立体农业、循环农业等。通过生产技能的运用体验，既能让游客获取农业生产技能知识，体验农耕生活，又能了解、感知农业生产技能的发展进步。

（3）农事体验设计的主要原则

① **参与性与知识性相结合**　农事体验既是一种真实的劳动，但又不同于农民的劳动和农业生产，不仅要收到农事劳动的效果，还需收到一般劳动所没有的知识体验效果。游客在参与劳动的同时，还需有导游或教师在旁边进行农事体验指导与讲解，从而让游客在农事体验活动中收获劳动知识，感知农业生产技能与农耕文化。

② **劳动性与趣味性相结合**　在农事体验中，种植、养殖、管理和收获等既是劳动的过程，也是享受乐趣的过程。因此，设计活动时必须做到劳动性与趣味性相结合。农事体验，不能像正规劳动，而是通过农事体验这一形式，满足游客体验劳动过程与乡村生产生活的心理需求。因此，在农事体验项目选择上，尽量选择劳动强度不大，易于耕作、管理、收获的项目，让游客能够在比

较轻松地劳动，获取知识，实现愉悦。

③ **生产性与生活性相结合**　所谓生产性，就是农事体验设计必须从有利于农业生产的角度出发，根据不同生产季节设计不同的农事体验活动。所谓生活性，就是农事体验设计在做到有利于农业生产的同时，还需从生活的角度出发，营造游客生活的场景。这样，消费者在生产中体验农业劳动的同时，也在体验乡村生活。

31　如何打造中小学生农业游学基地？

游学就是让孩子们在欢乐愉悦的实践状态下，搭起书本知识和现实生活的桥梁，不但能充分调动孩子们的感官系统并使其发展，而且可以促进孩子们去探索未知的事物。

目前，国家对中小学生游学活动有明文规定，各级教育主管部门对游学基地建设也制定了申报与评审标准。很多农业企业，希望能赶上"游学"教育这拨"风口"，利用自身条件建立游学教育基地，以此作为乡村产业融合发展和实现盈利的切入点。

然而，很多农业"游学"基地教育课程，还只是停留在初级阶段，主要表现在以下几方面。

一是游学教育主要模仿城市游乐项目，缺乏乡村味道。一些游学基地模仿城市公园建设一些儿童游玩项目，如大轮盘、碰碰船、滑梯、水上游乐场等，这些项目刚开业时还可以红火一时，时间一久就很少人光顾了。靠模仿城市，搞资产性项目经营不适合游学基地。

二是游学教育主要还是野外游玩活动，缺乏游学内涵。许多游学基地由于缺乏专业人才开展游学与自然教育课程设计，缺乏现场教学老师，直接将自然教育等同于基础农耕体验活动。自然教育变成了拔萝卜、刨红薯、摘花生、剥玉米、捡鸡蛋、走吊桥……这些活动简单，没有教学目标，没有沉浸，没有启发，没有五感调动，甚至没有什么精神层面的引导，其实就是一场"野外活动"。而且容易复制，极易出现同质化经营。

三是游学教育主要还是传统农耕体验，缺乏科技含量。有些游学基地主要还是使用一些早已被淘汰的农业生产工具，让孩子们学习如何使用。一些游学与自然教育全程的活动主要就是在园区整队、做游戏、朗诵春天的诗歌、在草地上游玩……这种活动在相当长一段时间内是符合目前市场情况的，能为企业带来一些生意和人流，但从长期来看，这种服务质量和体验感不高的游学教育活动，没有任何"科技含量"，它的可替代性也是很强的。

开展游学与自然教育，不是为了培养新型"小农民"，所以仅有简单的乡村游乐与农耕体验是远远不够的。

（1）游学基地与普通休闲农园经营模式有所不同

休闲农业和乡村旅游需要讲究产业化、专业化、品牌化建设，在产业发展上主要重点是"一村一品""一园一特"。因此，在盈利的休闲农业园区常常只有单品种植生产与动物养殖，比如整个园区以水果、蔬菜、花卉某个主打品种为主，或是牧场全都是猪、鸡或全都是牛，规模较大，数量较多。但游学基地与普通休闲农园的区别是，游学基地农业生产既可以是单品，也可以是多物种生产。在游学基地，人们常常会看到小朋友们在围着一只小羊喂它吃草，旁边可能会有一头小牛在羡慕地看着。猪、菜、果、花、鸟、鱼、虫等在游学基地都可以看到，俨然就像一个生态动植物园。

（2）游学重点是围绕农业产业打造教学课程

农业游学教育资源非常丰富，可以围绕自然资源、农业生产与乡村文化为所有年龄段的孩子提供相应的自然教育课程，从农村的昆虫、土壤到动物、种植和水，都是课程内容。

　　例如，利用药材生产打造中草药课：教孩子们学习种植中草药，跟老师一起学习中草药的各种加工方法和如何利用中草药治疗与养生。利用蔬菜种植打造蔬菜收获和加工课：孩子们将学习如何识别、收获和加工蔬菜。利用羊养殖生产打造羊奶皂制作课：学习如何使用新鲜草药、精油、天然色素和山羊奶，制作一块天然手工皂，然后把它带回家。利用蜜蜂养殖生产打造养蜂课：学习关于蜜蜂社会、蜂巢的类型、蜂窝里的"礼仪"等蜜蜂的相关知识，学习收获蜂蜜的方法等。

（3）游学项目除了服务收费还要有产品销售

　　游学基地除了教学服务可以收费，还需建设产品销售卖场，出售和课程相关的产品。

　　如开设中草药课程，卖场就可以提供与养生相关的原料、饮片、饮料、食材、延伸加工产品等；开设山羊养殖课程，卖场就可以销售羊奶饮品、羊奶冰激凌、羊奶片等纯天然的健康零食；开设蔬菜生产课程，可以让孩子们亲身体验采摘蔬菜的乐趣，并进行销售。

（4）游学基地要让孩子们在玩耍中学到更多的东西

　　游学教育就是寓教于乐，让孩子们勤动手、勤动脑，在玩耍的时候扩展眼界、增长知识，在潜移默化中起到修身养性、呵护心灵的作用。通过游学与自然教育课程，孩子们将有机会与大自然中的动植物近距离接触，了解各种生物类型参与生态系统的方式与价值。在老师的带领下让孩子们了解农业生产、森林、水利、气象、农事节庆、乡村文化等知识，在游戏中感知农业科学、技术、工程与艺术的魅力。

用游学与自然教育课程培养孩子的人际交往能力，利用当地资源条件创意设置光涂鸦、徒步夜观、猫眼定向、野炊与露营、天文观测、木屋时光等各种特色活动，让孩子们在玩乐中尽情展现自我，提升与人交往能力。通过游戏，培养孩子自信、专注、坚毅、合作、友善的性格与品德，以应对未来的挑战。

游学基地的硬件和环境打造不一定要"高大上"，但其游学与自然教育课程设置一定要有针对性和细致入微，既要有自然教育的大视野，又要能从孩子的现状切入，更要能开展体系化运营。

32　休闲农业科普文化馆有哪些分类？

科普文化馆应该说是大中型休闲农业与乡村旅游企业的标配服务项目，它是利用农业生产、生态环境、动物植物产品、农村生活文化等资源条件来设计体验活动。它以教育为目的，让城市游客在体验中学习农业及相关领域的知识。

休闲农业的科普文化馆以寓教于乐为理念，突出知识的传播和体验，兼顾有关技能的传授，让游客在轻松愉悦的场景中获取农业科学知识和农耕历史文化体验，在休闲娱乐中达到生态和环保教育的目的。

休闲农业科普文化馆以展示农业科学知识（如动物、植物生长过程）、农耕历史文化、生态和环保等自然知识以及设计动手生产、体验活动为主题元素，主要以儿童、青少年学生及对农业知识、自然知识感兴趣的城市游客为主

要服务对象，兼顾了知识传播与休闲娱乐双重功能，是今后休闲农业与乡村旅游的发展趋势。

目前，部分休闲农业企业与乡村旅游项目中设置了科普文化馆（包括科普大棚、科普室、科普长廊、科普亭等），做得比较突出的科普教育主题农庄有：台湾台一生态农场、北京朝来农艺园、海南热带植物园、深圳青青世界、长沙百果园等。科普文化馆根据其教育内容的不同可分为三类。

第一类，以德育和乡土教育为主题，如乡土历史文化、古农机具展示、特色产品展示、农事操作、环境保护、红色文化教育等。

第二类，以乡土文化艺术教育为主题，如艺术作品展览、插花、压花、编制、陶艺、根雕、异石、瓜果雕刻、观赏鱼缸设计、民居设计与装饰等。

第三类，以生物认知和技能训练教育为主题，包括各种动物与植物的认知，植物播种、育苗、栽培、管理、采收、储藏、加工等体验性活动，还有植物的组织培养、无土栽培，动物的繁殖、饲养，微生物的观察、培养与利用，生物多样性与保护，生态系统的分析与设计，环境的污染与防治，以及与这些活动配套的检测、化验、分析和培训活动等。

这里介绍江苏泰州田园牧歌景区打造的一个200米^{2}左右，十分精致且别具特色的畜牧文化科普馆。该科普馆分为七个展区，分为序厅、畜牧文明、湿地动物、牧乐人家、现代畜牧、人与畜牧、宠物乐园等七个主题。

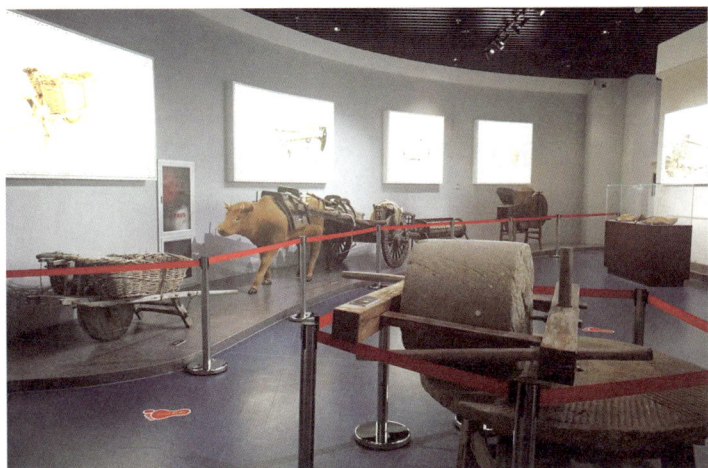

第一展区：序厅。主题墙面仿铜浮雕展现动物驯养、家畜选育、农耕生产、农家养殖等内容，反映了我国畜牧业的发展以及人与畜的关系，是整个畜牧文化馆的缩影。顶部岩画装饰以及墙面肌理文字和地面图案烘托出自然、人、动物三者和谐共生的主题。

　　第二展区：畜牧文明。主要有原始人狩猎场景，如三个原始人正在围猎一头野猪的雕塑，背景为先民围猎、栅栏圈养、放牧的画面。墙面的阴山岩画表明我国驯养动物的历史悠久。电视里滚动播放动物驯化的画面。

　　人类社会的发展催生了家畜的驯化，人类历经漫长的原始文明，随着狩猎和繁殖水平的不断提高，野生动物逐渐被驯养。新石器时代早期，我国黄河、长江流域出现了原始农牧业，开始驯养畜禽，初期以驯养犬、猪为主。新石器时代晚期，"六畜"（马、牛、羊、猪、犬、鸡）相继被驯化家养。展柜中以历史时间为轴，展现不同的动物器物模型以及陶制畜禽模型。

　　畜牧荟萃展示区通过人物、动物剪影的形式来展示犁地、乘马等劳作场景，图文并茂。前台陈列孵化机、液氮罐、铡草刀、挤奶机、测杖等牧具。

　　第三展区：牧乐人家。展示的场景是里下河地区的乡村场景，青砖黛瓦，水路纵横，猪禽饲养有悠久的历史。姜曲海猪、高邮鸭、狼山鸡、海子水牛等良种名扬中外。农家庭院里，鸭鹅成群，猪鸡满圈，鸟语花香，好一幅农家风情画卷。

　　第四展区：湿地动物。展示内容是蔚蓝的天，清澈的水，茂密的灌木，青翠的草地，为湿地动物提供了天然的栖息场所。在蓝天白云的衬托下，丹顶鹤、扬子鳄、麋鹿、白枕鹤、黑鹳（均为国家一级保护动物）等珍禽异兽，向人们展示着各自的风姿。

　　第五展区：现代畜牧。包括今日畜牧、畜牧吉尼斯、孵化游戏、趣味观蛋、牧域书库、畜牧生物技术六个板块。

今日畜牧：展示现代畜牧在品种良种化、饲养标准化、环境生态化、防疫程序化等多个方面的成就。畜牧生产方式的转变，适度规模的经营理念，资源节约与环境友好型的畜牧业生产体系正在形成。

畜牧吉尼斯：展示畜牧之最。

孵化游戏：展示鸡蛋的受精与孵化条件，鸡胚的发育过程。

趣味观蛋：从蛋孔观看小鸭游泳、白鹅吃草、鹌鹑站立、鸽子互动、海滩晒龟等微型景观。展厅利用灯箱展现四种色彩斑斓的观赏鸟。

牧域书库：展现从古至今不同时代的畜牧专业书籍。

畜牧生物技术：借助图片和声音展示生物技术在现代畜牧生产中的应用，包括克隆技术、转基因技术、生物反应器、发酵工程、胚胎移植等。

第六展区：人与畜牧。主要展示畜牧业的发展与我们的生活息息相关，包括衣、食、住、行等。许多书画作品、节庆礼俗、文体活动等都体现了丰富的畜牧文化。

第七展区：宠物乐园。展示内容主题是宠物是人类的朋友，给我们带来了欢乐。人与动物和谐相处，关爱和保护动物是人类文明进步的标志。展区包括互动喂食、宠物场景、聆听鸟声、关爱动物四个板块。

33　休闲农业可以从哪些方面来展示乡村文化？

休闲农业是依托自然生态、农业生产和乡村文化资源进行开发经营的一种新型产业，达到让城市消费者休闲度假，体验乡村生活并得到怡情养性效果的消费目的，其中乡村文化起着十分重要的作用。

休闲农业怎样营造乡村文化氛围，挖掘当地独特的乡村文化？如何开展乡村文化的创意与设计组织呢？重点是九个方面。

（1）农业文化

农业文化是人们在长期农业生产中形成的一种风俗文化，它是世界上最早的文化之一，也是对人类影响最大的文化之一。其主体内容可分为农业工具、农业科技、农业思想、农业制度与法令、农事节日习俗等。

　　休闲农业表现农业文化的方式不能只是观光，重点应是体验活动创意。如农事体验，就有蔬菜的耕种、浇水、施肥、除草、摘取；农作物的插秧、堆肥、打场、晾晒等；果树的修剪、嫁接、采摘；水产动物的放养、垂钓、捕捞等，活动过程还包括生产工具的制作和使用等。

（2）美食文化

　　中国的美食文化涉及食物原材料的开发与利用、食具的运用与创新、食品的加工与消费、餐饮的服务与接待、餐厅与加工产品的经营与管理，以及饮食与国泰民安、饮食与文学艺术、饮食与人生境界的关系等，深厚广博。

休闲农业美食文化可以从时代与技法、地域与经济、民族与宗教、食品与食具、消费与层次、民俗与功能等多种角度进行挖掘与传承，展示出不同的乡村文化品位，体现出不同的价值。

美食不但要讲究"色、香、味"俱全，而且要体现"滋、养、补"的特点。休闲农业园区的乡村美食文化要重点围绕吃得鲜、吃得爽、吃得好、吃得廉、吃得健康、吃得养生、吃出品位上下功夫。

（3）服饰文化

中国地域辽阔，民族众多，由于经济生活、文化素养和自然环境、地理气候的差异，因而民族服饰多种多样。开发休闲农业要吸纳与融合各民族文化的优秀结晶，传承以汉族为主体的服饰文化，充分挖掘少数民族服饰文化。

（4）居住文化

居住是人类谋求生存与发展的必然选择，每个民族都有关于居住的历史。然而没有一个民族能够像中华民族这样将住宅看得如此神圣，看得如此神秘。中国传统居住文化就在这种神圣与神秘之中，代代相传，延续了几千年。

因此，休闲农业园区在挖掘当地乡村居住文化时要做到：尽量尊重历史，赋予乡村居住文化新功能，增加一些乡村元素装饰，又具有时代感和现代感，与消费者生活方式相协调。

（5）婚俗文化

婚俗是指乡村结婚的风俗，各民族按照自己的习俗，举行各具特色的婚礼，具有各自浓厚的民族独特风采。休闲农业园区可根据各地婚姻习俗，创意设计相应的婚庆主题体验活动。

（6）礼仪文化

在我国广大农村，有着悠久而厚重的农耕文明。作为一种文化集合，其中包含着复杂多元的礼俗制度、文化教育、人际交往理念、风俗及各类祭祀活动等内容。中国乡村礼仪文化一方面蕴含着中华优秀传统文化，记录着中国人勤劳勇敢、吃苦耐劳、乐善好施、勤俭节约的传统美德和优秀品质；另一方面，作为乡民们内心的普遍认可和共识，也起着规范乡村社会秩序的重要作用。

开发休闲农业要通过挖掘乡村礼仪文化，传承以礼俗为本、以礼俗为依、以礼俗为美、以礼俗为荣的新农村民俗风貌。

（7）信仰文化

我国很多地区没有明显的宗教信仰，但人们骨子里有着对中国主流文化的依托。这种主流文化对我们的生活、社会影响不亚于西方宗教信仰对西方社会的影响。这种文化经过五千年的积淀，形成了中国传统文化的基本精神，影响着我们的社会发展。

开发休闲农业要坚持"以文化人""以文育人"，坚持用文化温润心灵、舒缓压力、涵养人生，更好地丰富人们精神世界，满足人们多样化多方面的文化需求，特别是部分人产生的"文化饥渴症"。

（8）节日文化

节日文化是一种历史文化，是一个国家或一个民族在漫长的历史过程中形成和发展的民族文化，也是一种民族风俗和民族习惯。如我国的春节、元旦、元宵节、清明节、端阳节、中秋节、国庆节、重阳节、教师节、妇女节等。每逢重要节日，家人团聚，欢聚一堂。休闲农业园区要充分利用传统节日文化，创意设计与组织开展各种节庆文化与农事活动。

（9）游艺习俗

游艺习俗主要包括民间竞技活动、民间游戏娱乐活动等，同时还融入历史典故、传说故事、名人轶事、民俗风情、诗词歌赋、民谣俚语等民间文化。

休闲农业园区可结合当地游艺习俗打造丰富多彩的乡村游乐体验活动以满足游客的需要。

总之，休闲农业的乡村文化要从上述几个方面提炼具有乡村特色的文化符号，开发休闲农业服务产品，通过标志产品来展现、构建文化景观与文化内涵。此外，乡村文化还可以通过建筑、景墙、影壁、景观小品、装饰贴面、围墙、广场、坐凳、道路等多种形式来表达。

34 乡村旅游规划与普通旅游规划的差异有哪些？

实施乡村振兴战略，如何发展休闲农业和乡村旅游产业，如何实现游客的差异化体验，多数基层干部不知道从哪着手。发展乡村旅游产业，不能只有旅游观光的思维，还要围绕乡村产业发展统筹考虑，科学规划。

（1）什么是乡村旅游规划

乡村旅游规划是旅游规划与乡村产业规划相结合的一种规划。从资源的角度而言，是以村落、郊野、田园等环境为依托，通过对乡村当地资源，特别是乡村产业进行科学分析、对比，使乡村形成一种具有特色的产业发展方向。

乡村旅游规划作为规划的一种特殊类型，必须遵循旅游规划与乡村产业规划的一般原则与技术路线。规划技术路线是规划过程中所要遵循的一定逻辑关系，其中包含了规划的主要内容和制定规划的基本步骤。目前，国内外还没有专门针对乡村旅游规划的技术路线。

乡村旅游要实现游客有多头享受，即要抓住乡村旅游的"十二个头"：有看头、有玩头、有住头、有买头、有吃头、有说头、有疗（疗养）头、有行（交通便捷）头、有学（游学）头、有拜（历史）头、有享（享受）头、有回头（愿意再来）。

只有真正打动了游客的心、抓住了游客的心，才能抓住乡村旅游产业的卖点、兴奋点和盈利点。

(2) 乡村旅游规划的几个阶段

根据一般性要求，结合实际需要，乡村旅游规划的过程一般分为五个阶段。

第一阶段：规划准备。主要工作包括：①规划范围；②规划期限；③规划指导思想；④确定规划的参与者，组织规划工作组；⑤设计公众参与的工作框架；⑥建立规划过程的协调保障机制等。

第二阶段：调查分析。主要工作包括：①乡村旅游的基本情况、场地分析等；②乡村旅游资源综合评价；③客源市场分析与规模预测；④乡村旅游发展竞争分析、SWOT分析等。

第三阶段：主题定位。通过分析乡村旅游发展的背景、现状、文脉、地脉及客观形象，横向纵向分析，诊断其发展中存在的问题，确定乡村旅游发展的总体思路，包括乡村旅游形象策划、发展方向与布局、开发策划等，确定规划目标。

第四阶段：制定规划。制定规划是指构建乡村旅游规划内容体系的核心，依据总体发展思路，提出乡村旅游发展的具体措施，包括乡村旅游产品策划与开发、土地利用规划与环境容量、支持保障体系等。

第五阶段：组织实施与综合评价。依据乡村旅游规划的具体内容，做好乡村旅游规划管理；根据经济、社会、环境效益情况进行综合评价，并及时做好信息反馈，以便对规划内容进行适时的补充、调整和提升。

(3) 乡村旅游差异化规划内容

乡村旅游规划除了一般旅游规划外，还有差异化规划内容。

① **特色产业规划**　要把乡村建设成"一村一特色、一村一风情、一村一产业"，并以旅游发展，促进第一、第二产业结构调整升级发展。通过田园小道、景观通道、慢行车道等配套设施，把景点、村庄、民居风情、生态景观等串联起来，使乡村成为一个田园式大公园。

② **乡村风俗民情规划**　我国民族众多，各地自然条件差异悬殊，各地乡村的生产活动、生活方式、民情风俗、宗教信仰、经济状况各不相同。如少数民族生活习惯，乡村传统节日，盛行于我国农村的游春踏青、龙舟竞渡、摔跤、赛马、射箭、斗牛、荡秋千、赶歌、跳月等各种民俗活动都具有较高的旅游开发价值。

③ **乡村自然风光规划**　由于所处地理位置及自然环境的不同，我国的乡村具有丰富多彩、各具特色的自然风光。我国南北气候差异显著，在乡村自然

景观表现上亦更加丰富，可以乡村风光的独特魅力吸引游人。

④ **乡土文化艺术规划** 我国的乡土文化艺术古老、朴实、神奇，深受中外游人的欢迎。广大乡村出产的各种民间工艺品，如各种刺绣、草编、竹编、木雕、石雕、泥人、面人等，无不因其浓郁的乡土特色而深受游人欢迎。我国乡村自古以来流传有各种史诗、神话、传说、故事、笑话、轶闻，引人入胜，耐人回味。另外，乡村美食风味独特，乡村烹饪文化对广大的游客具有强烈的吸引力。

⑤ **乡村民居建筑规划** 乡村民居建筑，不但能给游人提供情趣体验，而且还可为游客提供休息的场所。不同风格的民居，可以给游客不同的精神感受。由于受地形、气候、建筑材料、历史、文化、社会、经济等诸多因素的影响，独特的建筑形式常使游客耳目一新，具有很大的旅游开发价值。我国农村还有许多古代工程、古老庄院、桥梁古道、古代河道等，这些民居与乡村建筑等体现了当地的文化艺术特点，乡韵无穷，令人称奇。

⑥ **乡村传统劳作规划** 乡村传统劳作是乡村人文景观中精彩的一笔，尤其是在边远偏僻的乡村，仍保留有古老的耕作、劳动方式，有些地区甚至还处于纯手工劳作阶段。正因为如此，它们会使生活于城市中的旅游者产生新奇感，并为之吸引。这些劳作诸如水车灌溉、驴马拉磨、老牛碾谷、木机织布、手推小车、石臼舂米、鱼鹰捕鱼、摘新茶、采菱藕、做豆腐、捉螃蟹、赶鸭群、牧牛羊等，充满了生活气息，富有诗情画意，使人流连忘返。

⑦ **创意体验活动规划** 乡村旅游要围绕自然生态、花卉苗木基地、农作物生产、养殖基地等具有地方特色的产业，规划出亲子游、采摘园、体验基地等休闲旅游项目，将农事活动、农业休闲等参与性强的项目规划到休闲观光体验活动中去，并不断创新休闲体验项目，吸引城镇居民来休闲度假。乡村旅游规划要根据当地的农业资源条件，充分发掘出传统农家的"四季节庆活动"，

如插秧节、荷花节、捕鱼节、萤火虫节、龙虾节、新米节、水果节等，让游客欣赏园区四季更迭的景色，体验不同季节的生活。

此外，还可根据主题定位，制定其他乡村旅游规划，如科普教育规划、游学基地建设规划、养生保健活动规划、养老项目规划等。

35　为什么休闲农业不能把园区当作景区来干？

休闲农业发展到今天，的确还有很多人不明白休闲农业应该怎样做，甚至休闲农业是农旅为主还是文旅为主都不清楚。所以，一些休闲农业项目不赚钱也成了不争的事实。总是有不少人只是做文旅，把休闲农业园区当作旅游景区干了。

休闲农业园区要有观光价值，是指园区景观要美丽，但绝不是要把园区建成旅游景区。很多人容易把景观与景区混为一谈。下面我们来了解一下景观与景区的基本内涵。

（1）景观是一定区域的自然景色

景观指某地区或某种类型的自然景色，也指人工创造的景色景观。

景观是具有审美特征的自然和人工的地表景色，一般指风光、景色、风景。景观也是一定区域内由地形、地貌、土壤、水体、植物和动物等所构成的综合体。

（2）景区是以旅游活动为主要功能的区域场所

旅游景区能够充分满足游客参观游览、休闲度假、康乐健身等旅游需求，具备相应的旅游设施并提供相应的旅游服务的独立管理区，包括风景区、文博院馆、寺庙观堂、旅游度假区、自然保护区、主题公园、森林公园、地质公园、游乐园、动物园、植物园及工业、农业、经贸、科教、军事、体育、文化艺术等各类旅游景区。

景区一般分为以下四类：

① 文化古迹类旅游景区　如北京故宫、秦始皇陵、丽江古城、苏州园林、福建土楼、凤凰古城等。

② **风景名胜类旅游景区** 如黄山、衡山、泰山、峨眉山、岳麓山等。

③ **自然风光类景区** 如张家界、桂林、九寨沟、云南石林、浙江灵隐仙境等。

④ **红色旅游景区** 如韶山毛主席故居、花明楼刘少奇故居、井冈山景区、杨开慧纪念馆等。

旅游景区是旅游业的核心要素，是旅游产品的主体成分，是旅游产业链中的中心环节和辐射中心，是旅游消费的吸引中心。

（3）休闲农业园区是以农业生产为基础的休闲园区

休闲农业是现代农业与旅游业相结合的新型产业，它是利用自然资源、田园景观、农业生产经营活动等条件，通过规划设计和开发利用，为城市居民提供观光、旅游、休闲活动。休闲农业是深度开发农业资源潜力，调整农业结构，改善农业环境，增加农民收入的新途径。在休闲农业园区，游客不仅可观光、采摘、体验农作、了解农民生活、享受乡土情趣，而且可以住宿、度假、游乐等。

休闲农业园区要以农业产业为基础，园区可以进行景观设计，但不能当作旅游景区来干。建设休闲农业园区应遵循如下原则。

① **主题明确原则** 在发展休闲农业过程中，园区的主题定位至关重要，主题的选择需要根据园区农业资源与生产条件并结合市场需求来综合考虑。休闲农业园区的主题类型主要有：产业主题、科普教育主题、体育休闲主题、养生养老主题、乡村文化主题等。

② **生态优先原则** 休闲农业园区要妥善解决在建设和运营过程中造成的环境破坏和污染，在实际规划与开发中需采取必要的措施和技术，按资源节约型、环境友好型社会的要求，把保护和优化生态环境放在首位，创造人与自然相和谐的生产、生活、休闲环境景观和空间，确保农业园区生态可持续发展。在农业生态、生产不亏本的前提下，再量力而行发展休闲体验项目。

③ **可持续发展原则** 休闲农业园区规划应立足现在，着眼未来，合理规划，稳步推进。一方面改善生产条件，保护生态环境，实现资源的可持续利用；另一方面，在项目设计上形成具有自我发展、自我提高的良性机制，使休闲农业园区能够持续、健康地向前发展。

④ **突出特色原则** 休闲农业园区在资源、人力资本、核心技术等方面并无突出优势的情况下，要与周边同类园区进行错位竞争，结合当地地方特色，发挥地域优势，实施差别经营，用心培育个性，避免相互雷同，营造园区鲜明的特色。如景观规划，要设计和建造与城市园林景观不一样的景观，少用名贵

园林花木，多用乡村植物、农作物建造景观等。

　⑤ **因地制宜原则**　休闲农业园区要根据自身以及周边的地形地貌、土壤性状、气候条件、水源条件、农业耕作制度、植被情况、交通条件、能源供给条件等，因地制宜制定建设成本较低、可操作性较强的方案。休闲农业园区一定要坚持生产、生态、生活于一体，农旅有机结合，并实现一二三产融合发展；一定要坚持生产、流通、销售相结合，实现农业、文创、旅游融合发展。

36　如何规划休闲农业园区活动空间？

　游客作为休闲农业园区空间的使用者，都是来开心的，而不是来开会的。因此，园区应给游客的行为活动赋予足够的空间与积极意义，从而使休闲农业具有园区精神，而不只是简单围合的一块场地或区域。那么，如何规划休闲农业园区活动空间，重点要把握好以下几个方面。

(1) 兴趣点设计

　游客作为农业园区的主要活动群体，其行为模式决定了园区景观空间内容，同时通过空间的设计引导，又能影响游人的观光兴趣点、活动舒适度，提高整体的游园品质。

(2) 爱好内容设计

　游客的旅游动机一般包括求新、求美、求知以及爱好等心理动机，针对休闲农业与乡村旅游的旅游动机一般表现为了解农业知识、农业景观观光、农事项目体验、养生度假休闲、农家饮食等方面。这些旅游目的决定了游人的游园活动具有即兴、随兴等特点，休闲观光、活动体验占据旅游活动的主要部分。而对于中小学生来说，了解农业知识是其最重要的需求。

(3) 舒适空间设计

　针对游客的活动特点，在休闲农业园区的空间设计中应根据园区的土地条件，营造舒适的空间场所，满足游客的行为活动需求。特别是针对游客随兴而游的特点，一定要根据园区的景物、景点，因地制宜地布置园区的空间序列，合理地引导游客的游园过程，使游客不仅能寻求农业与乡村景观的新奇体验，同时又能节省体力，保持较高的游园兴趣，避免烦冗破碎的空间产生的视觉疲劳。

(4) 路径设计

从空间环境考虑，休闲农业园区生产性景观的规划设计，需要注重景观空间序列的安排，设计具有空间体验和参与方式的活动项目。根据游客的活动内容，通过游园路径设计，合理安排休闲体验顺序，使得道路中某些空间和景观节点形成一定的景观序列。休闲农业园区空间节点的设计，要体现出参与性活动的主题和特征。通过活动项目的设立，吸引游客进入场所，游客与游客之间产生互动，激发游客体验参与的兴趣，进而明确空间节点的功能性。

(5) 节点设计

休闲农业园区丰富多样的活动空间，要在园区的重要节点体现出来。一些次要节点对重要节点再加以补充，比如可以提供一些特殊的、专项的活动场地。此外，还有一些散在的节点来满足游客个性化的情感需求，比如在设计中运用乡土材料来创造、分割空间，进而形成富有变化的空间效果等。

这样合理的空间布局序列，能让游客在游园的过程中，很好的感受空间的变化，会使休闲农业园区生产性景观更加具有吸引力。

例如，长沙青天寨有一个充满乡土气息的儿童植物游乐园，孩子们在这里可以观赏不同种类的植物，还可以做盆景，成为城市孩子接触大自然的理想课堂。

(6) 场景设计

打个比方,以青春为主题的休闲农业项目,对于青少年来说,青春就是他们的当下,对于中老年来说青春就是曾经的岁月,在这一点上主题概念统合了。那么就可以设置当下时尚的青春项目、课程、娱乐等活动;再设置怀旧的项目、课程。

年龄跨度极大的两代人不同的生活片段和时代再现场景,年轻人会有兴趣,会好奇怀旧的青春是个什么样子的? 老年人在怀旧中找回激情岁月的同时又被时尚热情的年轻人所感染,得到愉悦心情。这在现实生活中是很难的,只有在休闲农业园区这样特殊的地方、特殊的场景,才有条件放松自己。这样的休闲农业与乡村旅游项目,会受到老、中、青消费者的欢迎。

作为休闲农业与乡村旅游投资者,不仅需要学习、尊重专业知识,丰富的文化创意理念,还需要情怀和极大的耐心。不能接受以上理念,缺少农业情怀,没有学习心态,不愿科学规划,只是急功近利,想着投资回报,还是趁早放弃吧,不然总是在错误中不断增加投资,越陷越深,导致最后血本无归的境况。

37 休闲农业在景观规划设计中如何体现乡村文化?

乡村文化相对于城市文化而言,在传统农业社会里,两者只有分布上的差别而无性质上的不同。乡村文化是城市文化的根底。乡村文化具有极为广泛的群众基础,在民族心理和文化传承中有着独特的内涵。

发展休闲农业,既要发展产业,让农民早日脱贫致富迈向小康,同时也要注重乡村文化的培养和延续。农民是乡村文化的主体,也是乡村文化的传承者和传播者。只有提高农民素质,点亮他们的精神世界,才能激发他们脱贫致富的内生动力,积极投身于乡村建设中去,实现休闲农业发展的良性循环。

那么,休闲农业项目建设中怎样体现乡村文化呢? 可以从乡村物质文化、乡村制度文化和乡村精神文化三个层次来表达。

导览牌

休息椅

指示牌

垃圾桶

警示牌

路灯

（1）乡村物质文化

乡村物质文化是乡村居民长期的乡村生活所创造的物质产品、创作方式及其表现的文化。它既包括具体的器物，也包括这些器物的生产工艺和技术，如乡村服饰、美食、手工艺品等。

乡村物质文化也是乡村居民集体或个人智慧的外在表现形式，具有直接的视觉体验特点。如乡村田园景观、乡村建筑景观、农耕生活景观、乡村饮食文化、乡村物质艺术文化等。乡村物质文化资源是城市消费者到乡村休闲观光，体验乡村魅力，感受乡村生活，欣赏乡村景观的重要载体，是人们体验乡村旅游的最直接的形式。所以，在休闲农业项目规划建设中，乡村物质文化的打造十分重要。

（2）乡村制度文化

乡村制度文化也称为乡村社会文化，它的内容丰富，是乡村地区在长期的历史发展过程中，为维护乡村社会稳定、秩序正常而约定俗成的伦理道德及礼仪规范，对个人参与社会活动具有规范性作用，具有可看、可参与的特点。如乡村节日文化、乡村民俗文化、乡村礼仪文化、乡村权力制度文化等。乡村制度文化蕴含着丰富的传统文化内涵，休闲农业项目在运营中要充分利用其中积极的资源，设计开发相应的旅游产品来满足游客的需求，能够让整个乡村旅游的过程充满浓郁的差异性和地方性。比如长沙的一些休闲农庄，游客来休闲度假，农庄就会有统一的服装、规定的课程与游乐项目等，让游客感受与其他农庄不同的差异性体验。

(3) 乡村精神文化

乡村精神文化是指乡村作为一个稳定的共同体所具有的共同的心理结构与情感反应模式，通常表现为乡村居民的性格、价值观、生存观等。它潜藏于乡村的物质文化里，是隐性的，游客只有通过长期的体验才能领悟。如村落、民居的选址布局艺术、朴实的乡村生活习俗、丰富的乡村口头艺术等。乡村精神文化资源是城市游客了解、学习和感悟我国丰富的乡村文化的重要资源，是吸引广大游客到乡村进行旅游休闲的重要动力。

休闲农业景观规划设计中如何表达乡村文化？

休闲农业景观主要由休闲农业园区形态、建筑和环境所构成，休闲农业景观表达就是规划设计出这些可见的实物，直接给人们留下表面印象。印象好不好，决定着留不留得住客人，从而也决定着其后面的经营服务成果。

休闲农业景观表达是基于乡村物质文化资源的一种表层性设计，休闲农业景观规划需反映出乡村与城市巨大的景观差异，是吸引、满足旅客参与休闲活动的根本，因此休闲农业的规划开发必须以乡村景观这种整体氛围为基调，同时还要与休闲农业开发主题相呼应。

乡村文化是乡村传统文化和乡村环境"天人合一"内涵意象，它蕴含在休闲农业园区景观之中，通过物化的景观表现出来，整体表现为乡村的一种"氛围"。

乡村文化是乡村的深层次内涵，是基于乡村物质文化资源和乡村制度文化资源，对乡村精神文化资源的一种深层感知。休闲农业景观规划设计中，对乡村文化的表达，主要是通过发展现代农业产业，在文化创新中彰显乡村文化个性。通过加强休闲农业园区的乡村文化基础设施规划，挖掘、传承和创新乡村文化，并使之与休闲农业主题发展相匹配。

38　山林地区怎样发展休闲农业？

我国是一个多山之国，山地和丘陵面积非常大。合理开发休闲农业对利用并保护山地具有十分重要的意义。那么，山林地区怎样开发休闲农业项目呢？重点是做好以下七个方面的结合。

（1）与当地产业相结合

山林地区一般自然资源与农林资源非常丰富，因此休闲农业主要根据当地自然资源条件、乡村文化条件进行开发，重点与当地产业相结合。要充分发挥其山、水、林等资源优势，依托林、花、果、竹、茶、中草药等产业资源，进行种植方式创意、种养结合创意、产品功能创意、精深加工创意、循环农业创意、生态保护创意、休闲体验创意等，打造赏花、摘果、手作、望竹、穿林、饮茶、养生等多种方式结合的山林地区休闲农业业态。

（2）与养生养老相结合

山林地区一般都具有比较优美的生态环境，特别是近几十年的封山育林，山区植被得到了有效保护，很多山林地区环境好，空气负氧离子丰富。因此，发展休闲农业一般可与养生养老产业相结合。

山林地区与养生结合，发展健康养生主题休闲农业，要以当地环境资源和山林产品为物质基础，科学发挥山林地区保健养生功效，内养正气以强身，外避虚邪以防病；山林地区可以养气，以山林自然环境和精神文化为依托，达到形神共养的目的；山林地区可以养心，达到天人合一的最高境界，将身体与心灵全部融于山水乃至整个自然界中，将自己的日常行为和精神情志活动，与自然环境和社会环境融为一体。

山林地区与养老结合，发展养老主题休闲农业；可以把山林作为绿色生活空间，使人们在天然环境中颐养天年。根据资源条件可种植养生植物，建设养老休闲项目，配以瑜伽、太极、书画等养生运动项目，实现动静养生结合。

（3）与体育休闲相结合

随着人民收入水平与物质生活水平的提高，人们开始越来越关注自己的身体健康，山林地区发展休闲农业还可以与体育休闲相结合。目前，国家对体育产业政策支持力度大，体育休闲消费逐年扩大，传统的体育健身观念已经逐步向健身、益智、休闲、娱乐等多重方向发展。山林地区发展休闲农业，可根据资源和环境条件，开展越野、徒步、丛林穿越、极限运动、攀岩、登山、漂流、露营等户外活动。山林地区与体育休闲相结合，一定能得到消费者的认同与喜爱。

（4）与自然教育相结合

山林地区发展休闲农业要与自然教育相结合，将教育课堂设立在户外，如设立森林学校、大自然学堂、森林幼儿园、中小学生游学基地等，让孩子们近距离接触自然，体会自然，生动有趣地学习各种自然知识，感受一种全新的自然教育理念，让孩子们在大自然中快乐学习。

（5）与亲子活动相结合

家庭亲子活动已成为休闲农业园区中最受欢迎的一种休闲体验项目，因此山林地区发展休闲农业要与家庭亲子活动相结合。在山林空间创意设计丰富多彩的儿童与青少年亲子活动项目，如树上团队活动、水上游乐园、亲子手工、亲子娱乐、亲子运动、农事体验、乡村文化等，形成山林地区独特的亲子休闲体验活动，实现城市公园中难以实现的亲子互动乐趣。

（6）与红色文化主题相结合

很多山区还是革命老区，先辈们在那里流血战斗，留下了宝贵的足迹与精神财富。山林地区发展休闲农业还可与红色主题相结合。如设计重走红军路游戏，在行进中了解长征精神；举办主题报告会，请老师讲红色故事；设计红色劳动体验、生活体验、手工体验活动；举办红色主题篝火晚会，创建军事生活场景；设计孩子们喜欢的红军卡通人物，做成纪念品等。

（7）与宗教信仰相结合

我国是一个多宗教并存的国家，宗教修行的场所通常讲究环境静谧，与世隔绝，一些寺庙大多建在崇山峻岭之中。因此，有些山林地区发展休闲农业还可与游客宗教信仰、精神追求相结合，设立参禅、打坐、诵经、吃斋、品茶、听佛讲学、参加法会的场所，可以让消费者在幽静的气氛中体验宗教生活、洗涤心灵、拓展思维、开阔心胸。因此，山林地区发展休闲农业，通过创意宗教修行体验活动，既是一种新鲜的生活方式，也是一种心灵的调节，更是一种精神的追求。

39　休闲农业项目滚动开发应该怎么做？

　　休闲农业是一种农旅结合、一二三产业融合发展的新型产业，具有产业链长、涉及服务领域广的特点。因此，有的专家将休闲农业比作无边界产业，产品无边界、创意无边界、服务无边界。休闲农业与农业生产项目相比，具有资金投入较大、进入门槛较高的特点，也让很多想投资的人可望而不可即。休闲农业的经营项目涉及生产、加工、吃住、休闲、度假、购物服务等方方面面，项目多而杂，有的项目所在地虽有资源优势，但就是不知道从何着手。

　　如今国家大力推行乡村振兴战略，让发展休闲农业成为乡村振兴的重要方式，各地农家乐、民宿、休闲农庄、生态农场、田园综合体、特色小镇、乡村旅游等休闲农业新业态发展十分迅速。

　　尽管市场与政策利好，但休闲农业项目需要投资者具有一定的启动资金与较高的经营能力，有不少区位条件与资源条件十分优越的项目，但由于资金不足让很多村委会、企业、农民合作社望而却步。投资休闲农业不可能一蹴而就，必须实行滚动开发。但如何切入，如何实施，有以下几个方面要重点把握。

（1）要规划先行

　　做规划的好处主要有三个：一是能实现根据资金量力而行，通过科学计算投入产出效果，把钱用在刀刃上。二是实现休闲农业滚动开发，休闲农业规划既有长远发展蓝图，也有分期发展规划，第一期方案，一定是省钱、能开门营业的规划方案，二期、三期等后期规划是休闲农业的滚动发展规划方案。三是能有效引进投资合作者，争取国家政策扶持与资金扶持。休闲农业规划的制定与政府立项通过，一般都会有引起政府重视、政策支持、资金扶持的效果。

　　比如在四川成都、湖南长沙等地，第一批投资农家乐、休闲农庄的人，绝大多数都是因为在其他行业赚了第一桶金后，衣锦还乡、回报家乡进行投资的。从其失败与成功的经验教训来看，凡是投资人不计成本、不思回报、不做规划方案、想怎么做就怎么做的，其结果都是赚钱的较少，亏本的较多。

　　休闲农业项目一定要请专业机构进行评估分析，并严格进行规划设计。休闲农业项目一定要有主题、有产业、有特色的科学规划，不要想当然，或者用家乡情怀代替投资决策。否则就会走弯路，造成不必要的损失浪费。其损失的资金会远远高于规划设计的费用，给原本资金不足的项目造成下一步不知如何是好的窘态。

（2）先做生态与生产

　　休闲农业是集生活、生态、生产于一体的新型产业。发达国家和我国台湾地区做得好的休闲农场其"三生"的排序都是先生态、后生产、再生活。因为休闲农业要以农业为基础，有了好的生态环境，园区农业产业基础也搞好了，然后再做休闲体验创意活动就是锦上添花的事。所以，如果资金不足，可以先把生态环境做好，把农业生产与产业发展做起来，因地制宜按照规划设计方案先栽树种花，搞种养结合。不要一开始没有规划设计方案就建餐厅、搞客房、修别墅等，这些是重资产经营，而休闲农业主要还是要靠轻资产经营才能盈利。

（3）先做现金流项目

　　如果项目资源条件具备，区位条件优越，但资金不足，可以先规划一些现金回流快的项目来做。如离城较近的地方，可根据条件做以美食为主的特色农家乐、以游乐为主的休闲农庄、以科普教育为主的研学基地等；离城远的，生态、生产条件好的项目也可根据资金实力做以特色产业为主的休闲农庄，以文化习俗为主的度假村，以民宿为主的乡村旅游项目等，涉及需要较大资金投入的餐厅、客房多利用农民闲置房、旧房屋改造而成，这样就能实现省投资、现金回流快，比较容易经营。

还可以围绕自然资源、农业生产、乡村文化资源条件开发一些能收费的乡村体验活动与休闲娱乐项目。目前，城市消费者喜爱且投资小、见效快的项目主要有亲子活动、研学教育、团队拓展、农事体验、亲水游乐等，少数有条件的园区可以收门票、卖套票等。总之，可以先把有收入项目做起来，把能赚的钱先赚回来。

（4）量力而行，配套发展

休闲农业与乡村旅游项目，一定要按规划设计发展方案量力而行，重点还是放在农业生产与乡村产业的发展上，第一期工程可根据项目条件因地制宜，开发一些操作简单、投资较小的经营项目，集中资金做好核心休闲旅游园区。

投资人可根据资金实力选择经营项目，如开发住宿项目，资金充裕可以投资别墅、乡村酒店等；资金不足的可以联合农户做农家小院，还有小木屋等；实在缺乏资金但山水条件好的地方，又有客人要住，就只能做露营基地了。开发餐饮项目也是这样，如果资金充足，餐厅可以做成有特色的四合院，大厅、包厢、茶室等一应齐全；资金不足就只能做农家菜馆；如果没有资金还可以做自助厨房、烧烤园等。总之，休闲农业的经营项目可繁可简，投资可大可小，但对投资人与经营者的能力要求是不能降低的。

（5）要学会整合资源

现在很多具备条件的地方，把发展休闲农业和乡村旅游项目作为乡村振兴的重要抓手，一些社会资本、城市居民、返乡回乡人员都想参与其中；政府扶持政策和支持力度也都非常大；社会各界，如高校、科研院所、行业协会等也非常关注乡村振兴和休闲农业。因此，发展休闲农业一定要充分利用各种有利条件，整合各方资源，为我所用。投资经营者要多学习，掌握休闲农业专业知识，多跟政府部门及各界相关人员沟通。准备好规划设计文本，整理好项目申报材料，讲好项目发展故事，就一定能获得各方支持，实现自己的梦想。

40 休闲农业如何确定产业主题，实现产业增收？

明确产业发展主题是休闲农业园区规划的首要问题。选择产业主题主要依托三个方面：一是当地名品，如地理标志产品；二是当地特色资源产品；三是当地规模化生产的产品。其产业主题定位的秘籍就是：发现、挖掘和抢占当地特色资源，将其"据为己有"，即将产地和品类资源"园区化"，出于产地，高于产地，形成休闲农业园区品牌，做产地和品类的代表。

(1) 树立做第一的理念

休闲农业园区的产业特色在一定区域内必须要做到第一，不能第二，其理念是：人无我有，人有我优，人有我特。如果你的园区还不是第一，就要升级定位使之成为能够做第一的主题与特色。在一定区域，一个品种或一种特色只能有一个第一，目前很多地区休闲农业才刚刚起步发展，想做第一相对比较容易。但随着乡村振兴战略实施，休闲农业一定会迅猛发展，当地特色资源会越来越少。因此，想入行做休闲农业与乡村旅游的应该有责任感和紧迫感。

(2) 编好产品故事

休闲农业承载着乡村文化，乡村文化又影响着休闲农业。休闲农业园区的农产品从田头到餐桌，要想卖得多、卖得贵、卖得持久，就一定要借重乡村文化的力量。食在当地，食在当季，购在产地，让农产品增值销售。因此，挖掘、提炼和传播乡村产业文化价值，是打造休闲农业园区品牌必需的工作。休闲农业园区要挖掘和传播主题产业相关的文化资源，围绕主题产业讲好产品故事，包括消费认知、消费习惯、饮食习俗、产品来源、生产工艺、特色口味等，还包括人文历史资源、产品传说、名人故事等。

(3) 做差异化产品

绝大多数生鲜农产品的外观高度相似怎么办？休闲农业园区想实现产品差异化，重点还是将其内在品质差异化、外观化。主要从农产品的种养方式和品种改良入手来制造不同，形成特殊品种带有独特内在差异性，这也是为什么很多土特产品深受消费者欢迎的原因之一。

休闲农业经营者要擅长将园区主题产品的独特差异性与品牌建设相联系，使之成为休闲农业园区的品牌特征，成为消费者识别这个品牌的依据。如通过挖掘桃子本身具有的吉祥长寿文化内涵，通过并不复杂的生产工艺就可让桃子长成寿星的模样，印上不同吉祥文字图案等，一个就能卖到上百元的高价。

(4) 设计好主题产品形象

俗话说得好：人靠衣装，佛靠金装。休闲农业园区要想让主题产业在外在形象上表现出与众不同的差异化，就要学会用外在形象显示和提升主题产业产品的内在价值，实现内在品质外在化，外在形象品质化、差异化。产业主题形象设计要重点做好以下四个方面工作：一是设计园区产品品牌识别符号；二是选好产品品牌代言人；三是做好产品包装；四是利用休闲农业一二三产业融合发展模式，设计加工产品品牌形象。

（5）形成园区标准

休闲农业园区主题产业发展要起到生产示范并引领产业发展的作用。在主题产品生产标准上既要符合国标体系，又要满足消费者评判标准。在主题产业发展中，园区要创建领先行业的园区生产标准，引领行业产业发展，取得先手，让竞争对手沦为跟进者、模仿者。

休闲农业园区通过对主题产业设计一套农业生产、休闲体验、产品销售的标准，可以为消费者树立一个评判产品的"主观"标准，从而扩大产品销售量。一般来说，农产品的技术标准比技术本身更重要，拥有消费者心中的标准比实际标准更重要。休闲农业园区最大最好的优势，就是通过消费者到园区的休闲体验，拥有了话语权、主动权，具有了更强的竞争力。所以，从事休闲农业就要放开手脚大胆创新，通过产业主题定位，开发出与众不同的休闲农业特色，大张旗鼓地宣传这一特色，把特色产业做到消费者心里去。

（6）实现一二三产业融合发展

休闲农业园区要想把产业做大，就必须做大农产品销售，但光靠采摘是远远不够的，也是不可能做大产业的。农产品市场不同于其他工业品市场，是个天生高度同质化的市场，其产品价值和附加值都比较低。特别是生鲜农产品，同质化更严重，放到农贸市场或超市主要还是拼价格。怎么办？休闲农业园区可以通过农事体验活动、乡村休闲活动、农业科普活动等创意项目，让消费者充分了解农产品的优良品质。同时，通过一二三产业融合发展，对农产品进行粗精加工（休闲农业园区主要是委托加工），改变产品原始形态，提升产品的附加值，使原来相同的产品变得与众不同，从而实现做大做强。

打造农产品品牌的难度与加工深度成反比，即加工度越深，打造品牌的难度越低，反之亦然。如打造稻谷品牌难度很大，可是把稻谷加工成大米、米酒、甜酒、米粉、年糕等，打造品牌就相对容易得多；新鲜的蔬菜、水果打造品牌的难度很大，经过加工成干制或腌制品、罐头、果蔬片等打造品牌就会相对容易一些。加工能实现产品的差异化、增值化，所以投资休闲农业一定要走一二三产业融合发展的道路，始终坚持一产是基点、二产是重点、三产是亮点的理念。

第三章　休闲农业经营

41 休闲农业园区如何表达产业文化主题特色？

乡村振兴战略的实施，休闲农业与乡村旅游已成为社会投资的热点，各类农家乐、休闲农庄、田园综合体、特色农旅小镇、村居乐、美丽休闲乡村等如雨后春笋一般发展起来，但也存在参差不齐、农旅结合松散的问题。在休闲农业规划设计中，表达乡村产业文化要做到以下十个方面。

（1）将产业注入企业品牌文化血脉

休闲农业园区的建设、生产、运营、发展、文宣、产品包装、电商平台主要围绕主导产业进行规划，并开展全方位的文化包装设计。让园区员工、周边农户、游客认识、了解产业文化，从而实现休闲农业园区产业品牌的做大做强，永续发展。

（2）通过生态农业模式打造特色产业文化

产业文化在农业生产上的突出表现为有机、绿色、生态农业。生态农业模式多种

多样，如稻田养鱼不仅可以在农田收获绿色生态稻米，还可以收获稻花鱼产品，能够提升农田土地利用效率与价值，实现"鱼稻共生"的生态循环、立体种养理念，生产绿色生态农产品，保障食品安全，保护农村生态环境，繁荣农村经济。生态农业模式是产业文化的基石。

（3）通过农业生产工具再现传统产业文化

有些园区可根据产业主题适当收集、采购、定制、自制一批传统农业生产工具，包括传统水车、犁耙等工具，通过农业生产工具展示、传统工具生产表演、游客体验，举办"农耕文化节""农产品美食节""农作物认种认养节"等来展示产业文化。

（4）通过美食制作体验来品味产业文化

休闲农业园区可以规划建设土菜手工坊、自助厨房、野炊烧烤基地。园区的蔬菜可以现场制作成凉拌菜、下饭菜、养生菜、坛子菜、素食菜、净菜。如豆角可以制作成开胃的酸豆角，辣椒可以制作成辣椒粉、白辣椒等，打包带走或者作为小礼品送人。让游客在视觉上充分感受休闲农业园区原野、生态、绿色的优美环境；在味觉上充分享受园区的稻花鱼、虾稻米等绿色美食；在游玩过程中体验农家生活的乡野乐趣，感受多彩的农耕文化。

（5）通过景观小品来展示产业文化

第一，休闲农业园区可适当利用传统老物件，进行装饰生态化景观艺术打造，让这些本已失去使用价值的老物件通过设计改造成为具有新生命力的景观小品，展现产业文化主题，唤起游客的记忆。

第二，休闲农业园区可利用竹排、花船、竹筏、渔旗、渔幡、竹编、漂流木、树根、篱笆等打造一些独特的产业文化景观小品。

第三，休闲农业园区还可设计文化长廊、奇花异果长廊、亲水平台、渔人码头、休息亭、亲水栈道、菜园、葡萄园等产业文化景观小品。

（6）通过农耕文化符号来丰富产业文化

我国的产业文化传承至今很大一部分是通过文人墨客的诗词、书法、美术作品流传下来的，休闲农业园区可以利用这些与农业产业相关的诗词、绘画、剪纸、年画、图腾、雕塑来丰富和完善园区自身的产业文化内涵。例如可以在房屋外墙手绘成语典故，在室内墙面悬挂油画、书法、绘画作品，餐厅包间或民宿客房的名称均可用与农耕文化相关的成语命名，休闲农业园区还可以与当地诗词协会、书法协会、艺术组织合作，以产业文化为主题，开展乡村文化主题的诗词、书法、写生、摄影创作比赛。

（7）通过品牌符号和品牌形象来宣传产业文化

企业标志是展现文化、形象、行业特征的重要符号，以"产业文化"为元素设计休闲农业园区品牌标志，并将标志应用到标牌、导视系统、门票、包装、微博、微信、电商平台、线下店招、员工服装、帽子、太阳伞、餐具、纸巾等物品、产品、媒体的文创设计中。

（8）通过产品文创包装来交流产业文化

休闲农业园区以"产业文化"为主题，坚持"生态循环种养"理念，以"一二三产业融合发展"为路径，以"互联网电商平台"为桥梁，以"休闲农业体验"为核心卖点，以生态农业为模式，生产绿色生态农产品。同时，转变传统观念，通过产业文化文创包装将农产品转化为旅游商品，进行线上销售，提高农产品的附加值，延长农业产业链。

（9）通过种养基地的科普标牌展示产业文化

在农业种养示范基地竖立相关科普标牌，内容主要包括品名、品种、种养时间、生长机理、种苗来源、责任人、品牌符号等。标牌采用木质（竹质）生态环保材料和现代制作工艺，版面简洁美观，不仅具备产业文化宣传、科普、示范、推广功能，而且能凸显特色生态种养的专业水平和农业品牌形象。

（10）通过趣味标牌和导览标牌丰富产业文化

在游客游憩、休息区域，以废旧木板、木头、船桨为基础，配合与农耕文化有关的成语典故、符号、时尚趣味、网络流行语，制作趣味标牌。这种标牌生态环保、原始粗犷，配上极具趣味性的语言文字以及展示个性的图案，在游客常常出入的角落进行布置，体现休闲农业园区产业文化。园区导览标牌是引导游客游览体验、了解园区经营项目的重要载体，也是衡量一个园区品味的标志。导览标牌分为入口处的整体导游图以及各个重要功能分区的分类项目导示牌。标牌可采用楠竹、麻绳、木头等生态材料进行搭配组合，并嵌入园区标志、特定符号，体现园区产业文化。

42　休闲农业规划如何与其商业经营模式相契合？

以农旅有机结合为主的休闲农业规划，除了有农业产业布局和资源配置外，还必须开展休闲农业项目商业分析、商业策划及落地方案的制订。离开商业盈利模式可行性分析的经济类规划，不但毫无意义，而且是投资陷阱。那么，休闲农业规划应该如何与其商业经营模式相契合？

（1）一二三产融合是规划的方向

休闲农业规划一定要做成一二三产融合发展模式才会实现盈利与持续发展。如水稻生产区开发休闲农业项目，水稻生产之后的产品就不能只卖稻谷（一产），而必须要卖加工产品大米（二产），最好还要卖甜酒、米酒、米粉、粽子、年糕等系列产品，并结合水稻生产提供丰富多彩的服务产品（三产），如休闲娱乐、农事体验、科普教育、亲子活动等。只有这样，才叫融合。

休闲农业项目想盈利，其规划设计必须坚持"一产是基点，二产是重点，三产是亮点"的原则。已经在从事农业一产、二产或三产的农业企业、农民合作社、家庭农场，做休闲农业项目规划就要一产向后延、二产两头联、三产走"高端"（趣味性与知识性结合）。

（2）"产业植入模式"是规划的关键

休闲农业项目只有建立以产业为支撑的发展模式才会实现真正的盈利。休闲农业规划与其商业经营模式的有效契合主要还是"产业植入模式"的设计。但在实践过程中，很多投资人和规划设计单位只注重个人情怀和个性，盈利模式不清晰，对于如何植入适宜的产业项目和完善产业落地条件，全然不懂，其结果做成了"夹生饭"，欲罢不能，再投无力，艰难运营。

还有的投资者与规划机构喜欢以旅游景区和房地产的经营模式来设计休闲农业的商业模式，按大投入、大开发等资本经营模式来规划，其结果也是不能盈利的。

（3）因地制宜的轻资产设计是盈利保证

休闲农业规划要结合资源禀赋、人文历史、交通区位和产业特色，在适宜区域，宜果则果，宜渔则渔，宜牧则牧，产业对接，注重结合，不要盲目照搬别人的规划项目。

充分利用原有自然资源、农业资源和乡村文化优势，发展特色产业。根据当地农业生产季节性，合理规划观光休闲体验项目，做到一年四季都能够为游客展现生产忙闲有序、景观变化有致的乡村场景。

休闲农业规划方案要充分利用原有自然地形地貌，自然植物群种，发挥其天然的优势，减少基础性投资，实现轻资产发展。

（4）围绕主导产业做规划设计

做休闲农业规划要学会做减法，要聚焦主导产业来设计，使其做深、做足、做长产业链。通过主导产品的规划设计，从而实现"一拖三"，甚至"一拖N"，就像一个茶壶，可以配N个杯子。

休闲农业主导产业是基点，生态是看点，文化和休闲体验服务是卖点，所以规划设计宜精不宜粗，宜深不宜浅。

目前很多休闲农业规划设计总是贪大求全，菜、果、药、花都想种一点，鸡、鸭、鱼、猪也都想养一点，总想规划齐全，看起来繁花似锦，说起来是农旅结合，但是因为品种太多，项目太散，投资建设很难落地。

(5) 规划设计不断创新才能适应市场

在产业交叉融合发展的今天，农业的内涵与边界不断在拓展。因此，休闲农业规划设计，必须加快转变农业融合发展方式，跳出"就农业谈农业"的旧框框，寻求现代农业的"接二连三"，实现一二三产业的融合互动。

做休闲农业规划设计，要跳出农业做农业，登山不看山，才能登高望远。不仅要脚踏实地，埋头苦干，还要抬头看路。如果规划设计的方向错误，投资注定要失败。

规划休闲农业项目，只有找准市场商机，紧跟市场需求，正确判断市场发展趋势，将农业种植、养殖、产品加工、休闲旅游、乡村文化、节庆创意等元素有机融合，才能有的放矢，走向成功。

由于农业项目经营的地域性、季节性特点，休闲农业项目设计方案切忌盲目复制跟风，别人做什么就跟着规划设计什么。否则，就会让投资人走弯路甚至是绝路，不是在同质化中被"淹死"，就是在激烈竞争中被"拖死"。

(6) 规划方案要注重资源整合

休闲农业规划需要整合当地的优质农产品资源，引入新产品、新技术，打造优质农产品品牌价值，提升项目租赁土地的综合经济价值，引领当地农业产业振兴。在开放、包容、融合的大经济环境下，单打独斗的个人主义已经逐渐淡出历史的舞台，资源整合成为休闲农业项目做大做强的重要因素。

休闲农业规划只有整合资源、资本、知识、技术等相关要素，在规划中尽可能多地设计出投资少、见效快的盈利点，才能使投资者在合作中实现共存、共荣、共赢，从而减少投资风险，保证投资安全，真正实现休闲农业项目的持续发展。

43　水稻生产基地如何设计休闲旅游活动？

在我国秦岭、淮河以南以及东北、天津、宁夏、新疆等很多地区都有以生产水稻为主的基本农田。那么，水稻农田能开发休闲农业项目吗？如何围绕水稻种植做休闲旅游创意活动？

　　水稻生产基地发展休闲农业要树立用水稻体验营造游客"感动和记忆"的经营理念，重点是创意设计丰富多彩的与水稻有关的教育式游乐活动与参与式农事体验活动，打造充满生命力与学习性的"水稻体验学校和水稻科普教育基地"。

（1）教育式游乐活动

　　水稻生产基地发展休闲农业，游客的休闲旅游活动主要是体验与游乐，要让教育式游乐贯穿到每个项目的经营之中。

　　① 观赏活动　同一地区种植不同水稻品种进行展示；利用彩色稻做成文字或图案，形成稻田景观；适当展示年代久远的农业生产工具以及现代农业生产机械。这些既能让游客拍照留影，又可以亲自参与体验，在不同的季节里感受各种水稻的成长过程。

　　② 科普教育　通过设计水稻体验课程，引导游学学生体验农耕生活。主要课程包括水稻栽培与管理、水稻种类与用途、农具大观、水稻文化、成果展现等几个板块。

　　③ 体验活动　在水稻种植体验区，游客可在同一时间观察、体验到水稻各个不同时段的生长情形。游客在不同季节，可以体验从插秧、锄草、施肥、除虫、收割、晒谷、碾米，到最后享用香喷喷的米饭这样一系列的体验活动课程。

　　④ 休闲游乐　主要利用种养结合的现代水稻生产模式设计丰富多彩的体验活动。如根据不同消费群体创意设计捉鱼、捉鳖、钓蛙、钓龙虾、抓泥鳅、捉黄鳝、捡鸭蛋等不同形式的体验活动。

⑤ **文化活动**　水稻生产基地还可以把不同生产阶段延伸发展成各项文娱活动课程。如参观碾米厂、斗笠彩绘、乡村大舞台、方言介绍、稻草人制作等。这种融入了大自然元素的水稻体验活动，不仅可以让城市游客体验到传统农耕文化，还能让他们感受农民耕种的辛苦及丰收的喜悦。

⑥ **劳动教育**　现在城里的小孩都未下过农田，感受不到"汗滴禾下土……粒粒皆辛苦"的劳作之苦。让学生参加生产劳动，特别是通过水稻生产栽培体验可以培养学生学会感恩，提升对乡村劳动的认同感，激发其学习的动力。

（2）参与式农事体验活动

水稻生产基地可以利用四季变化的特点设计农事体验活动。

① **生态景观设计**　利用农业资源条件，特别是水稻生产的四季变化，创意设计独具特色的乡村生态景观。让游客感受乡村春红、夏绿、秋黄、冬褐一年四季的不同美丽景色，配合水稻生产及其他植物四季的生长变化，可让游客体验植物生命的奥秘。

② **农事活动设计**　水稻生产基地可以配合二十四节气举办不同水稻劳作活动。一些特别的节气如春分、夏至、秋分、冬至、白露与惊蛰设计农事节庆活动，让游客感受春播、夏种、秋收、冬藏的农村生产与生活的不同。

③ **DIY活动设计**　根据不同地区农业资源条件，水稻生产基地还可通过生态保护与培育的手法，维持生物多样性，打造城里人喜欢的蝶舞、萤光、蝉鸣的意境。利用不同资源条件进行DIY活动设计。如利用昆虫做昆虫标本，利用大米做手工食品等。主要加深游客的知性体验，使之成为区域性水稻游学教育基地。

④ **美食产品创意**　优质水稻生产基地，可创意建设"优质大米餐厅"，客人在餐厅消费时由服务员当面用山泉水现场蒸煮米饭，让游客吃饭时也能感觉到文化、期望、尊重、理解等象征意义。同时还可以提供并教游客制作粽子、米粉、年糕、甜酒等传统小吃，参与谷酒、米酒酿制等。

⑤ **水稻文化传承**　中国文化源远流长，其中以水稻为中心的农业生活方式也是极其重要的一个部分。先秦时期即以稻米为饭食，还用稻米来酿酒，酒为祭神不可或缺的贡品。此外，各式各样慧心巧手制作的稻米食品，在传统节庆中扮演着极为重要的角色，其文化内涵十分丰富。春节有年饭、年糕、发糕，元宵节有元宵、汤圆，玉佛斋会有七宝五味粥与阿弥饭，端午节有粽子，重阳节有重阳糕，冬至有汤圆，腊八有腊八粥等。

44　花卉苗木生产基地如何转型升级发展休闲农业？

目前我国花卉产业呈现的新特点：投资正由传统花卉种植业向花卉全产业链延伸；花卉正由排浪式、模仿型消费向多样化、个性化消费转变，由节庆消费、集团消费向日常消费、大众消费转变。

在当前的花卉园林市场，园林绿化工程和传统的花卉业进入了周期性低谷，很多花卉苗木卖不出去，一些花卉苗木基地不仅效益低，有的甚至还严重亏本，转型升级发展成了当务之急。

随着我国城镇化的发展，城市居民对美好生活的向往越来越强烈，将家庭花卉园艺成为未来的主流方向，花卉企业应顺应趋势，转型升级打造以花卉为主题的园艺休闲农业，其市场发展前景十分乐观。

但是，很多花卉苗木生产基地和企业转型发展休闲农业还存在很多问题和困惑，主要表现在以下几方面。

一是没有农旅"有机结合"。主要表现在没有围绕花卉产业发展休闲农业，花卉生产与旅游活动结合不紧密，生产的是花卉，旅游活动都是与花卉不相干的游乐项目，农旅脱节成了"两张皮"。花卉生产基地作为休闲农业项目功能分区不清晰，各区域间缺乏有机联系。

二是主题定位不鲜明。花卉生产基地打造休闲主题不鲜明，很多还是园林工程，城市居民家庭园艺的定位不清晰。在花卉园林基地多是设立农耕风格园林小品和不同风格的室外园林绿化工程作品。

三是吸引力与观赏性不强。利用花卉苗木吸引消费者眼球的景观功能展现不够，种植模式、植物配置、色彩搭配单调而没有美感，没有根据市场需求调整花卉生产品种，很多基地的植物都是以观叶为主或盆栽为主。

四是休闲活动与经营产品少。主要表现在游客到基地后可以参加的休闲活动项目太少，没有将体验活动与节庆文化活动有效结合起来，难以聚集人气。很多基地只有盆花和园艺资材，没有进行系列花卉产品开发，如干花、鲜切花等很少涉及。

五是缺文化内涵。花卉基地没有根据自己产品特色，深挖花卉文化内涵，传播花卉文化，游客难以留下深刻印象，没有"回头客"。

六是缺乏产品创意和营运团队。目前很多花卉基地的经营人员大多都是做园林工程转行来的，缺乏休闲农业的创意和运营经验，也急需引进、培训、培养。

花卉苗木生产基地转型升级发展休闲农业，要以家庭花卉园艺为主题定位，以花卉生产为依托，以"家庭花卉园艺"为轴线，充分挖掘与展示"花卉产业文化"内涵，打造以"家庭花卉园艺"为主题的花文化传播展示农庄。

花卉生产基地要邀请专业休闲农业规划团队进行科学规划，完善基地功能分区，如专类花卉展示区、室内花卉装饰展示区、花卉生态餐饮区、花卉特色民宿区、花卉文化展示教育区、花卉产品超市、花卉体验区等。根据不同功能分区，重点围绕以下七个方面进行升级改造。

• **"看花"。**充分挖掘奇花特花，打造专类展示区，规模要大，特色够特，足够吸引和震撼顾客，并定期举办"特色花卉展"和节庆活动。

• **"玩花"。**围绕花卉主题创意设计休闲体验活动，如室内儿童乐园、户外亲子活动区、少儿拓展活动区等。

• **"吃花"。**做足花卉餐饮业，建立"花卉生态餐厅"，开发花卉系列菜肴美食，打造"百花宴"特色餐饮文化品牌。

• **"住花店"。**做好特色花卉主题民宿，开发"百花小屋"，每栋小屋的造型模仿某种花，屋内装饰和用品均与主题花卉相关。

• **"购花"。**改变花卉产品单一的问题，进行花卉系列产品开发，做长产业链。除了有盆花外，还要开发花卉资材产品、花卉食品、干花、鲜切花、花卉玩具、花卉手工艺品等。

• **"体验花"。**开发花卉特色体验活动项目，实现由生产观光型向休闲度假型的转变。充分利用资源优势，开发花卉创意设计项目、花卉生产体验项目、花卉科普教育项目、美食养生产品制作等，不断创新，增加盈利点。

• **"花卉文化传播"。**在花卉生产基地创建"花卉课堂""花卉科普馆"，打造"花卉园艺学校"，培训技术，普及知识，传播文化。

花卉苗木生产基地转型升级发展休闲农业，重点是利用已有的生产基地或大棚设施，这样资金投入较小，但对营运和管理人才的需求大。因此，花卉基地要加大现有人才培训力度，并积极引进具有休闲农业策划与经营经验的专业人才，只有这样才能保证升级发展的顺利进行。

45 种植花海发展休闲农业效果怎么样？

很多地方为了吸引游客观光旅游，建设规模化的花海基地，将生产和观光旅游相结合，形成花卉主题旅游景区，这会是未来休闲农业的一个发展方向吗？

(1) 种植花海的好处

种植花海的好处主要表现在四个方面。

一是观赏性强。花卉有较为明显的花卉器官（单花或花序），种植花海可以形成较为壮观的开花场景，如杜鹃、郁金香、月季等。

二是很容易集聚人气。爱美之心人皆有之，特别是在盛花期，城里的男女老少都喜欢来观赏。

三是观光旅游功能强。通过花海可以将植物景观的观赏、生态、科普、文化等多种功能集中，挖掘其休闲、旅游方面的功能。

四是具备一定经济收益。花海景观能激发人们的消费意愿，城里人大多愿意前来游赏，从而具有一定的经济收益性（主要是门票收入）。

(2) 种植花海需要具备一定的条件

① **地址要离城区近** 选址是花海首先要考虑的问题，应优先考虑消费人群、城市距离、交通条件等因素。从各地花海旅游景区看，目标客户应以附近大中城市的居民为主，外地游客为辅。景区应与大中城市保持在1小时车程范

围内，道路状况良好，能充分满足自驾出游的需要，且有公共交通配置。

② **植物选择**　花海景区通常以一种或多种花卉植物为主，形成大面积的花卉景观，这也是它与一般植物景观的主要区别。用于营造花海的花卉通常具有明显的花期，且花期长、花色丰富，最好能多次开花，可形成壮美的观赏效果。如重庆大木花谷的花历：三、四月为三色堇、虞美人、早樱、晚樱；五月为三色堇、虞美人、洋地黄；六月为硫华菊、格桑花；七、八月为向日葵、醉蝶花、一串蓝、格桑花、香彩雀；九、十月为鼠尾草、一串蓝等。

③ **种植规模**　花海面积可从几十亩到几百亩不等。面积过小，不利于形成群体效果；面积过大，会导致建设投资和运营成本过高。从目前来看，花海能够产生收益的来源是门票和产品，而门票收入是其最主要的来源，这也是限制花海景区收入增长的主要因素之一。有的花海景区参照城市公园和主题公园的运作模式，增设有采摘、游乐、健身等休闲旅游项目，作为花海景区收入的必要补充。

（3）花海的劣势

① **成本较高**　成本是影响花海持续经营的重要因素。维护成本与花卉本身的特性、栽植方式有着密切关系。如广西阳朔的九里花海以草花为主，采用营养钵带花苗移栽，效果虽好但成本很高。很多花海会采用种植开花的乔灌木和多年生花卉，虽是一次栽植，但维护成本很高。如果是一二年生草花则要逐年更换，栽植投入、人工成本也会明显增加。

② **季节性强**　花卉的花期受季节、气候影响具有时效性，决定了花海景区客流相对比较集中，过了季节景区的客流就会下降。另外，短时间客流高峰也为配套设施的设置和管理带来较大挑战。

③ **以观光为主**　由于是买门票看花海，游客多数以观光为主，因此消费时间短，不少游客到达景区后，往花田一站，摆摆姿势照照相，照完就很快离开了，很少有二次、三次消费。

④ **回头客逐渐减少**　花海景区一般都较小，游客来一次后，很少会来第二次。而且花海的游客主要来自当地城市，客群增量有限。因此，花海项目大多是开始很热门，然后逐步降温，需要不断换新品种，几年之后，游客越来越少。

花海项目是观光农业项目，属于休闲农业的范畴，是休闲农业发展过程中的初级产品，也是休闲农业产业形态中较低级的经营模式，因此相较以产业为主的休闲农业项目，其盈利性要差一些。主要适合以带动当地旅游为目的的公益性休闲农业项目；适合休闲农业和乡村旅游还处于起步阶段的地区；适合地处大中城市或大景区周边的乡村。

46　茶叶生产基地怎样发展休闲农业？

中国产茶历史悠久，茶文化源远流长，几千年来，积累了大量关于茶叶种植和生产的物质和文化，诸如茶的历史文物、茶书、茶画、各种名优茶、茶馆、茶具、茶歌、茶舞、茶艺表演等，还有茶德、茶道、以茶待客、以茶养廉、以茶养性等，形成中国特有的茶文化。茶与美景相结合，能够创造出美妙且富有诗意的意境，地方茶产品与山水名胜结合，能够使景的意境升华，使茶的品位提升。

茶叶生产具有地域性，很多茶叶生产基地既是不同地区的优势特色农业产业，还是山区农民的主要收入来源之一，对区域经济发展起着重要的作用。茶产业中具有可开发的休闲旅游资源，休闲农业与乡村旅游的发展，为茶产业拓宽了发展空间，茶文化旅游、茶休闲游等经营形式的出现，能有效推进茶叶与休闲农业的融合。茶叶生产基地做休闲农业，应重点要把握好如下几个方面。

（1）茶景观

茶园景观设计主要讲究"因形就势""随势造景"等手法。很多茶叶基地地形复杂，地势多变，在进行景观设计时，应根据自然环境资源，采用自然式手法合理布置景观，形成不同特色的茶园、水体、建筑等景观元素，从而达到浑然天成的效果。常见的茶园设计手法有：选择不同高度树种搭配种植；茶树与经济林套种；在茶园种植不同色彩的花树；将茶树种成各种图案等。

（2）茶体验

茶叶生产基地做休闲农业，不仅要使茶园的空间满足茶叶种植，还需要满足游客休闲、娱乐、体验等多种功能。可推出系列茶事体验产品，开展茶叶采摘、山歌对唱、茶叶加工、品茶交流、科普培训等活动，满足游客有深度、有内涵且兼具时代气息的茶文化休闲旅游，感受采茶、炒茶、喝茶、玩茶的乐趣。

（3）茶道

茶道，就是品赏茶的美感之道。茶道亦被视为一种烹茶饮茶的生活艺术，一种以茶为媒的生活礼仪，一种以茶修身的生活方式。茶叶生产基地通过举办沏茶、赏茶、闻茶、饮茶、茶道讲座等休闲活动，让游客相互增进友谊，美心修德，学习礼法，领略传统美德。茶道精神是茶文化的核心。

（4）茶艺

茶艺在中国优秀文化的基础上广泛吸收和借鉴了其他艺术形式，并扩展到文学、音乐等领域，形成了具有浓厚民族特色的中国茶文化。茶叶生产基地通过向游客传授茶叶品评技法、烹茶操作方法、茶具与环境选择等知识，展示茶文化的形式和精神。传统的茶艺内容包括选茗、择水、烹茶、茶具艺术、环境选择等。

(5) 茶具

茶具主要是指茶杯、茶壶、茶碗、茶盏、茶碟、茶盘等饮茶用具。中国的茶具种类繁多，造型优美，除实用价值外，也有颇高的艺术价值，因而驰名中外。茶叶生产基地通过举办茶具展示、销售、拍卖等活动，拓展经营项目和盈利途径。

(6) 茶饮

茶叶通过浸泡、过滤、澄清等工艺可制成茶汤，在茶汤中加入糖、酸味剂、食用香精、果汁或植（谷）物抽提液等可调制加工成茶饮料。茶叶生产基地可通过开发独特风味，含有天然茶多酚、咖啡因的茶饮产品，为游客提供具有营养、保健功效，清凉解渴的多功能饮料，从而增加产品供应与效益。

(7) 茶俗

茶俗是我国民间风俗的一种，是中华民族传统文化的组成部分，有较明显的地域特征和民族特点。它以茶事活动为中心贯穿于人们的生活中，并且在传统的基础上不断演变，成为人们文化生活的一部分。茶叶生产基地可通过挖掘当地茶俗活动，如茶与婚礼、茶与祭祀、饮茶习俗等丰富活动产品，如敬茶、擂茶、三道茶、迎客茶、留客茶、祝福茶、新娘茶等。

(8) 茶产品

茶叶生产基地做休闲农业，除了要设计休闲旅游活动外，更重要的是要不断提高茶产品质量。可通过与高校和科研机构合作，建设健康茶叶科技示范基地，研发茶叶加工新工艺与新产品，不断提升茶叶的科技含量和商品附加值，提升茶产业品质和规模，提高茶产品的综合竞争力，打造地方茶品牌。

茶叶生产基地转型发展休闲农业，可以使传统的茶叶生产过程转变为观赏与体验茶事活动的全新过程，使茶产业具有生产和旅游休闲的双重属性，同时，实现了第一产业与第三产业的跨越式对接和优势互补，做到了一二三产业融合发展。因此，建立生态休闲茶园，既可带动茶产业的发展，也有利于休闲农业与乡村旅游新型产业的发展，具有十分重要的积极意义。

47 山林地、果园怎样发展休闲农业？

利用山林地、果园发展休闲农业，不仅能满足游客旅游休闲的需要，还能发展林下经济增加收益。通过规划设计观光、采摘、认购、认领、运动休闲、科普教育、养生养老等休闲游乐与体验活动，可为林果园增收开辟一条新的发展道路，带动当地老百姓增收致富。

如何在山林地、果园发展休闲农业？这是很多拥有林果地新农人的迫切想法，我们认为林果地发展空间巨大，用立体农业、循环经济理念带动"林下经济"产业化经营，利用林果园优良的生态条件，发展休闲农业新业态模式，既能满足广大消费者旅游需求，又能促进林果产业的良性发展。

　　什么是"林下经济"？林下经济就是以林果地资源为依托，以科技为支撑，充分利用林果园自然条件，选择适合林下生长的食用菌类和动植物种类，进行合理种植、养殖，以构建稳定的生态系统，达到林果地生物多样性。林果园发展林下经济有多种产业模式，每种产业模式都可以规划设计不同的休闲体验活动。

（1）林禽模式

　　在林果园种植牧草或保留自然生长的杂草，在周围建围栏，养殖柴鸡、鹅等家禽，树木为家禽遮阴，是家禽的天然"氧吧"，通风降温，便于防疫，十分有利于家禽的生长，而散养的家禽吃草、吃虫且不啃树皮，粪便可肥沃林地，与林果树形成良性生物循环链。在林果园建立禽舍省时省料省遮阳网，投资少；禽粪给树施肥，营养好。但林禽模式选址要尽量远离游客，不影响游客休闲环境。林地生产的禽产品市场好、价格高，属于绿色无公害禽产品。

　　林禽模式做休闲农业可设计抓鸡、捡鸡蛋、青草喂鹅、鹅鸡认养等体验活动，开发采摘、亲子游、科普教育、游学等休闲农业项目。

（2）林畜模式

　　林果地饲养牲畜有两种模式：

　　一是放牧，即林果间种植牧草，可发展奶牛、肉羊、肉兔等养殖业。速生杨树的叶子、种植的牧草及树下可食用的杂草都可用来饲喂牛、羊、兔等。林果地养畜解决了农区养羊、养牛无运动场的问题，有利于家畜的生长、繁育；同时为畜群提供了优越的生活环境，有利于防疫。

　　二是舍饲，如林果地养殖肉猪，由于有树冠遮阴，夏季温度比外界气温平均低 2～3℃，比普通封闭畜舍平均低 4～8℃，更适宜猪的生长。

　　林畜模式发展休闲农业可设计牛（羊）拉车、喂草、与小牛（羊羔）亲密拍照、小猪跳水、动物赛跑、动物认养、挤牛（羊）奶、斗牛等体验活动。

（3）林菜模式

　　林果树与蔬菜间作种植，是一种经济效益较高的模式。林果园可种植大葱、青椒、茄子、卷心菜、黄花菜、蒲公英、蕨菜、马齿苋、苋菜、荠菜、黄秋葵、山芹菜、荆芥、紫苏、紫背菜、刺菜蓟、苦荬菜、金丝瓜、菠菜、甘蓝、洋葱、大蒜等蔬菜，一般每亩年收入可达 700～1 200 元。

　　林菜模式开展休闲农业和乡村旅游可设置的体验活动很多，如移栽菜苗、收菜、除草、浇水等农事体验以及亲子活动、科普教育、养生美食等活动。

（4）林草模式

该模式是在林果园种植苜蓿、黑麦草、红三叶草、白三叶草、鸭茅、无芒雀麦、狼尾草等牧草或保留自然生长的杂草，树木的生长对牧草的影响不大，饲草收割后，饲喂畜禽和鱼类。一般说来，1亩林地能够收获牧草600千克，可得300元左右的经济收入。

林草模式发展休闲农业和乡村旅游可设计割草、草编、用草喂鱼、自然教育等体验活动。

（5）林菌模式

在林果园间作种植食用菌，如平菇、鸡腿菇、香菇、黑木耳、毛木耳、草菇等，是解决大面积闲置林果园土地的最有效手段。食用菌生性喜阴，林地内通风、凉爽，为食用菌生长提供了适宜的环境条件，可降低生产成本，简化栽培程序，提高产量，而食用菌采摘后的废料又是树木生长的有机肥料，一举两得。

林菌模式发展休闲农业可设计种蘑菇、采蘑菇、吃蘑菇、学习蘑菇知识、各种DIY活动等休闲体验项目。

（6）林药模式

林果园空地适合间种人参、灵芝、天麻、田七、黄连、金银花、天门冬、枸杞、百合、细辛、大黄、甘草、红景天、何首乌、半夏、天南星、柴胡、元胡、五味子、板蓝根、砂仁、巴戟、草果、益智、石斛、薄荷、白术、黄芪、桔梗、党参、芍药、刺五加、白芷、茯苓、山茱萸等药用植物，对这些植物实行半野化栽培，管理起来相对简单。据调查，林果园种植中药材每亩年收入可达500 ~ 700元。

林药模式发展休闲农业可设计赏花、摄影、采药、品药膳、保健、养生养老、科普教育等多种体验活动。

48 林果园养鸡场如何设计休闲体验活动？

很多休闲农业园区里面都是有山、有水、有农地，有菜、有果、有林。但是，如何让园区实现真正的盈利，一直困扰着一些休闲农业企业的发展。下面介绍一种种养结合的休闲农业经营方式——果林养鸡场如何开展休闲体验活动。

在休闲农业园区的林果园中，选一块地开展种养结合农业生产，主要养土鸡。给土鸡一个能运动的场所散养，这样鸡的肉质更好，鸡排的粪便又是果树的肥料，并且林果地里的野草也不用人工清理，可谓是一举多得。但是林地养鸡也有很多值得注意的地方，如果做得不好，林果地养鸡也会失败。

（1）林果地养鸡的饲养管理

① **树木要生长几年后才能养鸡** 不是什么林地都可以养鸡，养鸡的林地树木要生长几年，高大一些后才能养鸡。如果太早养鸡，鸡粪中含有的大量氮、磷、钾等营养元素，很容易造成果树苗烧根现象，树就没法生长了。

② **鸡舍要宽敞一点** 林果地养鸡不可避免的一个问题就是果树要施农药，这对于散养土鸡还是有一定影响的。养殖户要尽量减少施药，如必须要施药，尽量用低毒农药；或是施药当天让鸡待在鸡舍里面，所以需要把鸡舍修得略微宽敞一点。

③ **要保护好果实** 果园养鸡，很重要的一个问题是要保护好果实。低矮的果园不能养鸡，否则鸡啄食果实会造成果园减产。果树开花之阶段，要把鸡关起来，适时放养，只有把握时机，才能做到双赢。

④ **训练鸡晚上回鸡舍休息** 鸡有居高栖息的习性，如果没有训练它们晚上回鸡舍休息，很多鸡都会在树上栖息，树枝会被压变形。因此每天要定时喂

鸡，尽量在下午5—6点在鸡舍喂鸡，鸡采食时可以把鸡舍门关上，不再让它们去散养区。

（2）休闲体验活动

① **捡鸡蛋**　在林果园相对偏僻的地方作为养鸡场，在散养区的林果树下放置一些鸡窝供母鸡下蛋，也可人为放置一些土鸡蛋，让游客参与捡鸡蛋活动。

② **识别受精蛋**　在鸡场边上，搭建一间科普教室，对游客捡回的鸡蛋进行科普教育活动，教游客识别受精蛋。

③ **小鸡孵化**　在鸡场边搭一间小鸡孵化房，添置一些孵化设备，游客自己选出的受精蛋，可放到孵化房进行孵化。21天后，园区服务人员可联系鸡蛋主人来农场领小鸡。如果客人愿意寄养，园区可按低于市场成本价格为游客提供代养服务。

④ **美食体验**　可将鸡肉做成特色美食，如炒鸡、炖鸡、蒸鸡、烤鸡等；还有一些地方特色美食，如叫花鸡、东安鸡、烧鸡公、新化荷叶鸡等；鸡蛋美食，如蒸蛋、蛋汤、炒蛋、煮蛋、茶叶蛋等。

⑤ **鸡文化传播**　中国鸡文化源远流长，内涵丰富多彩。甲骨文中有鸡字。雄鸡代表了勇敢、勤奋、准时、认真负责等好品德，所以有金鸡报晓、闻鸡起舞等成语。

此外，养鸡园还可设计捉鸡、鸡赛跑、套鸡圈、斗鸡等游乐活动；打造鸡品种展示园、鸡产品销售中心、中小学生游学基地、科普教育基地等。

49　草莓生产基地怎样发展休闲农业？

　　一亩草莓你能赚到五万元吗？如果只做草莓种植，在马路边摆摊销售，或是让游客到地里采摘，肯定难以做到。如果做成一二三产融合发展的休闲农业模式，开发草莓衍生产品，将草莓与美食、咖啡、观光、休闲、体验、科普、教育等融为一体，就非常容易实现。

　　在很多城市周边都有草莓种植生产基地，因为离城近，每到草莓成熟季节，就有很多城里人到草莓基地来采摘、购买草莓。但由于种草莓的人很多，加之游客采摘不好管理，种草莓实际并不怎么赚钱。

　　草莓园只有引入先进的休闲农业经营理念，实现"草莓＋教育＋休闲"的经营模式，做成当地独具特色的草莓休闲农园，一个几十亩的园区每年实现几百万的营业收入是不难的。

（1）先进的生产经验能增收

　　草莓种植有很多技术要素，因此种植经验很重要。要想多盈利，提前上市是一个增收门道，但如何在不同的地方实现提前上市要有生产技术与生产经验。特别是草莓的育苗技术，草莓苗移栽过程中，不能有任何损伤，不存在恢复期，做好了这个过程就能实现比别人的草莓多15天的生长期，因而可以早上市，占据一开始的价格优势，实现增收。

（2）分级销售能优质优价

草莓生产基地做成休闲草莓园，不能只是开展采摘和鲜果销售，要对草莓进行分级经营：一等果是礼品果，每个都能达到30克以上的，直接卖给消费者做礼品；二等果主要供食品加工企业做草莓蛋（饼）糕或小朋友DIY活动；三等果都是每个在15克以下的小果，主要低价卖给加工企业或是自制果酱。

（3）草莓休闲体验收入倍增

草莓基地开发休闲农业项目不仅种草莓，还要学习加工研发，将草莓休闲园打造成游学基地、亲子活动基地、科普教育基地等。如在草莓休闲园创立草莓学堂（校），游客进园首先学习草莓科普知识，听草莓故事，实行限量采摘，并和餐饮、衍生品捆绑在一起。游客如果还想再采摘就要另外收费。在草莓学堂（校）还可以设计若干个DIY活动项目，比如做草莓盆栽、草莓蛋糕、草莓饼干、草莓披萨、草莓三明治、草莓泡芙、草莓冰糖葫芦等。草莓学堂（校）的收入主要分三部分：育苗收入，草莓鲜果收入，衍生产品和体验收入。

草莓生产基地休闲体验做得好，不只有经济效益，还会有社会效益，从而促进草莓生产基地进一步发展。

（4）细节决定生存与发展

在草莓休闲农园，一切要以游客为中心来设计打造，方便游客采摘、休闲、体验。如我国台湾的休闲草莓园，在滴灌的基础上又铺了层稻壳，外围还铺上草席，踩上去不会粘土，女游客穿着高跟鞋就能够去摘草莓，这种特意设计游客非常喜欢；大棚里还有一种双轮采摘小车，能在草莓的行之间自由穿行，车子的前面可以放摘草莓的篮子、采摘袋，人也可以坐在车上，大大提高了劳动效率和舒适程度，游客非常喜欢。

总之，草莓休闲园可以通过种草莓、卖草莓、学草莓、吃草莓、体验草莓、加工草莓等农旅有机结合，一二三产融合发展，实现不光卖生产、卖产品，还卖知识、卖智慧、卖服务的多次贩卖。

50 养生植物南方红豆杉生产基地如何发展休闲农业？

养生植物种类有很多，如蔬菜、药材、花卉、林木等，其在休闲农业和乡村旅游市场中的开发前景十分广阔。利用养生植物的功能条件可打造集基地建设、生产示范、产业开发、观光旅游、生产体验、科普教育、养生度假于一体的主题休闲农业园区，实现养生植物的产业化发展。下面以南方红豆杉为例介绍养生植物种植基地如何发展休闲农业。

(1) 何为红豆杉

红豆杉有"植物活化石"之称，南方红豆杉主要分布在长江流域及其以南的各个省份，它是在我国分布最广泛的红豆杉属的一种植物。

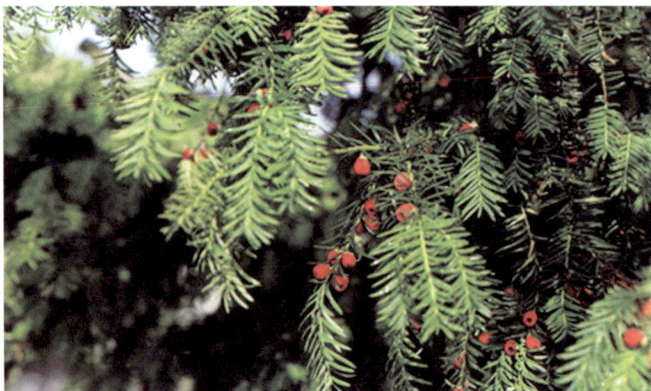

南方红豆杉为常绿乔木，一般株高5～15米。树皮颜色为淡灰色，并纵裂成长条形的薄片。其芽鳞顶端较钝或者稍尖。种子为红色，长5～8毫米，上部较宽，有杯状的红色肉质假种皮，一般为倒卵圆形或者扁卵形。

南方红豆杉具有极强的适应性，性喜湿润凉爽，属于半阴性的树种，适合生长于疏松湿润且排水性较好的酸性或者微酸性土壤中。红豆杉的自然生长速度十分缓慢，种子从成熟到发芽需要3年，年平均胸径生长量为1.2～1.5厘米，种植12年胸径一般为15～18厘米。

（2）红豆杉市场开发前景广阔

① **红豆杉的药用价值**　红豆杉可以提取一种次生代谢衍生物——紫杉醇。紫杉醇是治疗转移性卵巢癌和乳腺癌的药物之一，同时对肺癌、食道癌也有疗效。

② **红豆杉的观赏价值**　南方红豆杉树形优美，其种子成熟后呈红色，十分鲜艳。尤其是进行矮化处理后的南方红豆杉盆景，枝叶紧凑，造型十分优雅，再搭配其独有的红枝、红茎、红豆，有着极高的观赏价值。

③ **红豆杉的生态价值**　在光合作用下，红豆杉还能分泌释放出一种碱性气体，这种气体有很好的净化空气的作用，有利于人体健康。

（3）红豆杉在休闲农业中的开发与运用

① **进行产业开发**　打造集基地建设、生产示范、产业开发、观光旅游、生产体验、科普教育、养生度假等于一体的红豆杉休闲农业园区，实现红豆杉产业化发展。如生产示范，主要展示红豆杉的盆景精品及景观苗树；加工产品，如生活用品、雕刻工艺品、高档家具等。通过红豆杉功能的开发，可以帮助人们更好地了解红豆杉。

② **打造养生主题休闲农业项目**　打造以红豆杉为主要植物的养生主题休闲农业项目，休闲体验、婚纱摄影、科普教育、亲子活动、健康养生等，挖掘红豆杉的观赏价值、休闲价值、生态价值等。在林区建设餐饮、度假、娱乐、养

生中心以及休闲会所等设施,打造养生主题休闲娱乐项目。

③ **开展深度加工**　做大做强红豆杉产业,提升其产业竞争力,拓宽销售渠道,促进红豆杉深度加工产业的发展。加工产品有很多,如红豆杉枕头、生活用具等,还有精深加工产品,如保健产品等,从而形成健康的、可持续发展的红豆杉产业链。

④ **开发文化产品**　主要是开发红豆杉养生文化产品,传播健康养生文化。通过举办红豆杉科普教育、文化节庆等活动,提高红豆杉的知名度,发掘红豆杉文化精神及内涵,打造精品红豆杉文化产品。

51　竹产业如何发展休闲农业?

中国是世界竹产业大国,全国有竹林面积9 600多万亩(2021年),主要分布在浙江、湖南、福建、江苏、江西、安徽等省份。我国有着悠久的竹子栽培历史、丰富的加工利用技术和深厚的竹文化底蕴,在竹子生产和利用方面均处于世界领先地位。

如何根据当地竹产业发展休闲农业?应该重点做好以下几方面的工作。

(1) 设计竹景观

竹子形态优美,具有极高的观赏性;生性强健,能净化空气;具有庞大的地下根系，保持水土能力很强；还是浅根系树种，并能横向扩展，而且具有覆盖保护作用；竹林的屏障防风能力较强，生态效益十分明显；竹子是常绿树种，不开花，无花粉散播；容易繁殖，养护费用低；不同竹种高矮、叶形、姿态、色泽各异，用作景观搭配效果理想。竹景观规划设计主要有以下手法。

① **视觉焦点**　竹子自身优美的姿态，可作为空间中的视觉焦点。

② **强调空间**　竹林以大面积面植、线植或带状的列植，可使公共开放空间的景致和谐统一，如园区绿地、人行步道，不仅有装饰作用，还有统一的效果。

③ **分隔空间**　主要依照园区实际需要，选择不同竹种形成高度不等的绿篱，借以划分大小不同的空间。

④ **协调空间**　以竹子做绿篱，使其他植物造型与建筑物的外观相呼应，与周围环境更为协调。

⑤ **衬托景物**　应用丛生型竹类，如绿竹等，在空间中衬托景物，使得景物因其株形大小、形态外貌、色泽和质地增添优雅。

⑥ **柔化线条**　选择较低矮的竹类，如观音竹，在屋后、墙角种植，以其独特的形态与质地柔化建筑物的生硬线条，使得空间显得和谐而有生气。

（2）创意竹休闲活动

竹子生长快，适应性强，同时又具有广泛的用途。竹子与人的生活息息相关，涉及衣、食、住、行、用等各个方面。以竹为主题可以设计观光游乐、休闲体验、家庭亲子、科普教育等活动，如观竹海、喝竹酒、坐竹车、玩竹棋牌、做竹筒、写竹书、画竹画、编竹器等。

此外，还可展示和体验我国古代的竹制用品，比如用于灌溉的"高转筒车"，竹制武器如竹弓、抛石机、竹管火枪等。

（3）品尝竹美食

关于竹子的食物，大体有三类。一类是竹笋，种类很多，从收获季节上区分，有冬笋、春笋等；从形态和品种上分就更多，如毛竹笋、剑笋等；根据味道还分苦笋和甜笋。此外，还可分不同地方不同节气出产，如天目山笋等。一类是与竹子伴生的一些植物及真菌，如竹荪等。还有一类是在竹子上生存的小动物，如竹虫等。

竹笋可做成笋干、笋衣、玉兰片、烟笋、笋片、笋丝、清水笋、即食笋等二十多种食材产品。竹笋的食用方法多种多样，可烹制出各式各样、不同风味的美味佳肴，主要有香菇油焖笋、冬笋炒腊肉、冬笋牛肉丝、土鸡竹笋砂锅煲、蒿子烧春笋、素炒春笋片、麻辣春笋尖等。此外，利用竹子还可制作竹筒酒、竹叶糕等食品。

（4）开发竹产品

竹产品的开发思路主要是根据竹子的材料属性，生产建筑材料、生产用具和生活用品。

竹材作为建筑材料可用于房屋、桥梁建造；用于防雨，可制作竹鞋、竹斗笠、竹伞等；用于交通工具，可制造竹车、竹筏等。

另外，可开发竹器制品。常用竹制生活物品包括：炊具，如箪、笾、簋、碗、箸、勺、盘、蒸笼等；盛放物品的筐、篮、筒、箱；家具，如床、榻、椅、几、屏风、桌、橱、柜等；算具，如算筹、算盘；量具，如竹尺、竹筒；照明用具，如灯笼、烛炬；卫生用具，如扫帚、熏笼；装饰用具，如竹帘、花瓶；其他用具，如扇子、手杖等。

湖南桃江县就实现了毛竹的全竹利用：主干做竹筷和凉席；竹头做竹帘、竹胶板；枝桠做扫帚和燃料；竹尾做竹签；加工剩余物还可做生物质燃料和竹炭等。

（5）传播竹文化

我国的竹文化源远流长，松、竹、梅被誉为"岁寒三友"，而梅、兰、竹、菊被称为"花中四君子"。竹子其杆挺拔秀丽，其叶潇洒多姿，其形千奇百态；它四季常青，姿态优美，独具韵味，情趣盎然。竹子无牡丹之富丽，无松柏之伟岸，无桃李之娇艳，但它虚心有节的形象为人们所喜爱。

我国劳动人民在长期生产实践和文化活动中，把竹子的形态特征总结升华成了一种做人的精神境界，赋予其民族品格、人文精神和美学象征。看到竹子，人们自然想到不畏逆境、不惧艰难、中通外直、宁折不屈的品格。

此外，竹文化还体现于竹编器物、竹雕艺术、竹制乐器等艺术表现方式中。

52　怎样打造亲子主题休闲农场？

有人说90后的年轻人不懂农业，00后的孩子不问农业，说的就是中国的年青一代缺乏对大自然的认识与农业知识的普及教育。少年强则中国强，重视少年儿童的健康发展，重视农业的普及教育，关系到国家未来的强盛，儿童成长问题越来越受到全社会的关注，在这方面人们应给予高度重视和大力支持。

爱玩是孩子的天性，怎么使孩子在玩乐中学习获得知识、获得快乐，亲子农业就是最佳选择之一。随着中国的城市化水平不断提高，没有体验过农村生活的孩子很多。亲子教育主题农场就是以亲子教育为目标、寓教于乐的理想场所，是一个新型的多功能的农业经济业态。

目前我国的亲子教育主题农场业态还处于起步阶段。做亲子教育主题农场重点要把握好以下六个方面。

(1) 充分准备

亲子教育农场是一个长期发展的过程，要想教学过程长期有序，不是一次性就能完成的。亲子教育农场重要的准备环节有农场种植、养殖、加工产业布局，亲子活动创意设计，教师选聘与培训，课件准备，亲子学员组织应用与观察等，其中亲子活动创意设计与教师选聘又是最重要的环节，是亲子农场内在因素与外部条件协调统一最基本的条件。有了好的创意设计方案与好的教学团队，才能保障农场亲子教育活动有序开展。

（2）选好地址

亲子教育农场的地址选择非常重要，一般来讲要注重三个依托：

一是依托城市。要选择离城市比较近的地方，一般中小城市（包括县城）在 1 小时车程内，大城市在 2 个小时车程内为最好。

二是依托交通。亲子农场最好靠近高速公路出口，或是在公路、国道、省道、县（市）道旁，乡村道路一般要有 5 米左右的宽度。

三是依托景区。亲子教育农场离旅游景区越近越好。最好选用植被好的林地或自然环境比较好的农地作为教学基地，这样方便学习者亲近大自然和学习自然知识，并促进人与自然和谐健康发展。

（3）活动简便

亲子主题农场在进行活动创意设计时，要针对不同生活场景和主题，对活动形式进行创意选择，选择的活动形式要适宜农场环境、易操作。特别是具有知识教学的亲子活动，要考虑儿童注意力集中时间的长短，如小学生一般在 20 分钟左右，幼儿园的则更短，学与玩相结合才会更有趣。

所以，在设计亲子教育活动时，必须易于操作，简便易行，要充分考虑室内外自然环境、具体条件进行创意和设计，要坚持周期短、投入少、涉及面小、条件准备易、组织效率高的原则。

（4）家长参与

亲子教育农场要以促进多方参与和全面发展农场教学为宗旨，培养健康、有活力、自信、独立和具有创造性的学习者。目的就要调动儿童全面参与，引导家长参与其中。因而在进行活动设计时应把儿童是否易于参与，是否能吸引多数人参与，家长是否能参与互动作为基本原则。

（5）教学团队

亲子教育农场要鼓励和提倡学习者敢于冒险、勇于挑战的精神，农场在适当环境和可控制风险情况下，鼓励和提倡学习者敢于冒险，勇于挑战。亲子教育农场要努力培养一支有组织能力、教学能力、亲和力强的教师队伍，并且在实践中不断持续发展和提高个人专业水平。

（6）不断创新

亲子教育农场要根据不同的教育内容，努力做到无形知识有形化、平面画面立体化、文字知识图案化、静态场景动态化、抽象概念物质化、故事情节情景化。并以学习者为中心，通过一系列教学程序来创造一个适于发展和学习的团队。

最后的实施也要进行试验，包括体验活动目的、要求，活动步骤、过程，活动规则、活动注意事项，活动参加人员及要求等，要不断创新并保证其可操作性。

53 怎样开发乡村旅游度假养老项目?

　　乡村旅游度假养老项目是一种新的乡村旅游形式,是乡村游和养老游二者的结合,它不同于普通的乡村旅游活动,消费者的主要目的,不是体验乡村的风土人情,而是出于对自身健康的考虑而进行的旅行、暂居和游览活动的总和。

　　目前,一些城市老年人喜欢选择自然风光秀美、环境气候宜人的乡村旅游地进行异地养老度假。城市消费者在疗养、养老的同时,体验乡村的风土人情、风俗风景将逐步成为一种发展趋势,市场潜力巨大。

(1) 乡村旅游度假养老产业发展前景广阔

　　① **有利于缓解社会养老压力**　目前,我国已逐渐进入老龄化社会。全国60岁及以上人口占总人口的16%左右,其中65岁及以上人口占总人口的10%以上。全国各类养老服务机构与设施同我国老龄人口总量相比存在巨大缺口。另一方面随着我国家庭结构的变化,年轻人赡养压力增大,家庭养老功能将不断弱化,社会养老模式必将朝着多元化的方向发展。发展乡村旅游度假式养老,可以进一步充实养老服务机构和设施,无疑可以缓解社会养老压力。

　　② **有利于满足老年人的需求**　老年游客的旅游动机大多是怀旧、求美和寻求健康疗养,乡村旅游地生态环境良好,自然风光秀美,气候宜人,有利于

老年人健康养生。老年人在户外亲近大自然、享受自然之美的同时，通过养花、种菜等适当劳动来健康体魄，通过徒步、嬉水等适当户外运动来锻炼身体，这种生活比单纯娱乐休闲更有意义，发展乡村旅游度假养老可以满足老年人追求自然、安逸、健康的心理需求。

③ **有利于农民增加收入**　乡村旅游活动的开展能够充分利用乡村自然资源、生态资源、文化资源发展农家乐、乡村民宿等，增加旅游目的地就业岗位，提高居民收入水平。发展乡村旅游度假养老项目能促进乡村旅游转型升级，发挥乡村旅游的扶贫作用，带动贫困人口脱贫与乡村振兴发展。

(2) 乡村旅游度假养老项目如何发展？

① **完善基础设施和保障体系**　目前我国的乡村旅游度假养老产业还处在起步阶段，配套设施和保障体系并不完善。很多项目存在设施简陋、人才短缺、服务跟不上等问题。乡村旅游养老项目，要建立适合老年人度假疗养的民宿、度假区，配备专业服务人员，逐步完善产业体系。同时要完善休闲、购物、健身、文化娱乐等方面的配套设施，丰富老年人的假期生活，使老年人能够在乡村旅游地舒心度假，颐养天年。

② **建立乡村旅游度假地医疗体系**　针对农村经济基础薄弱的现状，有条件的地方可以建设乡村旅游度假养老基地。重点内容是充实乡村医疗力量，建立乡村旅游地医疗点，依托乡村公共医疗单位，与民间医疗机构合作，形成较为完善的乡村医疗体系，解决老年人在乡村旅游地度假养老时看病、治病的问题。

③ **配备乡村旅游养老服务专业人才**　乡村旅游度假养老服务要求服务人员在拥有旅游服务能力的同时，具备专业的护理能力，能够为老年游客提供专业的护理服务。但目前大多数从业人员都缺乏专业的老年人护理知识，加上乡村旅游行业收入水平较低、工作强度大等因素的影响，员工队伍不稳定，专业服务人员的不足很难保障乡村度假养老的服务质量。因此，乡村旅游养老项目要制定和建立职业规划和从业保障，只有这样才能吸引更多的人从事乡村旅游度假养老服务工作。

(3) 乡村旅游度假养老的主要类型

① **资源型度假养老模式**　主要有景区度假，如野奢养老公寓、山水康养基地、山水营地、温泉养老综合体等；田园养老，如酒庄、农庄、渔庄、茶庄、牧庄、林庄等特色庄园式养老模式。

② **文化艺术型度假养老模式**　主要模式有古城古镇度假养老、民俗民风度假养老、音乐艺术度假养老、宗教禅修度假养老等模式。

③ **运动休闲型度假养老模式**　是以养精、练气、调神等运动休闲为特点，辅以养老产业配套的养老模式。

④ **医疗康体型度假养老模式**　主要模式有中医养生养老、西医护理养老、健康美食养老等模式。

54　如何打造体育休闲主题农园？

休闲农业如何把握体育产业发展前景，跟上体育产业发展节奏，并分得一杯羹？休闲农业在提质升级过程中，如何打造体育休闲主题农园？

（1）什么是体育休闲

体育休闲是指以观看、欣赏和参与各种体育活动为目的的旅行游览和体验活动，是体育与文化旅游相结合的一种健身运动方式，有参与性、观赏性、娱乐性等特点。体育与休闲农业、文化、会展、养生、养老、互联网、影视、金融、制造等产业的融合，可以有效促进体育产业创新发展。

"互联网+""大众创业、万众创新"等国家战略和大众旅游时代背景下，体育与休闲农业相关产业的融合，不仅为体育的发展激发新的活动，也会为休闲农业产业的提质升级与创新转型提供新方向。

（2）体育休闲化将深度改变城市人的生活方式，打造时尚健康生活

目前，越来越多的体育爱好者加入了"悦跑圈""骑行队""自驾游"等网络社交团体，并晒出自己的战果，尤其是近期火爆的"微信运动"，掀起了不少城市人的走路"攀比风"，开启了互联网、体育、休闲三者深度融合发展的新局面，也反映了体育休闲娱乐化的趋势和大众对健康生活方式的追求。

（3）体育休闲的发展将成为休闲农业提质升级新机遇

中国休闲农业与乡村旅游的发展使休闲进入大众消费时代，农业观光逐步向休闲度假并重转变。城市游客不只局限于走马观花式的传统观光方式，更愿意参与一些能够促进身体健康、恢复体力精力、加强体育锻炼意识的运动休闲旅游项目，如山地运动、水上运动、农事体验活动等。

目前，全国县级以上景区有2万多个，但休闲度假景区不足5%。而全年的法定节假日116天，城乡居民旅游休闲消费水平大幅增长，这些景区远远满足不了人们日益增长的休闲运动需求。以运动休闲和娱乐为特征的体育休闲产品将成为休闲农业提质升级的新蓝海。

（4）体育休闲将成为休闲农业发展的新引擎和新动力

体育休闲有利于满足人民群众多样化的体育和休闲需求，有利于扩大内需、增加就业、培育新的经济增长点，有利于弘扬民族精神、增强国家凝聚力和文化竞争力。体育休闲将迎来重大发展机遇，休闲运动、户外营地、徒步健身绿道、体育健身养生等与体育运动相关的休闲农业体验，以及相关的装备及设施建设，将成为休闲农业与乡村旅游产业发展过程中的亮点。发展体育休闲，休闲农业与乡村旅游培育复合型体育休闲产品，通过体育休闲延伸产业链创造更丰富的休闲农业与乡村旅游产品，可以增加游客的消费项目。

（5）根据自身资源，农园应开发与众不同的体育休闲活动项目

① **草原沙漠地区**　摔跤、射箭等马背民族相关运动；那达慕等蒙古族传统体育节庆；滑草、草地摩托、草地滚球等现代时尚运动；徒步、滑沙、沙漠探险、沙漠摩托、沙漠赛车、沙浴、骑骆驼等。

② **丘陵山区**　森林野战、森林氧吧氧浴、森林探险、越野滑雪、丛林穿越、丛林溯溪、露营、骑马、爬山、攀岩、定向越野、攀冰、滑雪等。

③ **海边地区**　游泳、游艇、潜水、水上摩托艇、滑水、赛艇、帆船、帆板冲浪、皮划艇、滑沙入海、沙滩排球、深海潜水、帆伞、浮潜、水球、水上自行车等游乐性运动；出湖（海）打鱼、航行等体验类游玩运动；水上运动节、大型水上运动类赛事等赛事节庆活动。

④ **湖泊河流区**　漂流、溜索过河、溯溪、溪降等水上运动；赛龙舟、放竹筏等民俗类水上运动和节庆。

⑤ **峡谷岩洞区**　探洞、峡谷探幽、攀岩、速降、越野定向、徒步等。

⑥ **田野乡村区**　果蔬采摘、露营、汽车越野等休闲运动项目；民俗类的运动项目和节庆活动。生态湿地观赏、划船、捕鱼、摸鱼、农事竞赛等。

⑦ **农业公园区**　健身锻炼、广场舞、太极拳、瑜伽等活动；球类活动、公园定向、滚轴、滑板、人工攀岩等运动休闲项目。

55　怎样打造婚庆主题休闲农园？

婚庆主题休闲农园是以婚庆产业为切入口，通过农业产业与婚庆活动项目配套，充分挖掘当地自然生态、产业生产、乡村文化等资源条件，形成集庆

典、休闲、观光、产业发展于一体的综合性婚庆主题休闲农园，促进休闲农业与乡村旅游的发展。

（1）产业依托

主要产业一般有花卉、水果种植产业，特色养殖业，林业，农产品加工业。

（2）规模要求

50亩至上千亩不等，根据不同资源、不同产业、不同规模，因地制宜进行不同的规划设计。

（3）项目主题定位

主要定位婚庆主题，围绕婚庆主题还可细分为各种不同板块、不同农园，如"爱情农园""幸福人生园"等。

（4）景观规划设计

在做好农业产业的基础上，休闲旅游活动开发主要是与农业产业紧密结合，以此打造婚庆主题休闲农园。

以花卉生产为例，可以将各种芳香、观赏和经济花卉种植作为底色，形成七彩浪漫童话花海，形成大地景观，成为靓丽的风景线。

以林业、水果生产为主的园区，主景树种可采用紫荆、茶树、相思树、豆杉、合欢树等，在植物景观设计中与景石相配，还可选用枣树、桂树、石榴树、金橘树、杨梅树、枇杷树、柚子树、柑橘树、猕猴桃树、山桃树、樱桃树、柿树等果树进行合理的配置。

其他农业产业园区，可利用植物的群体美，通过玫瑰园或是时令花卉，或是农田水稻景观，荷塘月色等，来营造四季花海、花飞蝶舞的浪漫景象。最后通过绿地草坪具有开阔空间的特点，让婚庆更接近自然，在景观主题设计中要重点注意景观的季节性。

(5) 农园主要盈利产品

特色种养产品；农副加工产品；鲜切花卉和花卉深加工及延伸品；婚纱摄影、婚礼举办、婚礼餐厅、蜜月洞房；花卉养生、保健、美容等。

(6) 体验活动创意

夫妻酒店：打造夫妻主题建筑，创意设置场景，体验美好二人世界。

美妙婚纱：设计打造"七彩梦园"场景，感受相伴终身的乐趣。

幸福之道：设计婚姻幸福大讲坛，举办高端讲座，体验爱情真谛，解锁爱情的神奇密码，追求幸福人生。

宜家体验：男耕女织，挑水推磨，农耕劳作，打造幸福生活体验基地。

挂许愿卡：许愿爱情树，爱情更甜蜜。

爱情寿桃：规划夫妻寿桃园，种植寿桃树，见证一生缘。

石刻爱铭：规划石山情圣，石刻爱情诺言，相拥海枯石烂。

山谷恋歌：情人谷里学唱爱情山歌，学跳爱情舞，大声唤爱，永葆爱情甜美魅力。

祭酒婚嫁：拜堂礼成，百年好合，男左女右，护阴抱阳，夫妻和美，有效把控，儿女称心，健康快乐，完美双修，幸福一生。

金婚回忆：科普长廊，品婚姻历程，享幸福人生。

56　农民合作社如何发展休闲农业与乡村旅游？

当前，我国农民合作社发展速度进入历史上最快阶段。截至2021年11月底全国依法登记的农民合作社达221.9万家，辐射带动近一半农户。

为什么会发展这么快呢？合作社在发展过程中如何结合当地产业发展休闲农业与乡村旅游新业态？

（1）我国农业发展面临三大问题

① **农业竞争力低**　高端、个性化、差异化农产品短缺，优质安全的农产品供给不足，部分低端农产品供过于求。

② **农民增收面临严峻挑战**　增产不增收，农产品市场价格偏低现象普遍存在。2020年农民人均可支配收入的增速尽管达到9%，但一些农户也只是才刚刚脱贫。

③ **农业可持续发展基础不牢**　农业人力资本呈弱化态势，当前农业从业人员中50岁以上的比例已经达到50%，"70后不会种地、80后不愿种地、90后不提种地"已比较普遍。

（2）农业问题形成有三大原因

① **农业劳动效率低**　2019年农业从业人数占总量的28%左右，但农业增加值占GDP的比重仅为7%左右。

② **农业生产组织化程度低**　小规模分散经营还没有彻底改变。种植规模在30亩以下的农户占96%，年出栏500头以下的生猪养殖户占57%，各类农业产业化经营组织带动农户的比例不足50%。

③ **农业生产方式传统**　粗放式发展普遍存在，农业基础设施建设和生产条件改善总体滞后。化肥农药利用率为35%左右，比欧美发达国家低15 ~ 30个百分点，农膜回收率也不足2/3，农田灌溉水有效利用系数仅为0.52。2015年我国农业全要素生产率为55.8%，远低于发达国家水平。

（3）发展农民合作社的三大动因

① **生产有需要**　随着现代农业发展，必须解决小生产与大市场有效对接问题。合作社能组织带领分散农户发展农业生产，拓宽产业领域，延伸产业链条，提升农业竞争力，发挥了内连农户、外接市场的桥梁纽带作用。

② **农民有意愿**　农民群众切实感受到了合作社在提供低成本便利化生产经营服务、解决就业、增加收入等方面的积极作用，自愿办社入社的热情不断高涨，发展合作社成为农民的自觉选择。

③ **政府有引导**　国家对扶持合作社发展提出明确要求，强调农业合作社是发展方向，有助于农业现代化路子走得稳、步子迈得开；农民合作社是构建现代农业经营体系的桥梁和纽带，是建设现代农业、增加农民收入的重要力量。

（4）农民合作社的三大目标

① **推动规模化、专业化经营**　促进土地的规模化和服务的规模化，推动生产要素的优化组合。合作社为成员提供产加销一体化服务，实行生产资料供应、农机作业、统防统治、技术信息、加工储藏、产品销售等统一服务，帮助成员克服分散经营不足，推行分工分业，实现区域化布局、专业化生产，促进各地发挥比较优势，提升竞争力。

② **推进农业供给侧结构性改革**　合作社应以消费为导向，组织千家万户推行绿色化、标准化生产，发展新产业、新业态，积极改善供给结构和质量，提供中高端农产品，有效推进农业供给侧结构性改革，促进产出高效、产品安全、资源节约、环境友好的现代农业加快发展。

③ **带动农民就业增收、脱贫致富** 合作社通过实现规模经营效益、降低生产经营成本、拓宽产业空间，带动农民就业增收。

(5) 合作社要探索三大创新发展

① **创新组建形式** 引导普通农户、新型农业经营主体、各类农业社会化服务组织、与农业相关的企事业单位、城镇居民等领办或加入合作社；鼓励以货币、农机具、土地经营权、劳动力、知识产权等多种形式出资入股，发展主体多元、形式多样的合作社。创新运行机制，在"生产在家、服务在社"基础上，开展多种形式的统一经营和服务，提高标准化规模化水平；鼓励合作社引进职业经理人和专业经营管理团队，提升经营管理效率。

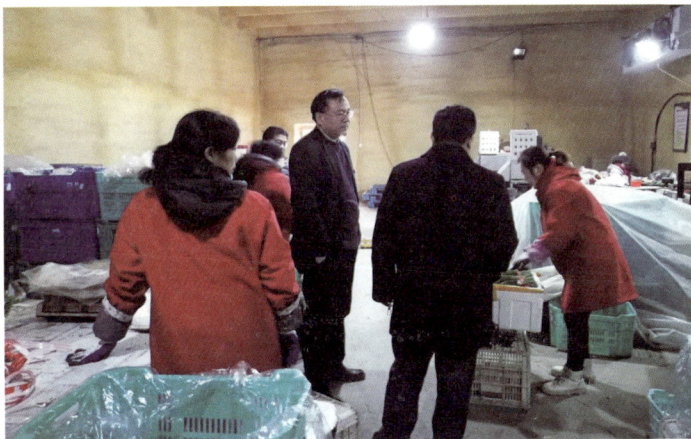

② **创新产业业态** 合作社发展工厂化农业、会员制农业、订制农业、休

闲农业、社区直销、网络销售、乡村旅游、农业体验、认租认养、定时配送、阳台农业等新产业、新业态，积极顺应"互联网+"深入推进趋势，发展三次产业融合，拓宽发展空间。

③ **创新分配方式**　合作社要通过扩大经营规模，推进节本增效，发展育种育苗、农资配送、农机服务、疫病防控、加工仓储、物流配送、产品销售、休闲观光来增加收益，实现产业链延伸拓展和新价值创造效益。

收益实现成员共享，保障成员从合作社获益。鼓励合作社在产业业态选择、新品种新技术推广、生产标准运用、销售渠道建设、品牌打造等方面为成员提供服务，并对非成员农户和其他经营主体发挥示范带动作用。

引导合作社在脱贫攻坚、农村发展中发挥自身优势，通过发展产业、托管代养、提供就业、扶贫资金入股分红、公益事业建设等途径，促进贫困人口脱贫、农村和谐繁荣。

(6) 合作社发展休闲农业与乡村旅游三大措施

① **做长休闲农业产业链**　合作社要合理规划高效利用社内土地，合理布局农业种植、养殖生产结构，重点选择当地技术成熟的特色资源品种，按照全产业链进行苗圃区、保种区、观赏区、生产示范区、体验区、科普区、加工区来规划设计，形成园区独特农产品产业链体系，并辐射带动周边农户广泛生产，既打造成让游客吃住行满意、游购娱开心的休闲度假胜地，又要优化农业产业结构，扩大农产品的销售，增加合作社收入。

② **要将合作社打造成节日活动场地**　合作社要围绕自然生态、花卉苗木基地、农作物生产等具有地方特色的产业，培育亲子游、采摘园、体验基地等休闲旅游项目，将农事活动、农业休闲等可参与性强的项目糅合到休闲观光体验活动中去，并不断创新休闲体验项目，吸引城镇居民来休闲度假。合作社要根据当地的农业资源条件，充分发掘出传统农家的四季节庆活动，如插秧节、荷花节、捕鱼节、萤火虫节、龙虾节、新米节、水果节等，让游客欣赏园区四季更迭的景色，体验不同季节的生活。

③ **要进行综合性的品牌打造**　合作社要通过休闲农业和乡村旅游主题定位，明确发展方向，如特色产业、亲子主题、体育休闲、养生养老、田园综合体、民宿度假等，形成具有鲜明特色的休闲农业示范区。要打造合作社独特的农产品品牌，通过农业种养品种，如花卉、水果、中药材、谷物、特色畜禽、特色水产品等，实施生鲜产品与粗精加工项目并举，生产的农产品努力争取绿色食品认证或有机食品认证，形成合作社独特的绿色与有机农副产品体系。

57　休闲农业怎样打造城里人"情景消费"的场所？

当前，消费行为已经不再是单纯的吃饭、住宿、休闲、购物，而是出现了多元化、个性化的消费诉求和网络化的消费行为，因此休闲农业钓鱼、打牌、吃土菜的"老三样"已经过时，急待转型升级发展。

(1) 什么是"情景消费"

"情景消费"是指消费者通过看、听、体验等活动，与自己想象中的情景相吻合，满足感受某种情景氛围的心理需求的一种消费方式。

在上海新天地购物中心，打造了6万米²集历史、文化、购物、休闲为一体的情景式商业群落，将特有的传统石库门旧里弄与充满现代感的新建筑群融为一体，创建为既具传统风貌，又具现代化功能设施的都市商业旅游景点。

(2) 休闲农业需要情景消费

很多成功的农家乐、休闲农庄、乡村旅游，很重要的一条原因就是"情景消费"，它们共同的一点就是：不仅注重主题定位与特色打造，还创造出大量的奇观、场景、导游词、故事、休闲体验活动等。现在，有些城市消费者对"情景消费"似乎比对农家乐、休闲农庄、乡村旅游的物品和服务产品的消费更感兴趣。如果在提供商品和服务的同时不能提供游客感兴趣的情景启示，休闲农业的商品和服务产品就会越来越难以推销。

（3）休闲农业情景消费的类型

① **沟通情景**　主要是通过设计产品介绍、导游服务、亲子活动、休闲体验等活动构建与消费者的沟通情景。

② **购买情景**　主要通过对农家乐、休闲农庄、乡村旅游主题产品，如实物性农产品，服务性无形产品的场景景观创意设计，让游客身临其境，由此而产生购物与消费欲望。

③ **使用情景**　主要是通过对农家乐、休闲农庄、乡村旅游产品生产、制作场景的展示，让消费者参与体验与游乐，使其在精神与物质上都能得到满足。

（4）休闲农业情景消费如何打造

休闲农业情景消费主要围绕五个因素开展：物质环境、社会环境、时间、任务、先行状态。

① **物质环境**　是指农家乐、休闲农庄、乡村旅游有形的物质因素，如山水田园、生态景观、休闲氛围等。

② **社会环境**　通常涉及农家乐、休闲农庄、乡村旅游购物或消费活动中他人对消费者的影响，如产品介绍、导游词、旅游故事、服务质量等。

③ **时间**　是指设计农家乐、休闲农庄、乡村旅游的事件或活动发生的时机和消费者可支配时间的充裕程度，如休闲体验活动设计、节庆活动设计与组织等。

④ **任务**　是指消费者在农家乐、休闲农庄、乡村旅游消费与购物的具体理由、目的或产品的使用场合，如休闲农业主题定位与特色建立、品牌建设等。

⑤ **先行状态**　是指消费者在进入农家乐、休闲农庄、乡村旅游之前购买和消费情境中的暂时心情、情绪或状态。先行状态会影响消费者对问题的认识，休闲农业一定要设法通过改变消费者的情感来影响其行为。

（5）案例分析

丰润山庄拥有29种原生青蛙，56种蜻蜓，于是该山庄以青蛙、蜻蜓为主题，创意设计不同视听场景与体验活动，不断宣传，销售用纸、布、石头等制作的青蛙和蜻蜓手工艺品，讲青蛙故事，山庄生意非常火爆。

58　休闲农业创意怎样运用在乡村旅游体验产品中去？

开展休闲农业创意，运用科技、文化、艺术等创意手段，是提升传统农业及其产品附加值，实现资源优化配置和增强市场竞争力的一种乡村旅游经营方式。创意休闲农业要有农业跨界融合思想，这既是休闲农业发展理念的创新，也是农业发展方式的转变，将成为乡村旅游发展新趋势。

休闲农业创意怎样运用在乡村旅游休闲体验产品中去？

（1）培育新奇特农产品

休闲农业创意要在农业科技应用中融入艺术元素，培育一批外形独特、工艺考究、具有内涵的创意农产品，提高其附加值。

一是特色品种创意。将农业生产与观赏结合，培育引进有别于常规品种、主栽品种的农作物特色品种，通过艺术造景、趣味活动，满足大众的猎奇心理。通过改变农产品形状、色彩、口味，制作方形西瓜等异形产品；或者改变农作物生长节令，实现反季节或四季性生长。运用新技术提升农业在培管生产、产品加工、品牌包装、用途转化等方面的创新力度，让农产品由"土"变

"时尚"，成为市场喜爱的乡村旅游商品。

二是生产模式创意。休闲农业创意需要还原自然农业生产，打造种养结合、农牧循环、立体栽培等农业生产模式，让游客体验人与自然和谐共生的意境；运用节水、节肥、节药、节能新设施、新设备，打造农业科技综合示范基地，让城市居民感受现代科技的神奇奥妙。

三是智慧农业创意。休闲农业创意要将科技与视觉结合，用信息技术、装备技术改造农业，建设集产品生产、品种展示、地方特色为一体的兼具生产与营销创新的智慧农业示范基地，让城市消费者在线上平台就能看到田间生产现场、作物生长发育过程，参与生产管理。

（2）挖掘农耕文化元素

休闲农业创意要突出文化元素在农业创意中的应用，挖掘利用当地农耕文化和农业资源，提升乡村旅游文化内涵。

一是挖掘历史经典产业。休闲农业创意要重点寻找具有文化印记的产品，如茶叶、盆景、蚕桑、地方畜禽、"三品一标"产品等，推进文化挖掘、产品开发、产业提升，打造特色乡村旅游。

二是发掘农业文化遗产。休闲农业创意要开展传统农业生产、农村历史遗存、古村落、古民居、农村传统文化、民间技艺、民

俗风情、农耕文化园、生态博物馆等的设计与应用，促进民俗文化的推广、保护和延续。

三是传承乡风民俗。休闲农业创意要围绕农业生产过程、农民劳动生活、农村风情风貌等，将乡村餐饮文化、服饰文化、婚俗文化、游艺文化等整理创作成艺术性、观赏性、时代性强烈的农村文化作品，促进游客对农民生产生活的敬重和对农村精神文明建设的支持，满足城市居民的思乡情怀和体验农耕情结。

（3）一二三产融合发展创意

休闲农业创意要对主导农业产业链及其经营场所等进行包装、设计、创意，培育、打造多功能的农业精品，推进乡村旅游产业化。

一是农旅结合创意。休闲农业创意要结合当地自然资源和农业生产，合理布局乡村旅游发展空间，对乡村旅游休闲体验项目不断进行提升，打造乡村旅游品牌和经营服务产品品牌。

二是康体养生创意。休闲农业创意要瞄准绿色健康食品消费市场，在农产品食药用功能上下功夫，大力开发具有降血压、降血糖、降血脂、抗辐射、美容养颜等功效的食品与保健品。要依托当地山水特色和农业资源，积极培育农业疗养、农业养老等新产业，强化生态景观营造、康体健身设施配置，让游客乐在其中、赏心悦目、修心养身。

三是科普教育创意。休闲农业创意要积极与农业教育产业对接，针对学龄前儿童组织开展果蔬采摘、动物喂养、趣味运动会等亲子活动；针对中小学生开设农业科普、农事劳作、书画写生、素质拓展等户外教育课程；结合农时节庆开展丰富多彩的体验活动，增强少年儿童的乡土情结和劳动意识。

（4）绿色生态创意

休闲农业创意要把产业发展与美丽乡村建设有机统一，与农业生态、农业景观创意有机统一，让绿水青山变成金山银山。

一是田园景观创意。休闲农业创意要充分依托稻田、茶园、果园、花园、菜园等农业产业资源，结合丘陵岗地、河湖水面、村庄庭院等进行合理开发利用，通过融入文化、科技、美术、动漫等创意元素，设计打造美丽田园景观，培育具有较强视觉冲击力和艺术观赏性的农业景观，促进农业生产性同艺术审美性结合，打造生产、生活、生态的有机结合体。

二是经营策划创意。休闲农业创意要结合时尚潮流、当地文化、美食特产，建设不同主题的休闲乡村旅游项目，如爱情园、香草园、古村落乡村旅游、乡村文化旅游等主题旅游项目，布置与主题相呼应的景观小品、卡通形象、指示标牌等，营造浓郁的主题氛围，吸引游客观光消费。

三是循环农业创意。休闲农业创意要创新利用农业废弃物，开发稻麦秸秆编织、麦秆画、玉米皮制作干花装饰品等创意产品，变废为宝、循环利用。

(5) 营销服务创意

休闲农业创意要通过新奇别致的产品包装、友好亲切的品牌形象和丰富多彩的营销推介，促进产销对接、优质优价。

一是包装工艺创意。可利用竹子、柳条、农作物秸秆以及其他绿色环保材料，通过创意设计和特殊工艺制作成具有时代性、民族性、地域性、独特性的各类农副产品、民间工艺品、旅游商品的包装箱、包装盒、包装袋、包装纸、商标贴等，打造乡村旅游创意产品。

二是品牌培育创意。要注重农产品品牌培育，不断开展品牌创意，加大创意品牌资源整合力度，每个村落至少要有一个名称朗朗上口、商标形象生动易记、社会影响力大的乡村旅游品牌产品。

三是产业节庆创意。要定期或不定期举办农业嘉年华、水稻节、草莓节、葡萄节、西瓜节、龙虾节、螃蟹节等乡村旅游节庆活动，围绕农业生产、农家生活、农村习俗等进行创意策划，组织开展互动性、参与性、娱乐性、新颖性等较强的农事体验活动，向游客展示农业的无限魅力，培育乡村旅游节庆品牌，打造乡村旅游特色名片。

四是"互联网+"创意。可开展农业设计策划征集活动，激发社会各界设计、开发、创意乡村旅游产品的热情，积累创意景点、创意产品、创意点子。

乡村旅游要利用互联网平台，如微信公众号、手机App等，全面打通创意景观、美丽乡村、乡村民俗、农村工艺品、绿色农产品与消费者的通道，在市民与乡村旅游之间搭建一座桥梁。

59 赚钱的休闲农业园区秘诀有哪些？

早期兴起的农家乐、休闲农庄等休闲农业项目一般都是有区位、交通、景区优势，所以刚开始很火爆。但现在多数休闲农场、田园综合体、特色小镇等，没有那么好的地理资源优势，如何吸引城里人重复来访？生意好的休闲农业园区基本是围绕以下三个方面规划设计与运营的。

（1）规划城里看不到的景观

经调查发现，一些城里人很少光顾的休闲农业和乡村旅游园区大多都是模仿城市公园、市政园林工程、房地产花园景观来规划设计的。如景观树主要栽的是香樟、桂花、玉兰等当地名贵花木，很多都是常青树。餐厅、客房、游客接待中心等建筑也是参照城市风格设计。不光投资资金大，也没有体现乡村特色。这些景观城里人天天看得到，显得太普通，所以不愿意去。

　　其实休闲农业和乡村旅游景观规划设计不应该这样做，一些客流量大、赚钱多的园区设计、打造的都是城里人在城里看不到的景观。

　　① **围绕主题进行景观规划**　如产业主题，主要围绕主导产业进行景观设计；休闲主题，则根据目标客群进行景观设计；文化主题，就按照主题文化开展景观规划设计。

　　② **规划以农作物景观为主**　如蔬菜基地，主要是蔬菜景观，如设计各种图案花坛，丝瓜、南瓜、葫芦等可做成棚架景观；一些主要农作物，如水稻、小麦、油菜、高粱、玉米、果树、茶树等，其景观设计就更加丰富多彩，除了作物景观，还有生态农业、立体农业与循环农业等生产景观设计。

　　③ **田园景观规划**　如山水田园生态景观、经济林木种植与景观、水库鱼塘景观、荷花种植景观、畜禽生产景观等。

　　④ **乡村文化景观规划**　主要围绕乡村建筑文化、居住文化、农耕文化等进行规划设计。很多人以为乡村农耕文化设计就是旧家具、旧农具的展示，其实这也是不对的。这种挂在墙上、放在展示馆的农耕文化景观设计是投钱而不赚钱的。

　　⑤ **小品景观规划**　主要是围绕园区主题，因地制宜开展规划设计。做到园区的景观设计既有乡村特色，又节省投资，不能模仿城市园林景观来打造。

（2）设计城里玩不到的游乐活动

　　生意不好的休闲农业和乡村旅游园区，其休闲游乐活动除了我们经常说的

"老三样"（钓鱼、打牌、吃土菜）外，很多游乐活动不是因地制宜设计的，主要还是模仿城市公园或旅游景区的游乐项目，如碰碰船、卡丁车、骑马、游泳池、玻璃栈道、网红桥、水上游乐园等。因为这些项目城市公园里都有，所以游客不愿意去光顾。

而一些生意好的休闲农业和乡村旅游园区，主要是围绕农庄主题定位，如亲子教育、体育休闲、养生养老、科普教育、乡村民俗文化、游学基地等，围绕当地自然生态条件、农业生产条件、乡村文化条件，设计出了丰富多彩的休闲娱乐活动。

如养鸡场开发休闲农业应主要围绕鸡主题，设计观赏鸡、捡鸡蛋、识别受精蛋、小鸡孵化、捉鸡、斗鸡，还有鸡美食、鸡知识教育、认养鸡等休闲体验活动；水产养殖场开发休闲农业可设计捕鱼、捉鱼、钓鱼、钓虾、钓蛙等休闲娱乐活动。

休闲农业与乡村旅游的游乐活动，农事体验与亲子活动，主要按照春、夏、秋、冬四季，来规划设计春播、夏种、秋收、冬藏等主题活动。乡村节庆活动主要根据作物季节，中国传统节日，企业不同服务产品，设计不同的乡村节庆盛事。总之，赚钱的休闲农业与乡村旅游项目，规划设计的都是城里人平常玩不到的活动，都是游客想要尝试体验的地方。

（3）经营城里吃不到的美食

生意不好的休闲农业和乡村旅游园区，餐饮品质不好，还普遍雷同，如在湖南益阳有一个投资上亿的乡村旅游村落，光烧烤店就有几十家，几乎家家有烧烤。村里的农家餐馆所有的包厢里除了餐桌外，都会放上一台麻将桌。由于没有特色，其园区客流量已经由红火一时到逐渐门庭冷落，其生意可想而知。还有的农家乐、休闲农庄，说是做的土菜，但推出的菜品，跟城里餐馆的菜品差不多，甚至还不如城市餐馆，从而缺乏吸引力，回头客也少。

而生意兴旺的休闲农业和乡村旅游园区，不光餐厅设计有特色，其美食产品与城里菜馆也不一样，打造的都是城里难以吃到的美食，如即采即食、自助厨房、特色烧烤、乡村酒吧、特色乡村餐厅等，主要菜品有养生菜、地方菜、家庭菜、乡里特色菜、素菜等。

有的园区还根据产业主题，推出的主打菜都会配有故事传说，让游客不光能品尝到美味，还能品味乡村文化；有的园区将地方特色菜品做成当地大碗特色菜，如长沙市靖港乡村旅游园有"靖港八大碗"，娄底市新化县有"新化三大碗"等，很受游客喜爱。

60　哪些与休闲农业相关的手工体验活动最受
游客欢迎?

　　我国的传统手工艺门类繁多，每一个都是中华文化的瑰宝，都值得我们去传承和保护，在休闲农业与乡村旅游体验活动中都可以引进。下面几种传统手工艺体验活动游客比较喜欢。

(1) 陶艺

　　陶器是以陶土和瓷土为原料，经配料、成型等流程制成。中国是世界上最早使用陶器的国家之一，而中国瓷器因其极高的实用性和艺术性备受世人的推崇。如今，在陶瓷手艺人们的共同努力下，许多失传的技艺重新得到传承。在很多休闲农业与乡村旅游景点，小人物、小动物等陶艺制作体验活动深受游客与孩子们的喜爱。

(2) 花艺

　　花艺指通过一定技术手法，将花材经排列组合或者搭配造型，使其变得更加的赏心悦目，表现一种意境或场景，体现自然与环境的完美结合，形成一种花的独特语言，让观赏者解读与感悟。根据世界花艺流派，主要有日本花道、荷兰花艺、西方现代花艺、中式盆景、中式插花以及西式花艺设计等。在我国休闲农业与乡村旅游体验活动中，中式盆景、中式插花，特别是多肉植物盆景制作非常受亲子家庭、青少年学生的喜爱。

（3）采茶、制茶

采茶既是一种农事体验活动，也是一种乡村文化表演，采茶体验一般都会有唱茶歌、对茶歌等。采茶倾注着中国劳动人民的朴素情感并以其独特的艺术思维，浓厚的生活气息，积极的精神作用，深受城里游客的喜爱。

制茶体验一般分为绿茶制作与红茶制作。传统绿茶制作是游客将采取的茶树新叶或新芽，经杀青、整形、干炒等工艺而制作茶品。绿茶是未经发酵制成的茶，保留了鲜叶的天然物质，是休闲茶园非常受游客喜欢的体验项目。有的茶园，如果游客在茶园住宿一、二晚，还可以体验红茶的制作方法。

（4）磨豆浆

磨豆浆，只要先准备好浸泡过的黄豆、纯净水、石磨等就可以了。体验活动开始了，先由老师进行示范，教孩子们如何用石磨磨出豆浆：先放一小勺黄豆，再加一勺水……石磨豆浆制作方法十分简单，但能让小朋友学到很多小知识，好吃又好玩，深受亲子家庭，特别是孩子们的喜爱。

（5）竹编和草编

竹编和草编不仅具有实用价值，还具有丰富的艺术观赏性。体验活动一般由老师演示竹编、草编制作方法，如草蜻蜓的制作，孩子和家长们围绕在老师身边一边学习一边自己动手。竹编、草编活动能提高青少年的想象力、创造力和动手能力，让孩子们经历一次有意义的学习生活。

（6）其他手工艺

主要有木雕、根雕、石雕、玉雕、微雕、刺绣、剪纸等。这些体验活动针对不同游客的喜好，会有不同的消费群体。设计体验活动时，重点是注意体验内容与体验形式的表达，要体现趣味性与知识性相结合的原则，以此满足游客求知、求乐、求趣的需求。

（7）木质手串制作

主要用桃核、杏核、枣核、山核桃、金刚菩提、星月菩提等制作手串，还可以用沉香木、花梨木半成品等制作各式手串。这项活动虽然有点费时，但能较好的锻炼制作人的耐心与技艺。制作出的手串除了可自己留作纪念外，还可以赠送亲人与朋友。此项目特别适合青少年、儿童，特别是小姑娘们的体验参与。

（8）腌制

腌制食品是我国比较常见的传统食品，也是我国劳动人民智慧的结晶，更是乡村文化的一部分。腌制是利用食盐的保藏作用，将新鲜蔬菜、果品、肉、鱼等腌渍制成食品的方法，主要有泡菜、果脯、腊肉、腊鱼、香肠等。这项体验活动的创意设计，重点是卫生条件、标准化操作、知识点讲解、方便携带等，适合各类城市游客参与。

61 生意不好又无钱再投时，农庄投资者应该怎么办？

休闲农业投资者一般刚开始时都是信心满满，充满情怀，但农业是一个周期长、回收较慢的行业。做休闲农业更是一个没有模式可学的新型产业，全靠摸索前行，很多投资人一腔热血，但农庄还是生意不好，这都是发展中出现的问题，有些是在所难免的。

生意不好没有赚到钱，又无钱再追加投资，农庄投资者最少应该做好以下五个方面的工作。

(1) 自我反思

农庄生意不好肯定是有原因的。农庄投资者应该放弃无效社交，不要再想着依靠朋友、依靠政府帮助和扶持。做休闲农业不能完全依赖政府补贴与输血，要建立自己的造血系统。你的农庄生意不好，政府的支持与帮助是有限的。农庄自身的休闲服务、体验等活动不好，顾客是不会光顾的。所以，农庄生意不好时，投资者要认真自我检讨，找出问题，针对问题进行改变。

(2) 组织团队

农庄生意不好没有游客时，农庄投资者要利用时间多和员工沟通交流，你会发现每个人都是潜力股，可能发现每个人具有的能力。不要责骂团队成员，炒掉员工，那样不能解决问题。

只有组织好团队，同心协力，农庄才有可能走出困境。只有组织好团队，针对农庄的问题采取各种实际措施，方能解决问题。员工要把农庄当成自己的家，各部门团结协作，就会慢慢有转机。

(3) 学习提升

当农庄生意不好时，不管是农庄投资者，还是员工，要学习休闲农业专业知识，只有了解休闲农业基础知识与行业发展的最新动态，才会找到农庄升级发展的思路。以下是几种学习途径。

第一，请专家团队进行诊断服务。有针对性地找到农庄存在的问题，向专家请教改进农庄经营的思路与方法。

第二，**参加培训学习**。一些政府主管部门、休闲农业行业都会组织有关培训，会邀请行业内专家和一些经营有方的农庄投资者，分享他们的经营管理理念和经验。

第三，**关注相关的网络与微信教学平台**。如"休闲农业和乡村旅游"等公众号，每天花几分钟阅读，日积月累就能不断提高。

第四，**实地考察**。休闲农庄投资者也可以走出去，到经营管理水平较高的农庄去学习取经。休闲农庄，长沙、成都成功案例较多；田园综合体、特色小镇，江苏、浙江走在了全国的前面。通过学习对比，找出自己存在的问题，把新的经营理念转化到自己的农庄经营中。

第五，**参加分享会**。农庄投资者要参加一些行业内的分享会、沙龙等。通过相互交流分享，了解吸收最新的、有价值的行业信息，并且可能结识一些合作伙伴。

（4）做好推广

农庄生意越是不好的时候，越需要做宣传。

• 自己或请人撰写一些有质量的原创软文、拍摄微视频，借助相关媒体、微信公众号、微博、网站等平台上进行推广宣传。

• 策划发起各种主题推广活动，利用活动来达到提升经营效果的目的。

• 如果农庄可利用资源较多，还可以多举办一些有意思的节庆活动。

• 通过给游客配备导游人员、文化衫，在农庄景观点配置农庄标志标牌，让参加活动的人群，把农庄的情况或信息传播出去。

• 资源整合，抱团取暖，联合区域内就近的休闲农庄，组成一个小的联盟，组合设计旅游休闲线路，经营项目实现优势互补，整体去推广，达到1+1＞2的效果。

• 加大目标客户的开发，如学校、机构、同学聚会、家庭出游、团队活动等，通过一些针对性宣传，把目标人群引到休闲农庄里来。

(5) 保持心态

农庄生意不好的时候，客流量减少，生意清淡，在这种情况下，农庄投资者往往会有两种心态：发愁焦虑和心态懒散。要把心情放宽，调整好心态积极应对，这个时候创业情怀就显得尤为重要，越是生意不好，投资者越应该保持好的心态，更加努力做好农庄建设，服务好客人，努力实现农庄的提质升级。

62 休闲农业园区怎样设计能促进农产品销售的活动？

休闲农业园区提供休闲旅游产品，不光能增加收入，还能集聚人气。但光有休闲娱乐是不够的，还需要做好园区农产品的促销工作。

休闲农业是农旅有机结合的新型产业，做休闲农业就是要以农业生产为基础来发展休闲旅游，通过旅游活动促进农业产业的发展，实现农产品的本地增值销售。

休闲旅游如何促进农产品销售？设计一套会说话的休闲体验活动才是前提！要让更多的人参与到休闲农业园区生态有机农业的体验活动中来，有感情基础，才有价值认同，才有成交的可能。

(1) 优化生态环境，改善生产设施

① 生产布局要讲究景观的协调性　要尽量保持园区自然景观的特点，特别要重视农作物造景，发挥生态作用。将农业生产与自然景观、人文景观完美地融合在一起，创造科学性、艺术性相结合的田园景观效果。园区景点布局还

要考虑到不同年龄段消费者的需求，创造具有弹性而多层次的田园体验空间，尽量让游客在游览园区时感到舒适、自然。

② **生产基础设施应完备**　休闲农业园区要适当结合乡村观光、休闲娱乐、农园生活和生产体验、乡土教育等功能，完善农业生产的基础设施，合理设计每个生产环节的农业科技含量，并配备各种旅游配套设施，以满足游客对农业生产的旅游观光休闲需要。

③ **生态环境保护概念要做足**　要实现园区农业生产与生态环境的平衡和可持续发展，要特别重视生态农业、绿色农业、循环农业的发展。防止在农业生产过程中因人为因素造成的生态破坏或者环境污染。调整人与自然环境的利益关系，尽可能地降低对环境资源的索取，让游客体验到人与自然的和谐相处。

(2) 设计农产品的生态感觉体验活动

① **提供农作物观赏**　根据不同的时令季节，安排有关农作物的枝、叶、花等形态观赏，如春季赏花，夏季赏绿，秋季赏黄，冬季赏枝。并可体验利用农作物的枝、叶、花等制作成盆景、标本等活动。

② **开展农事活动体验**　体验春播、夏种、秋收、冬藏，体验选种、育苗、施肥、灌溉、修剪、除草、收获、加工处理等劳作乐趣，并学习相关知识。

③ **组织农耕活动**　如用犁翻土、用耙碎土、插秧比赛等。可将花田、果园、茶场的土地按块租赁给旅游者。游客利用周末等闲暇时间，带领家人前来养花种树，既可锻炼身体，又能增进全家人的感情。

④ **开发特色农艺体验**　体验纺线织布、剪纸、手工酿酒、农家菜烹饪等。还可开展艺术插花、干花书签制作等，并出售给游客当作旅游纪念品。

⑤ **设计家禽家畜体验**　参观养殖设施，亲近动物。组织游客认识、观赏、喂养或骑乘家畜类动物等。

⑥ **提供生态餐饮**　吃好是玩好的前提条件，给游客提供具有地方特色的生态餐饮，让游客对园区的生态有机产品产生味觉、触觉、视觉和嗅觉上的深刻体验。

（3）进行农产品科普教育

主要以展示农业科技、农耕历史文化、生态有机农产品等科普知识，设计农产品生产、加工体验等活动为主题。

农产品科普教育的重点，以生物认知和技能训练为主题，包括各种动物与植物的认知，植物播种、育苗、栽培、管理、采收、储藏、加工等体验性活动，还有植物的组织培养、无土栽培，动物的繁殖、饲养，微生物的观察、培养与利用，生物多样性与保护，生态系统的分析与设计，环境的污染与防治，以及配套的检测、化验、分析和培训活动等。农产品购物中心的设计要与科普教育相配套。

63　休闲农庄为什么要抛弃"景区思维"？

很多地方开发休闲农业还是景区思维方式，大多都将休闲农庄当旅游景区打造，将一些产业基地当作旅游景区进行改造，这样的发展模式犯了观念上的错误。

目前，一些热门旅游景区由于降价潮而经营情况下滑，市场形势严峻。一些规模不大的旅游景区门可罗雀，资金链断裂的情况不在少数。为什么会是这样？我们必须从市场的角度来重新认识旅游景区，看看究竟是游客出问题了，还是旅游景区出问题了？

而以休闲农庄为代表的新兴的休闲旅游项目的兴起才刚刚开始！这些不是景区的休闲农庄、乡村旅游景点，往往是人满为患。旅游消费市场，游客并没有减少，游客不是没有出游，只不过是大部分人不去旅游景区罢了。

（1）旅游景区的问题在哪里

① **旅游景区以资源利用为主，吸引力在降低**　旅游景区打造主要利用历史遗留资源或者是自然风景资源。进行旅游开发，也无法改变其本身。国家大力发展旅游业，大小景区数量增加数倍，而增加的景区只不过是资源的重复开发，景区数量增加了，但是游览特色和品质并没有提升，千篇一律的自然景色，让游客游一地而知千山。

② **旅游景区开发投资大，收入低**　旅游景区开发主要注重经营设施设备的投入与商业文化的建设。基本上一个旅游景区动辄就是几亿甚至几十个亿的投入，而大多数景区的经营收入每年只有几百万或者几千万，能够勉强维持运营就很不错了，很多旅游景区因为贷款建设还背负了大量的利息，本来就是困难重重，很难有后续资金进行改造和升级。

③ **旅游景区主要靠收门票经营为主，挡住了大部分人的兴趣**　门票收费、资源同质化让游客对旅游景区失去了兴趣。除了门票之外加上景区内缆车、索道等一系列的消费，一个ＡＡＡＡＡ级景区，少则需要一两百元，多则五六百元甚至上千元，对于现在以家庭出游为主的群体来说，动则大几百甚至几千元的花费，让很多家庭难以负担，降低了游客选择景区的出游欲望。所以，既然资源相似，找个不要门票的休闲农场和乡村旅游村庄就成了人们的选项。旅游景区的发展思路和市场竞争，让景区旅游模式自断后路！

④ **游客的旅游消费习惯变化较大**　喜欢观山、观水、观天下的"50后""60后"游客已经逐渐老去；正值壮年的"70后""80后""90后"却对山水观光逐渐失去兴趣，他们青睐的是减压式的乡村体验活动；而"00后"的新一代属于"网络原住民"，对旅游提不起兴趣。加之很多传统旅游景区的经营方式还停留在20世纪七八十年代，现在的游客不喜欢。所以，旅游景区游客量下降已经成为趋势。

（2）现在的游客最喜欢去哪里

• 具有历史文化底蕴，或具有特色的大型城市的网红景点，这些景点大多是不收门票的。

• 跨界融合的，既可购物，又能娱乐，还有一些旅游景观的商场。如西安的赛格购物中心、长沙的喜迎门购物中心等商业综合体。

• 交通便利、不收门票的休闲农业观光园，特色乡村旅游村落，这些以游玩为主、观光为辅的地方。

（3）休闲农庄一定要树立以产业融合发展为主的经营理念

① **休闲农庄要以产业发展为主**　休闲农业的发展主要是利用自然生态资源、农业生产和乡村产业、乡村民俗文化开发新型的休闲体验业态，这种休闲旅游深受游客的喜欢。例如河南的倒盏村、湖南的青苗村、陕西的袁家村以及长沙周边的很多休闲农庄和乡村旅游都是生意兴隆。

② **休闲农庄不能收门票，应以业态经营收入为主发展**　依托优质生态资源、良好农业生产和乡村产业资源，一定文化底蕴和区位优势的乡村旅游，应不收门票，重业态发展。轻资产、重特色的乡村旅游项目开发具备极大的市场竞争力。新、奇、特的项目和跨界经营思维方式，以及多元化的背景支撑，是乡村旅游项目成败的核心因素。有专家预测，随着经济的进一步发展，休闲农庄等新型旅游综合业态的进一步丰富完善，城市居民景区旅游观光消费将逐步

淡化，以体验活动为特色的休闲体验旅游将成为人们生活的一种时尚。

③ **没有产业支撑的休闲农庄都不能持续发展**　实践证明，在休闲农庄发展的初级阶段，一些地方政府、投资人习惯沿用旅游景区的发展思维，把农业生产基地、乡村村落按照旅游景区打造，没有产业，没有农旅结合，没有一二三产融合发展，靠收门票经营，其结果都是红极一时，过一段时间就不行了。

如山东枣庄市的石头部落，是一个拥有丰富自然、农业与乡村文化资源条件的园区，当地政府十分支持与重视。由于按旅游景区打造，主要靠门票收入经营，刚开业时人山人海，但是两年后，游客逐步减少，目前经营困难，半死不活。景区里面缺少乡村产业融合经营项目，一些当地乡村特色文化产业，如皮影戏、泥塑等"非遗"传承技艺，主要还是在景区表演让游客参观，不能体验，不能参与，更没有将其做成业态经营。只靠越来越少的门票收入支撑肯定难以为继。

④ **休闲农庄的市场竞争将是产业融合发展经营的竞争**　未来的休闲农庄将和乡村的各种资源相融合，从而产生更新的盈利方式和业态。这些经过大浪淘沙后生存下来的休闲农庄项目，才具有市场竞争力、具备生命力，才是老百姓真正喜欢的休闲农业项目。

总而言之，市场不会说谎，景区式休闲农庄，一定要转型改造，只有树立"产业融合"的理念才有可能持续健康发展。

64　为什么产业化发展是破解休闲农业同质化经营的重要手段？

休闲农业把自然资源、农业生产、乡村文化融入传统旅游文化中，丰富了休闲旅游业的内涵。随着旅游业与农村、农业的不断融合，休闲农业已成为拓展农业多功能性、促进资源高效利用、满足新兴消费需求的朝阳产业。

在新一轮消费升级中，休闲农业的内涵扩展成多样化、个性化的生活方式。以乡村旅游目的地为核心，以农事体验、体育休闲、户外拓展、休闲娱乐、亲子游学等为外延，逐步构建休闲农业消费产业。但是，产业化发展不够及同质化经营，仍是阻挡休闲农业发展的两大难题。

（1）休闲农业发展必须有产业支撑

① **产业发展是休闲农业的基础**　各级政府要按照资源禀赋条件，做好顶层设计与规划引导，促进休闲农业实现产业化经营，为乡村振兴、产业兴旺奠定坚实基础。

② **产业发展依靠特色产品经营**　要将各种休闲农业创意和有利因素进行有机整合，推出更多新式、新颖、新型的休闲农业产品，如具有乡村韵味的亲子活动、农事体验产品，研学与科普服务产品，体现乡村特色文化的礼品、纪念品、土特产品等，携带特定文化基因的各种手工制品、工艺品等。

③ **强化农旅有机结合**　休闲农业要强化农业、乡村产业与旅游业的有机结合，充分发挥乡村产业、旅游产业的比较优势，实现强强联合、相互促进、互动共赢的局面，以此提升休闲农业产业发展的内在价值，创造出更具有价值的产品链、知名度和美誉度。

④ **做长做精产业链**　随着休闲农业产业化的构建，实现农业、乡村产业和旅游产业的延伸，做长做精产业链，不断扩大休闲农业产业化的规模，从而获得更高额的经济利益，促进农民致富与乡村产业的快速发展。

在休闲农业处于初级探索阶段时，对产业化的构建也要有所侧重。一方面，从旅游产业入手，对农业、乡村产业化的发展进行研究；另一方面，休闲农业产业化过程中要以当地的乡村文化背景为依托；最后，要注重拉长其产业链，为休闲农业的长远发展做好铺垫。休闲农业产业化可纵向或横向延伸，纵向延伸主要针对上下游产业的深度开发，横向延伸重点则在新媒介的宣传推介渠道等方面。

（2）破解同质化经营主要依靠产业特色化发展

① **休闲农业经营主要依托当地资源条件**　休闲农业的卖点就是乡村的乡土气息，可是，现在很多的休闲农业项目不是立足当地的自然资源、农业生产、乡村产业等条件，而是一味地追求所谓的"高大上"，丢失了农村纯朴的乡土气息。这种脱离当地资源条件而进行胡乱开发完全背离了市场需求。因此，休闲农业发展的立足点必须是在充分挖掘、整合资源的基础上，使资源价值最大化，将资源转化为休闲农业和乡村旅游产品。

② **挖掘乡村文化产业形成休闲农业经营特色**　很多开发者甚至规划设计机构由于缺乏对休闲农业内涵的理解，加上思维惯性，在规划与开发经营过程中生搬硬套，对乡村文化产品挖掘不足，喜欢复制别人成功的服务产品，而

不是借鉴。因此，众多的休闲农业和乡村旅游项目"千村一律"，互相模仿现象严重，失去了本来应有的特色。这样的休闲农业项目难以给人留下深刻的印象，缺乏长久的吸引力。好的休闲农业园区都是把乡村的农耕文化、民俗文化贯穿于产品始终，如围绕建筑文化、服饰文化、美食文化、婚庆文化、习俗文化、礼仪文化、游戏文化等开发丰富多彩的旅游产品。乡村文化是休闲农业产业发展与产品经营的灵魂。

③ **不断创新产品和服务项目**　创新是脱颖而出的关键，没有创新就没有发展。休闲农业要想与众不同，就要在各方各面不断进行创新。既要有产业经营理念的创新，又要有产品和服务项目的创新。如休闲农业园区名称、主题定位、形象定位、功能分区，还有活动创意、标志系统、景观小品等都需要创新。

休闲农业就是在乡村生态生活为基底的基础上，引进旅游活动、生活体验等乡村休闲服务产品，打造一种情趣化的乡村生态环境，营造一种创意性的度假生活方式。

④ **探索多元化发展模式**　休闲农业产业多元化发展是未来的大趋势，也是乡村产业转型发展的重要推手，它是一个集生产、生活、生态"三生"于一体的产业，也是一个农旅有机结合的新型产业，还是一二三产融合发展的新型产业。目前，单一的旅游产品已经不适应旅游行业发展的趋势了。

休闲农业园区必须根据不同的消费市场，设置不同的休闲旅游产品，满足不同游客需求。因此，休闲农业发展必须突破单一的农业或旅游产业限定，既要关注旅游业本身的发展，更要重视与之相关的种植业、养殖业、农产品加工业等，推动区域经济发展，带动当地农民致富，形成农旅产业整合，产生产业聚集效应。按照供给侧结构性改革的思路，从满足需求入手，推进业态功能多样化，是休闲农业产业化发展的一个改革措施，也是避免同质化竞争的重要手段。

65　怎样将休闲农业项目做成精品示范项目？

目前，国家大力实施休闲农业和乡村旅游精品工程，需要建设一批设施完备、功能多样的休闲农业观光园区。根据建设目标和功能定位，休闲农业观光园区应重点抓好生产体系、产业体系、经营体系、生态体系、服务体系、运行体系六大体系建设。

（1）构建休闲农业观光园区生产体系

就是要促进园区农业产品供给更好地适应市场需求变化、更好地适应资源与环境条件，实现可持续发展。要着力围绕城市消费人群的需求来发展生产，使农产品供给数量上更充足、品种和质量上更契合消费者需要。为此，必须下大力气夯实休闲农业观光园区农业基础，坚持最严格的耕地保护制度，坚守耕地红线，开展农地整治、中低产田改造和高标准农田建设，加强水利特别是农田水利建设，全面提高休闲农业观光园区发展的物质和技术支撑水平。

不断优化农业资源配置，提升优质农产品产能，树立食品安全理念，科学评估园区农业资源潜力，合理布局农产品生产，助推农业结构调整。

休闲农业观光园区要适应市场消费升级的需要，为消费者提供品种多样、质量优良的产品。要立足当地资源优势，宜粮则粮、宜经则经、宜牧则牧、宜渔则渔、宜林则林，发挥不同地区比较优势，打造具有地域特色的主导产品、支柱产业和知名品牌，建设特色鲜明、类型多样、竞争力强的现代化生产基地，优化园区农业生产布局。

（2）构建休闲农业观光园区产业体系

就是要提高休闲农业观光园区产业的市场竞争力，促进农业、农村、农民持续增收。近些年，我国休闲农业与乡村旅游产业发展很快，但产业链条短、产品附加值低的问题依然十分突出。为此，休闲农业观光园区必须从农业产业体系整体谋划，着眼推进产业链、价值链建设，认真促进一二三产业融合发展，提高休闲农业观光园区产业的综合效益和市场竞争力，让农民参与分享产业链各环节的利益。

休闲农业观光园区要大力推进农业产业化经营，努力发展农产品精深加工，提高农业全产业链效益。

要将新技术、新业态和新模式引入农业产业，加快发展订单直销、连锁配送、电子商务等现代流通方式，促进休闲农业观光园区产业经营组织方式变革。积极开发农业园区的多种功能，挖掘农业的生态价值、休闲价值、文化价值，加快发展休闲农业与乡村旅游特色产业，拓展休闲农业的内涵、外延和发展领域，促进一二三产业融合发展。

（3）构建休闲农业观光园区经营体系

构建休闲农业观光园区经营体系，核心是发挥园区的引领、示范、带动作用，形成有利于园区生产要素创新与运用的体制机制。我国现代农业发展的特点是农业经营规模很小，休闲农业观光园区又要以一定的经营规模为前提。因此，构建休闲农业观光园区经营体系，要将园区建成农业种养加示范基地，引导农民合作社、农业企业、种养大户、家庭农场等发展壮大，带动农民脱贫致富，并使休闲农业观光园区逐步成为发展现代农业的重要力量。

要大力发展构建休闲农业观光园区产前、产中、产后经营服务体系，用好用活国家在税收、信贷、保险、用地、用电、项目扶持等方面的相关政策，使休闲农业观光园区真正成为现代农业的新型经营主体。

（4）构建休闲农业观光园区生态体系

休闲农业观光园区经营体系建设要推行绿色生产，加强农业环境保护和治理，要通过绿色种植、养殖和加工，实现农作物的绿色生产，确保农产品安全。

休闲农业观光园区要推广循环农业生产模式，切实根据园区的农业资源发展种植业、养殖业、水产业等，发展各种类型不同、优势突出的循环农业。休闲农业观光园区可选择以下循环农业模式。

① **补缺利用型循环农业**　利用作物与昆虫的食物链关系，选择不同的作物栽种。

② **多层利用型循环农业**　如海南的橡胶木屑—鹿角灵芝种植—菌糠综合利用循环体系。

③ **综合利用型循环农业**　如湖荡洼地的"粮油—水产—蚕桑—畜牧—蘑菇"结构模式，丘陵地区的"林—茶—猪—羊—粮"结构模式，山地林区林下经济模式等。

④ **净化利用型循环农业**　如通过水生生物的综合作用净化处理污水，并加以利用，转变成水生作物、鱼、虾、蚌、鹅等产业。

总之，休闲农业观光园区要努力实现从生态农业体系到产业链物质能量的循环，实现各循环链条之间物质、能量、信息互通互利，资源共享，共生共荣。

（5）构建休闲农业观光园区服务体系

休闲农业和乡村旅游作为新型产业形态与消费业态，具有跨学科、跨行业、跨地域的特性，是城市与乡村、传统与时尚、技术与艺术、文化与创意、产业与平台等融合发展的系统工程。一批发展潜力大、带动能力强、品牌优势明显的休闲农业观光园区正逐步发展壮大，显示出强大的生命力和巨大的发展潜力。

从总体情况来看，目前仍存在一系列困难和问题。这些困难和问题已经成为制约休闲农业和乡村旅游进一步发展的瓶颈。一方面，休闲农业观光园区需要积极争取各级政府的扶持与支持，同时也要整合科研院校、行业协会和社会资源，融合政、产、学、研等多方力量，构建休闲农业综合配套服务体系，重点要做好如下工作。

① **建立员工服务理念与价值观**　有了统一的价值体系，方能建立起相对应的奖惩考核体系，服务标准成为衡量工作绩效的标尺，才能使得休闲农业观光园区员工的服务行为得到高度的统一和规范。

② **培养高素质的客户服务团队**　休闲农业观光园区员工必须具备专业的休闲农业与乡村旅游知识和服务技能，优良的个人品质和素养，否则就难以胜任客户服务的职责。这就需要建立起员工的能力和素质标准，也就是岗位胜任素质模型，以此作为培养合格员工的标杆。

③ **建设园区整体服务形象**　园区形象包括生产布局与景观设施，员工的服务和精神风貌，广告、标志、口号以及农产品包装等。硬件条件以及内部的管理风格都在展示着休闲农业观光园区的整体形象。因此建立良好形象，既提升了服务水平，又能给园区带来实质的经济收益。

④ **制定标准化的客户服务流程**　休闲农业观光园区要根据休闲农业与乡村旅游服务内容，建立产前、产中和产后服务体系。每个环节都要实现多部门的协助和配合，发挥团队服务效应，将各部门的服务流程衔接成顺畅的主线，确保服务行为管理的规范性。

（6）构建休闲农业观光园区运行体系

① **突出特色化**　我国南方与北方、东部与西部的休闲农庄，由于气候、风俗、人文、餐饮习惯的不同，景观、风情、格调也各不相同，因此休闲农业观光园区在具体的运营中，要突出地方特色。

② **量化分期**　就是把整个园区项目工程进行科学量化，划分阶段，各个

阶段分为不同的时期来建设。休闲农业与乡村旅游是一个一二三产业融合发展的新型产业，休闲观光园区可根据经营模式和资金状况一边经营一边施工，这不仅缩短了施工与经营的周期，还缩小了周转的资金量。

③ **引进创新** 休闲农业观光园区要在农业技术、园区规划设计与园区建筑设施、经营模式等方面充分引进国内外先进技术和管理经验来发展壮大。

④ **运营链整合** 实践证明，休闲农业观光园区运营效益的高低取决于产业链资源整合程度的高低。要通过运营链的整合，调整园区内营销体系、管理体系、服务体系、休闲农业功能等，促使能流、物流、价值流的有效运转，达到生态效益、经济效益、社会效益的和谐统一。

⑤ **可持续发展** 休闲农业观光园区的运行基础是内部功能的良性循环和生态的合理性，必须按照生态学原理来规划、组织和进行运营活动。园区运行结构的确定、功能布局的安排等都必须切实做到因地制宜，和当地的环境条件相匹配；要注意培育增长点与盈利点，使园区的发展走向良性循环。

⑥ **农旅结合** 休闲农业观光园区要坚持以产业带动休闲旅游发展的策略，以农业产业、产品为重点，优化组合各种休闲旅游经营要素，形成农旅有机结合的新型经营体系。

66 这些农庄看起来很美，为啥还是不赚钱？

许多休闲农庄投资者怀着对农业的情怀，扎根农村，投资休闲农业，干得很辛苦，有的成效不错，但也有的农庄看起来很美，却没人气，甚至亏损。

那么，这些投资者就应该想想自己是否犯了以下几种错误。

（1）主题不明确

有一家休闲农庄，开始定位是城市中高收入人群商务休闲会所，建了茶室、商务别墅、园林景观等，效果不佳；之后又增加亲子活动、采摘与市民体育休闲项目；生意还是不行，之后又推出花海、垂钓、棋牌室。导致农庄主题定位不明确，改来改去，结果给消费者造成很大困扰。同时改变多、项目多也造成力量分散，特色越来越不明显。

(2) 喜欢跟风跑

什么项目盈利多做什么项目，这本身没有什么问题。作为农庄投资者，紧跟行业发展趋势是很正常的事情，但不能盲目"跟风"。比如，看到今年葡萄采摘很赚钱，就立马改种葡萄；明年钓龙虾亲子活动很火，马上也要复制钓龙虾项目。

在长沙就有一个农庄就是典型的"跟风"经营，前几年葡萄采摘利润高，就投资 10 多万元栽了 5 亩葡萄。但是还没等到挂果的时候，葡萄采摘的热度就消退了。由于不懂生产技术，产量、质量都上不去，投资也收不回来，只能又推倒重来。

(3) 贪大又求全

几年前，有一家规模不大的农家乐开在离市区与湘江都不远的国道边上，地理位置与资源条件都挺不错的，农庄的特色餐饮与果蔬采摘很适合当地城市人的消费需求，生意不错。老板想扩大经营，就增加垂钓、棋牌、茶室，还有羽毛球场、乒乓球台、卡拉 OK、客房等。看着项目很丰富，能吸引各种类型的顾客，结果却是什么都在做，什么都不精，餐厅面积增大了，但是客人却寥寥无几。多元化发展，看似降低了风险，实则是增加了风险。

多元经营首当其冲是分散了农庄的精力，经营者的精力是非常有限的，特别是目前大多数农庄的经营管理能力比较一般，一旦精力分散，往往会顾此失彼。其次是分散了有限的资源，使农庄不能专注在一个领域，把销售线拉得太长，结果每个业务都没有做好，方向性、目标性不强。

因此，想提质升级做好休闲农庄，主要应从以下四方面着手。

(1) 确定发展主题

休闲农业主题定位主要有产业发展型、生态旅游型、农业教育型、度假农场型和乡村体验型等几种。但是，每一种类型都存在很多的同业竞争者，以及来自餐饮、旅游等交叉行业的竞争者。具有鲜明特色的主题对于游客来讲，通常具有不可抗拒的吸引力，主题定位是保证这一吸引力持续存在的前提。

(2) 降低成本

近几年，随着国家政策支持力度加大，休闲农业发展速度越来越快，投资越来越大，很多园区都是投资几千万元甚至上亿元，让不少农业投资者望而却步。

其实，休闲农业要巧干！做休闲农业要保护好古村落原有的风貌，还原它最原始的元素。将农村的原汁原味和现代的精致结合起来，是吸引城市人的一大法宝。做休闲农业主要因地制宜，依托乡村资源、农业生产、乡村文化做旅游活动创意，不是搞旅游开发与资本经营。

（3）不断创意

休闲农业的发展主要有两个方面：一方面是推进农业产业化，包括农产品加工、电子商务、休闲农业、乡村旅游、农家乐产业，延长产业链，让农民更多地分享农业增值的效益。另一个方面就是将旅游业作为农业产业发展的重要内容。

旅游如何与农业更好地融合，促进农业转型升级呢？

农旅融合发展模式，就是不断用创意来驱动休闲农业发展。目前休闲农庄提质升级的重点是将原先的民宿、餐饮、观光、农副土特产品的市场进行边际重塑，整合为农庄体验项目与主题节庆活动，分析客户的整体需求，要通过低成本的整合方式去实现。围绕农庄主题通过设计经营服务项目，增加和拓展游客需求，并以此带动产业发展，实现超越现有需求。

在农庄经营初期，重点要主打文化牌，之后再打造服务产品品牌，做到精细化管理。提高模仿障碍，即时不断创新，经营过程中要引入更多的创意，集思广益，力争实现创意上的无法复制，不断增加吸引顾客的产品，实现永续发展。

休闲农业重点是先做文化，再做产品，努力形成区域化的品牌，并努力做大。休闲农庄成功的重要原因是定位正确，而且其竞争策略是立体地实现游客的需求。

（4）做长产业链

休闲农业体验活动要做出精致感，在细节上多下功夫，不在数量而在质量、包装，一定要让人有"震撼"的感觉。休闲农业尽管有很多经营模式，但重点还是要以供应链来做载体，将产业链做长、做大。发展休闲农业不能仅仅依靠单一的产品，要学会通过低成本运作将品牌价值做大。

第四章 休闲农业管理

67 为什么说休闲农业重点要发展"游、养、娱"产业？

"吃、住、行、游、购、娱"是旅游业的主要服务内容。20世纪90年代开始，我国的休闲农业开始起步，在市场需求与政策支持下，以观光农业为引领，以粗放式发展为主的农家乐、休闲农庄、民宿等爆发式增长，很多休闲农业企业都是以解决吃住服务为主，"吃农家饭、住农家屋、观农家景、购农家物、干农家活"是其主要服务产品，"吃、住、行"是休闲农业最吃香的标配产品。

(1) 休闲农业的吃、住、行

① 吃 "吃"指的是美食、餐饮等生活需求，休闲农业发展初期，吃饭、垂钓、采摘是很多企业的标配项目，很多农家乐、休闲农庄靠餐饮就能实现盈利。但现在，农产品卖难，餐饮难做，如果只有餐饮项目的农家乐与休闲农庄，经营肯定难以为继。

② 住 "住"作为旅游服务产品，主要类型有：汽车旅馆、背包客旅舍、星级酒店、自助型公寓、假日公园、农家住宿、度假屋、豪华度假屋等。休闲农业发展起来后，以农家屋为主的民宿，在浙江、江苏等地快速发展，为促进休闲农业与乡村旅游的发展起到了积极作用。但随着消费者需求的提高，一些低端的，没有配套旅游项目的民宿生意日渐清淡。

③ **行**　"行"在旅游中指景区内外的交通工具。对休闲农业与乡村旅游来说，交通工具主要是汽车。随我国居民的小汽车拥有量不断增加，道路拥堵变得很常见，通往乡村的高速公路在节假日也往往难以顺畅行走。随着高速铁路的发展，今后可能会有很多人选择高铁出行、环保出行。景区内的交通多种多样，但很多休闲农业园区与乡村旅游景点还没有对交通条件给予足够重视。

（2）休闲农业已进入全面升级模式

目前，以湖南长沙、四川成都等地区为代表的很多大中城市周边乡村，休闲农业基本上实现了五个方面的转变：一是由农民自发发展，向各级政府部门规划引导转变；二是从简单的吃农家饭、住农家院、摘农家果，向回归自然、认识农业、怡情生活转变；三是由最初的景区周边和个别城市郊区，向更多适宜发展区域转变；四是由"一家一户一园"的分散状态，向休闲产业园区和集群发展转变；五是从以农户经营为主，向农民合作组织经营、社会资本共同投资经营转变。

（3）休闲农业的重点是"游、养、娱"产业

休闲农业与乡村旅游未来商机在哪里呢？

商机之一是"游"。"游"就是人们为了提高生活品质，提升幸福指数，走出去游玩、游乐、旅居。旅游景区与乡村旅游景点不能是只收门票就完了，现在中国的旅游供给侧结构失衡，还是"一边捆着草，一边饿着牛"，特别是乡村旅游，存在开发水平不高，旅游产品单一雷同，对客源市场吸引力不强，留不住人、留不住钱的问题。乡村旅游休闲度假市场已经出现井喷式增长，中国

将成为全球最大的旅游休闲市场。因此，休闲农业利用乡村自然资源、农业生产（包括乡村产业）、乡村文化（包括村民生活），创意好乡村"游"服务产品，满足城里人"游"乡村需求，具有巨大的商机。

商机之二是"养"。 "养"是指养老、养生、养心和养子产业。在我国养老问题是个巨大的刚需。另一方面，在古代有孟母的典故，这是因为"染于苍则苍，染于黄则黄"，《孔子家语》里也有一句话："与善人居，如入兰芷之室，久而不闻其香，则与之化矣。与恶人居，如入鲍鱼之肆，久而不闻其臭，亦与之化矣。"子女的培养教育是一个社会关注和面临的重点。还有中青年亚健康问题也很普遍。因此，养老、养生、养心和养子产业具有很大的市场商机与前景。

商机之三是"娱"。 "娱"就是指休闲娱乐，从广义来说是文化创意产业。在"互联网+"时代，"娱"包括手游、电游、体育休闲、休闲农业和乡村旅游业等。这些都是中国正在出现的巨大变化，很多人开始把配菜当作主菜，把娱乐当生活，甚至是工作，在这背后，正是从"平台为王"到"内容为王"的转变。特别是随着新生代成长起来，许多新的娱乐方式出现，都是巨大的"金矿"。休闲农业与乡村旅游要不断开发新娱乐方式，满足市场消费者的需求，这方面的商机也很大。

休闲农业的投资人与经营者们，如果你的企业只是吃、住、行，缺少休闲娱乐活动、科普教育活动、农事体验活动，"游、养、娱"产品不丰富，你的农园肯定人气不旺，生意会难做！

68 休闲农业开发的核心要素有哪些?

随着经济的发展，当今人们对休闲旅游的需求日趋强烈，而且已不满足于单一的景区式观光、农家乐、农产品采摘等休闲度假模式，需求日趋多元化。而休闲农业的发展必然有着其内在的构成要素。那么，休闲农业的开发核心要素应该有什么? 对于消费者来说，又希望从这些要素中获得怎样的休闲体验?

休闲农业要以农业为基础，重点围绕种植、养殖、加工进行产业发展与品牌建设。从休闲开发来说，不论项目规模、主题定位如何，主要是从七个要素出发，落实到产品设计和游客感知的各个维度，使休闲农业向深度和广度方向发展，从而丰富休闲农业产品的内容，为消费者提供高品位、多层次、全方位的休闲体验。

(1) 看什么——景观情景化

视觉是人最重要的感觉，人体得到的外界有用信息80%以上是经视觉获取的。因此，休闲农业园区景观的构建必然是休闲农业和乡村旅游最基本的构成要素。休闲农业园区景观的开发可分为自然风貌、乡村风情、田园风光和人文风俗四大类。而在园区景观的开发上，可以将这些自然景观和人文景观统一起来，形成一个乡村生活的情景，让游客感受到原汁原味的乡土气息。

① **自然风貌** 包括溪流、山丘、瀑布、树林、温泉、湖泊等。

② **乡村风情** 包括吊桥、木梯、竹桥、传统农村建筑、水坝、水塘、林道等。

③ **田园风光** 包括产业活动，如耕田、收割、喂养、捕捞等；产业景观，如茶园、菜园、稻田、花园、果园、喷灌、棚架、猪舍、鸡舍等；产业设备，

如扁担、斗笠、蓑衣、渔网、竹筏、水车等。

　　④ **人文风俗**　包括宗教信仰、岁时祭典、生活礼俗、饮食服饰、居住交通、狩猎、音乐、舞蹈、手工艺、绘画、传统戏剧、神话传统、古迹遗址、栈道、老街、故宅等。

(2) 吃什么——饮食个性化

　　中国各地由于气候、资源及经济条件等原因，形成了差异化的饮食习惯和博大精深的美食文化，风味多样且四季有别。近年来，伴随着人们对健康饮食方式的日益推崇，城市居民越来越崇尚吃的生态自然和简单朴实，对于一些游客而言，吃特色乡村美食，满足味觉享受，就是到休闲农业园区旅游的原动力。

　　在休闲农业体验中，吃应该超越基本的"食"，提升为"尝"。要为消费者提供"地产地销"的特色美食，从食材、调料、做法、容器、饮食环境、饮食文化等打造不一样的"吃"的体验，体现鲜明的本地特色。在国内，亦有不少乡村，凭借特色美食成了人们追捧的旅游地，如陕西的袁家村、北京的柳沟等。

(3) 住什么——住宿生态化

　　逃离城市、感受乡村、放松心情、释放压力是大多数游客出游的主要目的。休闲农业中的"住"不仅指住宿体验，而是从各个方面给消费者带来身体和心灵的放松与享受，契合城市游客出游目的。

　　休闲农业园区发展度假旅游客房必不可少，但应淡化住宿设施本身的功能，重要的是植入农村文化和农业特色元素，强调乡村特有的住宿体验。

在休闲农业规划设计中，要注重对项目地原有民居等资源的利用，同时善于融入砖石、泥土、竹木、露营地等原生态、环保时尚的休闲产品。

（4）玩什么——游乐多样化

休闲农业和乡村旅游必须开发丰富多彩的娱乐项目，可根据实际情况，因地制宜进行开发，切不可模仿城市公园游乐项目。可聚焦野外拓展、果蔬采摘、农事体验、节庆活动、乡村游乐、儿童游玩等活动，规划设计一些参与性强、深受游客喜爱的游乐活动。如捉鱼、捡鸡蛋、逮鸡、斗蛐蛐、羊拉车、喂动物等乡村野趣项目；民间戏曲、民间演艺、乡村大舞台、篝火晚会等乡村娱乐活动；玉米迷宫、茶叶迷宫、真实版愤怒的小鸟、稻草人、竹编等创意农业活动。这些轻松有趣地玩耍、嬉戏活动，对游客特别是青少年有着强大的吸引力，也很容易将成年人带回无忧的童年时代，引起情感上的共鸣，延长旅游者停留时间，提升游客满意度。

（5）购什么——产品主题化

休闲农业园区的"买"真正实现了农产品的直销，使农产品生产者与城市消费者直接对接，减少了中间销售环节，生产者的利润大幅度提高。而且，出游者大多都有购买体验的需求。因此，如何打造类型丰富且具有自身特色的农产品，并让游客快乐地把农产品带回家，是休闲农业和乡村旅游开发中必须重点关注的问题。

休闲农业园区特色农产品的选择开发应充分考虑游客的需求，在此基础上根据园区和当地自身特点因地制宜发掘具有市场价值的特色农产品，牢牢把握旅游商品的"乡土"性，做到人无我有、人有我精、人精我专，以满足客户的需求。

从休闲农业的主题产业链延伸出丰富多彩的产品，是最容易引起游客共鸣的。例如，我国台湾以蘑菇闻名的蘑菇部落，仅与蘑菇相关的美食就多达一百多种，除常见的鲜蘑菇、干蘑菇外，还有蘑菇饼干、蘑菇糕点、蘑菇饮料、蘑菇玩具、蘑菇首饰等。

（6）养什么——康养产业化

乡村是一个天然的氧吧，负氧离子远高于城市。优美的风光，淳朴的风俗，绿色的饮食，闲适的生活，让其具备了养生、养颜、养心、养性的价值。逃离城市、回归乡村，成为城里人追求的热点。

以健康农业为基础产业，充分发挥农业的养生功能，延伸出健康休闲产业，配套智慧园区服务，同时以健康生态产业为保障，构建"大健康产业"发展路线，可为休闲农业园区开辟一条康养化的发展道路。

（7）学什么——教育常态化

农耕文化是休闲农业区别于其他休闲类产业最本质的体现。农耕文明作为中国几千年历史的沉淀，应对其精髓加以继承、弘扬和创新，以发挥其教育功能。

从城市消费者需求的视角来看，久居城市的人们渴望了解农业的奥秘及农村的生活方式，这种农村和城市的差异性、互补性是发展旅游的基本条件。而在休闲农业中，"学"的优势又无处不在，如民俗文化、农业科学知识、农业生产智慧、人与自然的和谐相处以及乡野幽静的学习环境等。

69　休闲农业为什么要实现"三卖"才能持续发展？

农业是一种生产活动，农民的收入来源主要是卖一季生产产品。而休闲农业是生产、生活、生态集于一体的新型产业。实施乡村振兴战略，发展休闲农业必须坚持可持续发展道路，坚持人与自然和谐相处，坚持人口、资源、环境协调发展，走生产发展、生活富裕、生态良好的文明发展道路。所以开发休闲农业不光是卖生产，还要卖生态、卖生活。

（1）农业生产是基础，休闲农业也要"卖生产"

农业在国民经济中属于第一产业，主要分为以下几种类型。

- 利用土地资源进行种植生产，是种植业。
- 利用土地上的水域空间进行水产养殖，是水产业，又叫渔业。
- 利用土地资源培育、保护、管理采伐林木，是林业。
- 利用土地资源培育或者直接利用草地养殖畜禽，是畜牧业。
- 对农业产品进行小规模加工或者制作，是农产品加工业。
- 对农业生产进行景观创意或者对所在地域资源进行开发并经营，是休闲农业。

休闲农业是农业与旅游有机结合的新型产业，其发展必须以农业生产为基础，可见农业是休闲农业当之无愧的"母亲产业"。农业生产的地位和作用就是休闲农业发展的基础。

因此，休闲农业的发展必须是在做好生态与农业生产的基础后再开发休闲旅游活动，发展休闲旅游的目的从根本上说是促进农业的发展，卖生产、加工产品以实现增收。休闲农业开发的实践也表明，凡是有农业产业支撑、实现轻资产经营的企业，都发展得比较好。

（2）充分利用生态环境价值，休闲农业要"卖生态"

人是一个生命体，也要在自然界中生活。人的生活需要有适合于人的自然条件：可以生息的大地，清洁的水，清新的空气，适当的温度，必要的动植物，适量的紫外线和合适的温度等。由这些条件构成的自然体系就是人类生活的环境。这个环境作为人类生存须臾不可离开的必要条件，是人类的"家园"，因而"生态价值"对于人来说就是"环境价值"。

休闲农业要充分利用生态环境价值。因为环境价值是一种非消费性价值，这种价值不是通过对自然的消费，而是通过对自然的"保护"实现的。例如，森林对于人来说，具有经济价值和资源价值。要实现森林的这种价值，就必须把森林砍掉。只有如此，森林才能变成木材进入生产领域，以实现其经济价值。与此相反，森林只有在得到保护（不被砍伐）的条件下，其对人类才有环境价值。

当人类把森林作为木材消费掉以后，森林以及它对人的环境价值也不复存在。这就使人类生存陷入了一个难以克服的"生存悖论"：如果我们要实现自然物的经济价值（消费性价值），就必须毁灭自然物；而要实现自然的环境价值，就不能毁灭它，而是要保护它。所以休闲农业开发一定要保护生态环境的道理就在于此。生态环境价值具有越久越值钱的特性。

休闲农业就是要在保护生态环境的过程中，将生态价值变现。利用生态环境的花、鸟、鱼、虫、林、药、果等，创意设计出环境保护科普教育产品、观光休闲体验产品、中小学生研学基地产品等，实现"卖生态"发展模式。

（3）生活要有趣味，经营要有创意，休闲农业必须"卖生活"

生活是指人类生存过程中的各项活动和经历的总和，范畴较广。广义生活是指人的各种活动，包括日常活动、学习活动、工作活动、休闲活动、社交活动、娱乐活动等，个人生活、家庭生活和社会生活。为了更好地生活，我们每个人都必须付出努力。经济的发展带动了价值的体现，带着我们一起融入先进社会，懂得生活的乐趣。

休闲农业"卖生活"主要把握以下几条原则：

一是休闲农业所卖产品要与当地生产与资源利用相配套。

二是休闲农业不光要生产得好，更重要的是要卖得好。

三是休闲农业不光卖物质产品，更重要的是卖精神服务产品，特别是满足青少年与儿童求真、求趣、求知的需求。

四是休闲农业的经营产品要不断求变创新，不断满足都市人群消费升级的需求。

70　共享农庄如何让消费者实现共享？

当前，我国的共享经济不断发展，从共享单车到共享充电宝、共享雨伞、共享汽车等，已经进入城市居民生活。共享农庄也是一种新兴模式，其不影响正常农村生产生活环境，能引导农民盘活资源、参与创业或发展第三产业，使农民致富有了新的出路。

（1）共享农庄的概念

共享农庄就是按照共享经济的理念，在不改变农民所有权的前提下，将农村民房、土地、产品、资源、项目等闲置资源，根据城市居民田园生活体验、度假养生等多种需求进行个性化改造，通过互联网与城市居民需求对接，并实现共享，形成政府、村集体、农户以及市民"四赢"局面。

建立共享农庄要把握好"安""居""乐""业"四个方面的要义。

① "安"，就是安心、安全　共享农庄不改变农民产权归属，农民、农村资产安全。共享农庄利用网络平台提供信息中介、法律确权、规划设计、改建报批、租赁维护服务，城市消费者同样安心、放心。

② "居"，就是提升人居环境　共享农庄是在保障土地权属不变的前提下，村集体和农民出空间，社会资本或城市居民、企业出资金，共同建设周边宜居配套设施与环境，形成宜居宜营的合作农庄，吸引城市居民或团体短租、长租或承包运营。

③ "乐"，主要是实现多赢局面　共享农庄的农民将闲置资源租赁经营权

有偿让渡，获取闲置资源的合理回报，实现增收；市民实现了田园梦、创业梦，提升居住品质和感受；政府税收增加，多方共赢。

④ **"业"，就是实现农民创业、就业**　共享农庄能保证农民不离乡不离土，城市资本、管理、人员有序进入农村投资兴业，使过去单纯经济利益导向的大规模开发转变为各方合作共赢，是乡村振兴和可持续发展的基础。

(2) 共享农庄如何让消费者实现共享

① **简易共享模式**　简易共享模式，就是农庄主通过股权认筹、农产品认种等方式将农庄投资者、经营者、消费者联合起来形成"农庄共同体"，实现利益最大化的共享农庄经营模式。这种模式的核心在于将消费者与投资者结合起来，让农庄生产的产品由"农庄共同体"决定，农庄收益由"农庄共同体"分享，从而形成良性的循环。

目前，我国农产品滞销是各地比较普遍存在的问题，其本质是供需结合不好，简易共享模式就是让消费者来决定种植农产品的种类，从而填平供需之间存在的差异鸿沟。从各地实践来看，目前的简易共享模式，主要有三种类型：

• 以产品为中心的共享模式。就是在农产品没有收获之前，消费者支付一定订金，农庄在农产品成熟之后，将农产品送至消费者手中来完成农产品消费。

• 以资产为中心的共享模式。农庄将资产按照股份进行分割，消费者、投资者进行参股投资，农庄的运营按照公司形式设置决策机构进行决策，股权持有人风险共担，利润共享。

• 以运营为中心的共享模式。农庄将一部分经营项目与合作者共同经营，共担风险，合作者以经营管理经验或现金方式入股，风险共担，利润共享。

② **平台共享模式**　简易共享模式的不足在于不能形成规模优势，无法降

低管理成本，也无法形成产业聚焦优势，平台共享模式就恰恰可以补充简易共享农庄的劣势，以网络信用体系构建为基础，场景化营销为核心，以信息化建设为根本，实现产业聚集。

平台共享模式就是利用互联网搭建一个联系消费者与农庄的网络平台。平台方的主要工作有：前期注册审核把关，制订相关量化标准，提升平台农庄数量，建立优胜劣汰奖惩制度等。

平台共享模式需要具备消费者与农庄之间开展交流联络的功能，能让消费者感受到乡土情怀的场景，体会农庄的气息，过上农庄的生活。消费者在软件上搜索"附近的农庄"，软件平台就能够推荐几处适合的农庄，平时在网上可以观察到农庄植物的长势情况，动物的生长情况，从而形成一种基于平台模式的农庄产业聚集。

③ **智慧共享模式**　随着物联网技术在乡村振兴中的广泛应用，农业生产过程将逐渐智能化，农作物的浇水、施肥、遮阳、补光、通风等生产环节，都可通过智慧农庄系统进行智能控制。智能机械播种、采摘、收割将随处可见。农产品质量追溯体系的建立，消费者只需要扫一下二维码，就可以追溯到"从田园到餐桌"的任何一个环节的信息。

智慧共享模式还能够实现消费者产品交易与消费体验过程的智能化。智慧共享平台会根据消费者的消费数据和背景信息，自动匹配合适的农庄产品提供给消费者。可视化的交易界面将带给消费者良好的智能化消费体验。此外，虚拟现实（VR）、人工智能（AI）等技术的应用，智慧共享农庄将重构人们的出行和休闲方式。除了种菜、采摘、垂钓、餐饮、游乐等休闲方式外，还可以融入音乐、艺术、科技、教育等多种元素。休闲农业和乡村旅游情景式消费体验都将得到极大地改善和提升。

71　休闲农业园区怎样进行功能分区才是正确的？

(1) 休闲农业园区有哪些功能区

一个完整的休闲农业园区应由多个不同的功能区组成，在各个功能区内，游客可以获得情趣各异的休闲体验。休闲农业园区按其功能性质划分，一般会有观赏区、示范区、休闲体验区、产品生产区、认知区、游客服务区等六大功能区。

① **观赏区**　主要指有较大面积的用于生产的农田、果园、菜园、动物饲养场、观赏花卉种植园等，使旅游者身临其境，真切地感受田园风光和生态美景。

② **示范区**　主要是园区生产示范的国内外新品种（一般面积都不大），如优质无公害蔬菜、水果、巨型南瓜、番茄、新型花卉等；农业新技术，如生态农业技术、农业生物技术、无公害生产技术、滴灌技术、工厂化生产技术、智能化农业技术等。

③ **休闲体验区**　主要是可供旅游者居住及活动的场所，如乡村旅馆、特色民宿、乡村别墅等；从事农事体验活动的场所及资源，如微型租赁果园菜地、手工艺品制作中心、生态农场、森林野营地、植物迷宫、烧烤场等；各种休闲场馆场地，如乡村游乐园、森林浴场、素质拓展设施等。

功能分区图

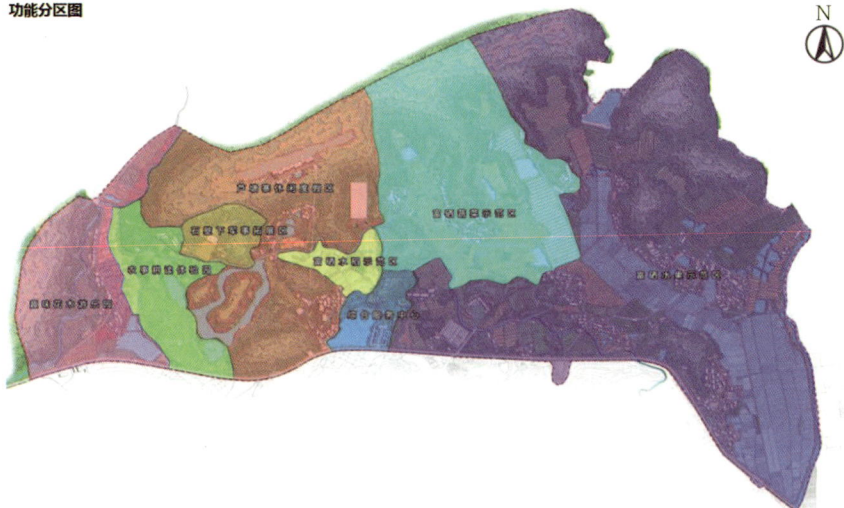

④ **产品生产区**　指可供采摘的大面积农田、果园、菜地、花圃以及畜牧场、鱼塘、手工艺品生产车间等。

⑤ **认知区**　指供认知的小型动植物园、科普长廊、农耕历史文化展览厅等。

⑥ **游客服务区**　主要提供办公、餐饮、住宿、休闲娱乐、停车、急救等服务的场所及设施，又可分为管理服务区与休闲配套区。

上述休闲农业园区的功能划分，对于个体休闲农园而言，根据其规模大小、具体情况与主题定位，有些功能分区也可以适当合并。

(2) 休闲农业功能区的划分原则

需要弄清楚的是，我们进行休闲农业园区功能划分，不仅仅是为了方便消费者休闲观光，而是让园区能留住消费者，使园区成为都市人休闲放松的空间。

举一个例子，在购物中心，为何通常生鲜超市在负一层或二楼，百货在一层，而电影院在顶层？为何儿童游乐场和餐饮成了购物中心的标配？这是因为购物中心已从单纯的商品交易模式，向一站式综合体验、休闲娱乐化演进。从购物中心商品布局来看，果蔬与生鲜商品一般是放在日用品、食品的最里面，而化妆品、首饰、奢侈品等一定会放在商场的入口位置。这种布局主要是为了能够延长消费者的停留时间。顾客在购物中心更多的停留时间，也就意味着更多的消费。

因此，休闲农业园区进行功能分区，目的就是尽量延长消费者在园区的停留时间，争取更多的消费。但现实中很多休闲农业园区，功能分区不合理，观光休闲体验项目单一，游客来了之后，半天时间就看完离开；或者待一天就没了兴趣，根本没有留下来进行二次、三次消费的打算。

休闲农业园区的功能分区原则是：最盈利的经营项目应该放在园区最显眼，游客最方便的地方；而最吸引游客的景观与休闲活动项目应该放在园区相对靠里的地方。

(3) 休闲农业功能区怎样划分

休闲农园怎样进行功能分区才是留住顾客的最佳方案？从保证游客流动顺畅和遵从顾客消费心理角度看，园区大门要放置什么项目？主导产业项目要放在什么位置？营销爆点项目要放在什么地方？餐饮项目适宜和什么项目进行搭配？

① **休闲服务区一般应该规划在园区的入口处**　在服务区内，产品展示销售区应该是摆在服务区的最前面，或是最显眼的、顾客进去都会经过的地方。

科普教育区、表演舞台、棋牌活动室等休闲体验区应该放在服务区的最里面。这些是游客必去的地方，不必放在农园入口处。

② **花海、农园特色景观区要放在园区靠里的位置** 因为休闲农业园区的最里面是昭示性最弱的地方，通过景观设计不仅能吸引游客前往，还能增加消费者的游览时间。当然，园区的大门与入口处也要有景观设计，这主要是为了提升农园的档次与形象。

③ **果蔬和农作物生产示范区、休闲体验区一般可放在园区的中部或两边** 因为这些区域虽然不及特色景观区有吸引力，但通过田园风光、农作物景观及与之配套的休闲体验活动也能吸引游客。

④ **产品生产区与活动体验区应放在园区靠里的区域** 从游客角度考虑，养殖场应建在园区的下风位置；从环境保护角度考虑，养殖场应建在园区水源地的下游位置。要将养殖生产区与游客观赏区适当分开，供游客参观的示范养殖区域要制订严格的参观体验流程，这样会给消费者一种心理暗示：这家园区的养殖产品安全可靠。

⑤ **亲子活动区、儿童游乐场、拓展基地应放在园区靠里的区域** 这些都是游客，特别是小朋友喜欢去的地方，虽然盈利性不强，但人气很旺。放在昭示性较弱的地方也能吸引游客。

⑥ **别墅区和度假休闲区要放在园区的最幽静处** 这主要是从私密性与舒适感考虑，通过景观设计与项目规划，打造成低调舒适的环境和氛围，让游客能真正住下来，感受休闲农园的悠闲和惬意。

总之，休闲农业园区在进行功能分区时，要融入时间规划设计的概念。不能只注重景观设计，这样游客看完就想走，来了一次不想来第二次。要按照消费时间轴安排一天或两到三天的观光休闲体验活动项目，让消费者按照设计的项目一项一项体验，最后带着满意的心情离开。只有这样，休闲农业功能分区的效益才会最大化。

72 稻虾种养开发休闲农业有哪些好处？

说起小龙虾，稻田养虾已经是绕不开的话题。从育苗到养殖，从烹饪到加工，一只小龙虾蹦跳出了大产业。在休闲农业与乡村旅游开发中，稻虾种养模式有八大好处。

（1）好养

"稻虾共生"究竟是一个怎样的种养模式呢？简单地讲，就是在稻田的四周开挖宽3米、深1.2米左右的环形沟，在田中开挖宽1.5米、深0.6米左右的田字形或井字形的"田间沟"并与"环形沟"相连。在沟中注水后，将虾苗放入沟中进行养殖。

（2）肥田

除了定时少量投喂之外，小龙虾在田间摄食害虫及虫卵，虾粪肥田，促进水稻生长；在田间爬动松土，使得稻田土质不宜板结，有效防止水稻根茎腐烂。

（3）绿色

"稻虾共生"种养模式，可使稻田农药用量减少50%以上，化肥用量减少30%以上，有明显的降本增效效果。采用"稻虾共生"的立体生态种养技术，种出来的生态稻米完全达到天然无公害的标准。

（4）好吃

采用"稻虾共生"技术养殖的小龙虾个体肥壮，绿色无污染，深受追求高品质生活的都市人群喜爱，尽管价格较高，却时常供不应求。

（5）好卖

依靠"稻虾共生"立体生态技术生产出的特色小龙虾和大米，其品质和口感上乘，因此销售不成问题，非常畅销。

（6）好玩

在"稻虾共生"种养区，可开展插秧、钓虾、捉鱼、割谷、打谷等丰富多彩的农事体验活动，以及具有趣味性、知识性的亲子、科普、游学活动，深受小朋友及家长的喜爱。

（7）增收

虽然为了养虾占去10%的稻田面积，但"稻虾共生"模式小龙虾和水稻的综合产值远高于单纯种植水稻的收益。

以湖北潜江市虾稻共养收益为例：平均每亩地产100多千克小龙虾，按规格不同，价格40～100元／千克，每亩地小龙虾收益能够达到4 000～10 000元；每亩田平均产稻600千克，每千克售价6～10元，每亩田水稻产值能达到4 000～6 000元。

（8）好产业

小龙虾与水稻进行共生种养，还可打造小龙虾的养殖、收购、深加工、出口等全产业链条，通过终端带动新型农业产业发展，产值还可进一步增加。

如湖北潜江已有13家水产品加工企业，可生产虾仁、整肢虾、虾尾、甲壳素及衍生产品等10多个系列、60多个品种，年加工能力达到30万吨以上。

尽管"稻虾共生"模式好处多，但在水稻基本农田发展稻虾种养，还是应该重点注意以下三个方面的问题。

一是要防止盲目发展。要充分做好市场需求调查和发展形势分析，切忌盲目跟风发展，忽视技术应用难度，特别是要避免稻田出现

池塘化、非粮化现象。在实施过程中，要统筹考虑品种选择、茬口衔接、病虫草害防控，避免出现种稻、养虾分块进行，防止稻虾脱节。

二是要把控种养关口。 在"田"上，要把好标准化和生态化关。要根据不同的种养模式选择生产条件好、无污染的田块，按照标准做好田块整理，为稻虾种养做好准备。

在"稻"上，要把好优质化和绿色化关。要适应农业供给侧结构性改革和发展精细农业的要求，选用优质品种，提升稻米品质，采用绿色防控技术，确保环境和质量安全。

在"虾"上，要把好特色化和区域化关。要因地制宜，紧密结合当地城市消费者消费习惯、养殖习惯和适养品种特性，充分利用优良品种，突出地域差别，通过产业化带动规模化，力争形成地方特色产业。

三是要突出适销对路。 要根据不同自然条件、消费需求、适宜种类等，确定不同种养模式。坚持以市场行情为导向，切实优化水稻品种，发展适销对路、有特色的虾产品。

提倡适度规模，要根据市场需求，确定种养基地规模，确保种养产品"产得出，销得掉，效益好"。同时要加强技术摸索，以精确定量为基础，优化水稻栽插密度和栽培方式，虾产品放养密度、共作连作方式，充分利用田水空间和饵料资源，发挥好稻虾互促作用。

73 休闲农业园区如何科学配置植物，避免植物"相克"？

很多新农人投资休闲农业有很深厚的情怀，种花总是想着四季有花，种果总是想着四季有果。其实，这是不科学的，从经济角度考虑也是非常不划算的。如果忽视花卉、蔬菜、林果等植物的科学配置，有可能给园区生态景观与未来产业发展留下很大隐患，严重的会导致投资失败。因为，有些植物之间能够"和平相处、共存共荣"，有些植物种类则"以强凌弱、水火不容"。休闲农业园区如何科学布局植物种植，如何趋生避克、就利去害？

　　在种植过程中，有些植物之间表现"相亲相爱"，相互助长；有些植物则是冤家对头，"八字相克"，搞得不是一方受害，就是两败俱伤。这种现象就是植物间的"相亲相克"行为。

• 丁香、薄荷、刺槐、月桂分泌的芳香物质，会影响相邻植物生长。

• 榆树的分泌物能使栎树发育不良。

• 榆树根系到达的地方，葡萄生长发育严重受抑。

• 柏树挥发油中含有醚和三氧四烷，可使周围植物中毒，呼吸减缓，生长停止。

• 核桃、石松、云杉、银冷杉能影响和毒害周围很多植物。

• 核桃、胡桃的叶和根系释放水溶性葡萄糖胡桃醌，在土壤中水解氧化后产生毒性更大的胡桃醌，能造成周围松树、苹果树、桦树、马铃薯、番茄及树下多种草本植物受害或致死。

• 核桃落叶性炭疽病菌会引起大量果树落叶。

• 刺槐对多种果树有较强抑制作用，能导致常年不结果。

• 桃树残根在土壤中腐败水解时会产生大量氧化钾和苯甲醛等毒性很高的物质，抑制果树根系呼吸作用，直接杀死果树幼根，不宜与苹果、梨、山楂等混栽。

• 日本红松的针叶在雨雾淋溶下会产生有害物质，因此松树林旁不能种庄稼。

• 铃兰和丁香种在一起，丁香会萎蔫。

• 铃兰和水仙种在一起，两败俱伤。

• 丁香和水仙种在一起，危及水仙生命。

• 丁香、紫罗兰、郁金香和勿忘我草种在一起会两败俱伤。

• 成熟的苹果、香蕉与含苞待放或正在开放的盆花、插花放在一起会使花朵早谢。

• 榆树、栎树与白桦不能间种。

• 枳树与云杉不能间种。

• 栎树、白桦排挤松树。

• 栎树冠层的水淋溶物会使下层灌木生长不良。

• 桉树能淋溶出绿原碱，林下几乎没有杂草生长。

• 洋槐能抑制多种杂草生长。

• 薄荷属和艾属植物分泌的挥发油能阻碍豆科植物幼苗生长。

• 番茄附近的葡萄生长不好。

• 番茄根部的分泌物对各类蔬菜的种子和幼苗生长发育有抑制作用。

• 黑松与野牛草不能混栽，因为都属深根性植物，会互相争夺地下水，造成松树生长不良。

• 云杉具有自毒作用，能造成连作障碍。

• 松和栎、栗不能混栽，会诱发油松栎锈病。

• 油松、马尾松、黄山松等二针松不能与芍药、赤芍等芍药科、玄参科、毛茛科、马鞭草科、龙眼科、凤仙花科、萝藦科、爵床科、旱金莲科等植物混栽，会诱发二针松疱锈病。

• 油松和黄檗不能混栽，会诱发油松针叶锈病。

• 红松、华山松、乔松等五针松不能和茶藨子、刺梨等混栽，会诱发五针松苞锈病。

• 云杉和稠李不能混栽，会诱发云杉稠李球果锈病。

• 云杉不能和杜鹃、喇叭花混栽，会诱发云杉叶锈病。

• 红皮云杉不能和兴安杜鹃混栽，会诱发红皮云杉叶锈病。

• 青海云杉不能和青海杜鹃混栽，会诱发青海云杉叶锈病。

• 桧柏类不能和苹果、梨、山楂、山荆子、贴梗海棠等混栽，会诱发苹桧锈病和梨桧锈病。

• 落叶松和杨树不能混栽，会诱发杨叶锈病。

• 垂柳不能和紫堇混栽，会诱发垂柳叶锈病。

• 在苹果、梨种植区不能栽刺槐，因为刺槐是苹果、梨炭疽病原体的越冬场所，同时又是根部紫纹羽病病原的中间寄主，还易招引苹果、梨、桃的蠕象。

• 细叶结缕草与鸡矢藤混栽，会诱发细叶结缕草锈病。

• 落叶松、红松和云杉混栽，易发生球蚜。

• 冷杉与云杉混栽，易发生冷杉异球蚜。

• 杨树与果树邻近，易发生杨树溃疡，果树轮纹病。

• 果树周围种泡桐，易引发果树根部紫纹羽病，叶片黄化干枯。

• 杨树、苹果栽植区周围种桑、构、栎、小叶朴，易导致桑天牛大量出现。

• 柑橘园和葡萄园周围不宜种榆树，因为榆树是星天牛和橘褐天牛喜食的树种。

……

所以，在发展休闲农业与乡村旅游中，投资人进行植物配置，不管是作为生态景观打造，还是农业生产基地产业布局，都要以科学的态度，请专业团队进行规划设计，科学合理配置，从而避免造成损失和浪费。

74　休闲农业最常见的"坑"有哪些?

休闲农业项目要想成功需要不断创新发展，要避免落入陷阱，需多学习，多总结，学习别人成功的经验，总结别人失败的教训，以此为鉴。

(1) 跟风复制

A先生文化不高，以前从事绿化工程有了点积蓄，看到开农家乐很火，就也想开一家休闲农庄。

A先生的农庄只有80亩，按说经营好了，大钱赚不到，小钱还是可以赚到的，但结果不然，农庄"死"得很惨。当时农庄很流行钓鱼，生意很好。A先生在农庄也跟风做起了钓鱼项目，只有钓鱼和餐饮服务。A先生挖了鱼池，种上菜，养了鸡，和别人干的一模一样，根本不知道什么是市场定位，由于起步晚，地址相对较偏，散客生意不好。农庄开业才3个月，就赶上了国家严查公款消费，农庄很少有人光顾，一年后农庄被迫关门转让。

警示："人无我有，人有我精"，意思是别人都卖的东西，你想再卖就必须有超过别人的地方。市场定位要找准，做出自己的特色，做差异化产品，迎合市场。A先生的案例是典型的外行做休闲农业，喜欢跟风，什么都是想当然，没有调查研究，没有规划设计。

(2) 事先不规划设计

B先生在投资休闲农庄的过程中，最深的感触就是人脉关系很重要。B先生是一名建筑行业的小包工头，做农庄前主要接一些建筑公司的专项工程，平时接触的圈子很窄，一般都是同行，很少接触政府部门的人。

在开休闲农庄之初，B先生的农庄没有事先规划设计，全凭自己的想法，想怎么做就怎么做。后来因为土地使用问题遭到政府部门检查，要求把整个农庄的特色经营项目都改了，否则就要关门自检。这对于资金本来就不是很充足的B先生来说，简直就是致命打击。但是农庄还是要开的，不改就没法营业，迫不得已B先生只得借钱改建。

警示：B先生最大的问题是在建设农庄的时候没有事先规划设计，也没有和政府部门沟通，事前没有了解清楚相关要求和规定，最终只得自食苦果。有句话说得好：多个朋友，多条路。要想农庄生意好，先要扩大社交范围，特别是要与政府部门沟通，对于休闲农业项目，政府的支持与扶持政策还是很多的。

（3）土地租用问题

C先生投资休闲农庄时欠缺经验，在土地问题上吃过大亏。他当时租的土地都是自己村的，但租期只有8年，很快就到期了。签合同时土地租金每亩不到500元。但这几年农村发展很快，乡村环境建设都好了很多，看到这个势头，农户在与C先生谈续租时要求租金涨到每亩1 200元，否则就不出租了。C先生根据经营状况一核算，按这个标准交完租金后基本没利润了。

为什么会这样呢？原来C先生在签合同时忽略了一个细节，没有考虑休闲农业投入大、回收期长的特点，土地租用时间太短，成为休闲农庄投资失败的主要原因。

警示：土地租赁合同一般要去相关政府部门公证，租用期至少要30年，租金可每年按比例递增，避免突然涨价。如果农户不接受这个条件，最好不要租用。

（4）模式落后

D先生和几个合伙人在县城边上投资了一个乡村旅游项目，走的是"农业+旅游休闲"的路线。为此，他们专门到四川成都考察优秀休闲农业项目，定位、景观、休闲活动、餐厅等都一模一样模仿，但开了3年就赔了450万元，面临关门调整。

为什么会这样呢？D先生的乡村旅游园区景观有不少荷塘，它们主要用于游客观赏荷花与莲蓬采摘，没有深度挖掘荷花的产业链与休闲娱乐价值。而餐厅提供的菜品多数都是一般土菜，没有特色。只有普通的物质服务产品，没有深度开发游客需要的精神文化产品。农庄的经营模式落后，属于典型的不伦不类，注定会失败。

警示：站在巨人的肩上是可以看得更远，但是只会生搬硬套注定失败。D先生虽然学习了其他休闲农业项目的优点，但是却没有学到精髓，没有做到结合当地的实际，形成适合的、先进的经营模式。

75　果蔬生产基地如何升级为采摘园？

　　休闲农业和乡村旅游是我国经济与城市化发展到一定程度后，产生的一种新型农业经营业态。发展休闲农业的主要目的，就是满足城市消费者到乡村进行休闲体验，同时农民在农业生产经营中实现增产增收。

(1) 采摘园内涵是什么

　　采摘园一般是指利用农作物种植生产基地，主要是果园、菜园、茶园等，为了增加收入，采取对城市消费者开放，突出和加强其农业生产地采摘、观赏功能，并适当增加景观、美食、休闲、娱乐等设施项目，构建以采摘体验为主题的休闲农园。

　　休闲采摘园主要的服务对象是经济基础良好、对产品品质要求较高、有回归田园体验农事劳作愿望的城市居民。采摘园是我国休闲农业和乡村旅游初级发展阶段的一种较为容易开展的经营模式，内部管理相对简单，管理人员主要是行政管理人员（含游客管理服务、市场营销及产品出售、安全保卫等职能）和技术生产人员，从事旅游服务人员相对较少。

　　采摘园具有投资省、见效快、效益好的特点，其缺点是容易复制，持续发展性不强，市场竞争也较为激烈。

(2) 哪些地方最适合做采摘园

　　一是依托城市。采摘园的消费市场主要是城市居民，而非乡里邻居。因此，采摘园要优先选择在离城市（包括县城）较近的地方，车程在30分钟内最适宜，离大中城市1小时车程内也是可行的。

　　二是依托交通。去采摘园很少会有公共交通，主要是自驾前往，因此公路交通是采摘园要重点考虑的第一因素。采摘园应离高速公路出口不远，位于国道、省道、县道的边上。不宜在离主干道较长的村道边上建采摘园，主要原因是岔路口太多了，不好找，会车也十分困难。

　　三是依托景区。景区具有景色宜人、商业开发投入大、人流多等特点。采摘园的产品想要卖个好价钱，最重要的经营策略就是聚"人气"，有了人，就有了市场，有了"人流"，才会有"资金流"。因此。采摘园最好能建在景区里面，或在景区边上，在通往景区必经道路的路边也是不错的选择。

（3）采摘园经营者需要具备哪些经营理念

① **绿色产品的理念** 自然、绿色、安全的产品是城里人所追求的，好的农产品一定会畅销，这是采摘园真正的核心竞争力与黄金招牌。

② **农业经营的理念** 经营采摘园不仅仅是把农业生产搞好，更重要的是要把农产品卖好，需要具备必要的经营理念和能力。

③ **市场营销的理念** 一是要借助政府领导、专家学者、新闻媒体等为采摘园宣传；二是要加强与机关事业单位、中小学校、旅行社、同类生产基地等单位和团体的合作。

④ **树立品牌的理念** 要具有树立采摘园品牌的经营理念，开展品牌建设。农产品要有包装、商标、名称、产地等。产品要有文化内涵，学会"讲故事"，增加产品吸引力。

（4）采摘园如何正确运营

将农业种植生产基地打造成休闲采摘园，要从园区产业定位、规划设计、配套设施、日常管理等方面都要体现休闲采摘园的特点，并保证在运营过程中始终保持其休闲农业的特色。

① **因地制宜选择主栽作物种类** 选择原则：采摘期较长，产品直径较小，果皮不能过薄，重量较轻，高度适宜。不太适合用于采摘的农产品有：冬瓜、西瓜、菠萝蜜、椰子、香蕉、凤梨、榴梿、樱桃、葵花等。

② **生产条件** 主要是确定露天生产还是温室大棚生产。

③ **种植面积**　采摘园需要适度规模，一般在300～500亩较好，单个品种生产面积不能太小也不宜太大。从采摘管理与经济成本角度考虑，一般不要做成四季采摘园，采摘品种不宜太多、太杂，重点围绕春秋两季，一个或几个同类品种做采摘效益最好。

④ **生产技术标准**　主要包括作物品种的选择、栽培技术指标、病虫害防治措施、农产品分级标准等。

⑤ **市场定位**　主要包括采摘主体消费人群定位、产品价格定位等。

⑥ **采摘时间安排和采摘活动的设计**　采摘时间的安排要提前进行推广宣传，采摘活动的安排要有创意设计与策划组织。

⑦ **自然景观保护与园区景观设计**　主要是做好采摘园的自然景观保护和园区景观设计，重点是要和谐美观，能照相留念，采摘园也可借机宣传。

⑧ **园区日常服务与管理**　要配备产品讲解宣传员，通过讲解采摘园的基本情况、生产过程、产品知识等，让游客了解采摘园，了解产品，满足其求知欲望。

⑨ **产品的包装和称量出售方式**　要给游客产品包装袋，可以是塑料包装、纸包装、布包装等，可以是简易包装、特色包装、礼品包装等。

76　中草药种植基地如何升级开发休闲农业？

我国中草药种植从试种、商业性栽培、分散个体种植，已经发展到规模化、集约化、产业化栽培基地生产，经历了萌芽期、发展期、成长期和兴盛期。目前，全国中草药种植品种达200多个，其中六七十种已形成较大规模生产能力。

中草药种植基地升级开发休闲农业可以从哪些方面入手呢？

（1）生产种植

一是要开展中草药生产技术基础研究。开展中草药生长发育特性、药效成分形成及其与环境条件的关联性研究，深入分析中草药道地性成因，完善基础生产理论，指导生产实践。

二是要创新传统中草药生产技术。挖掘和继承道地中草药生产和产地加工技术，结合现代农业生物技术，形成优质中草药标准化生产和产地加工技术规范，加大推广应用力度。

三是要开展稀缺中草药繁育技术攻关。综合运用传统繁育方法与现代生物技术，突破一批濒危稀缺中草药的繁育瓶颈，支撑濒危稀缺中草药种植生产基地建设。

四是要发展中草药现代化生产技术。选育优良品种，研发病虫草害绿色防治技术，发展中草药精准作业、生态种植、机械化生产和现代化加工技术，提升中草药现代化生产水平。

五是要促进中草药综合开发利用。充分发挥中药现代化科技产业基地优势，积极开展中草药功效和相关健康产品的研发。

（2）景观创意

根据休闲观光的需要，打造不同品种、不同花期的中草药展示区。大型中草药种植园的花期最好能从5月持续到10月，药用植物开花时五彩缤纷，药香扑鼻，如金银花、五味子、薄荷、连翘等。

在园区的功能分区与中草药生产布局上，要因地制宜，呈不同形状分布，药用植物的整个生长过程，如开花、成熟时，都能吸引游客观光。从高处眺望，展示区还可以呈现不同色彩相间的图案景观。

作为中小学游学与科普教育基地的中草药休闲园，每个药用植物品种区还要设置标志系统，介绍有关药材性味、药用部位、药用价值等相关知识。

（3）游乐活动

在中草药休闲园，可以适当设计一些有树木、藤蔓和动物的区域，这是孩子们游玩的好地方，或采紫红的桑葚和酸甜的覆盆子，或捉蟋蟀、玩斑蝥；有时挖何首乌的块根，有时摘木莲藤的果实；夏天可以在树荫下纳凉，听蝉鸣唱，寒冬可以在雪地上捉鸟雀。有可看的，有可听的，有可玩的，也有可吃的，对儿童来说真有许多乐趣。即使现在"紫红的桑葚，酸甜的覆盆子，光滑的石井栏，高大的皂荚树……"已难寻旧踪，但中草药种植园打造浓厚的生活情趣依然能给游客带来丰富的想象。

（4）体验项目

在中草药种植园，可以根据不同药用植物品种，设计出丰富多彩地体验活动。如黄芩生产基地，就可以设计集黄芩种植、加工、观赏、采摘、药膳美食、黄芩文化体验、山林养生、休闲度假为一体的系列体验活动。药膳美食、养生保健是中草药生产基地升级做休闲农业需要重点开发的体验服务项目。

例如，黄芩药茶体验活动可以设计成：游客亲自体验药茶采摘，了解茶马古道文化，还可以在技术人员的指导下体验药茶制作工艺，或用黄芩制成各种小吃，如包子、饺子、面条等药膳，肯定能受到游客的欢迎。

（5）科普教育

中草药种植园可以专门设置科普教育区，讲解中医药的相关知识，展示中药产品的制造过程，通过给游客普及中医药知识，让游客能够感受到中医的魅力，接受中医药文化。

（6）产品开发

中草药本身有很好的观赏与产品开发价值，经过简单的加工，可以制成很多有意思、游客喜爱的旅游产品。例如，香草类可制成香囊、手工皂、药茶。

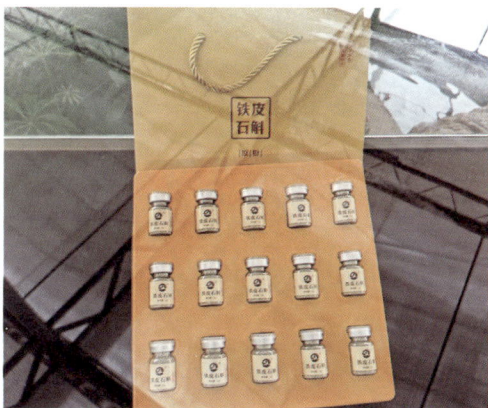

77 怎样发挥休闲农业的养生功能？

随着休闲农业的发展，不少业内企业为了开辟市场，纷纷打造出属于自己的特色，比如游学、科普、亲子、采摘、花卉、牧场、度假、卡通等，但主打养生主题的休闲农园却不多。

那么怎么充分发挥休闲农庄的养生功能呢？

（1）气养——空气养生

空气质量直接关系人们的身体健康，城市中的雾霾对人的生活、工作影响很大。而在农村，特别是一些森林覆盖率高的丘陵山区，或生态环境好的江湖水乡却是环境优美、空气清新。休闲农业园区只要生态条件好，就不愁没人来，只有绿色生产产品才能卖得出去，只有生活服务好才有顾客"常回头"。因此，要充分利用好园区优美的环境、清新的空气吸引城市游客前来感受、游玩，呼吸新鲜空气，达到度假养生的目的。

（2）静养——环境养生

远离城市喧嚣，寻找一片宁静常常是旅游者选择田园休闲度假的主要动机。因此，休闲农业养生项目，要注重养生植物色彩搭配，在空间、氛围以及建筑风格上要"动""静"结合，同时在视觉上根据不同人群配备不同的色彩。如儿童要五彩斑斓，主要以动漫、卡通形象表达；青年要热情浪漫，可多用鲜花，如玫瑰园、彩色植物表达；老人要素雅温馨，可用翠竹、养生植物表达等。

(3) 动养——运动养生

农耕体验是休闲农业园区养生与旅游结合的主要形式。农耕体验不仅包含乡村农耕劳作体验活动，更重要的还需要挖掘一系列体现生命本源的生活方式和元素。养生主题农园要结合"以动养生"的概念，打造区别于周边景区的田园意象以及参与性高、趣味性强的休闲养生项目，从而达到强身健体的效果，愉悦身心。

(4) 食养——美食养生

养生主题休闲农园，种的是绿色蔬菜水果，养的是土鸡、土鸭、有机鱼，只要注重原料质量、加工卫生等细节，采用不同的食材搭配，适时推出养生系列菜品、药膳，就能让人感受到养生的快乐，满足游客身体在视觉、味觉、触觉、嗅觉上的需求，达到身心舒畅。

(5) 睡养——睡眠养生

养生主题休闲农园要按照城里人的住宿要求，设计风格不同的客房，如青年旅馆、温泉酒店、树上木屋、露营基地、民宿等。房间装饰采用环保材料，家具、床上用品都是按照养生保健要求设计制作的，使客人住得舒服，睡得香甜。养生主题休闲农园的客房要有别于普通酒店房间，不仅仅是有温度，还要有自己的格调，展示主人的用心。

(6) 修养——文化养生

中国养生文化博大精深，养生主题休闲农园要充分挖掘农村养生文化的精髓。相关项目的规划开发，必须围绕田园文化这根主线，塑造完整的乡村文脉、凝聚本土文化个性、拓展文化空间，从乡村建筑、旅游服务设施、休闲服务项目、旅游商品等方面体现田园文化、乡土文化的精髓，使之与养生主题更好地融为一体。

目前，养生主题休闲农园可分为以下几类：

① 养眼农园　园内种植具有眼部保健功效的农作物，另外配合大面积的多彩田园景观等。

② 养颜农园　园内种植大面积具有养颜功效的农作物，打造特色养颜

产品。

　　③ **养脑农园**　种植具有补脑健脑功效的农作物，另外设置可以锻炼脑力的设备。

　　④ **养生农园**　园内以中草药种植为主，配合各种健身运动。

　　⑤ **养心农园**　通过特定的田园景观与体验活动，陶冶人们的性情，改善人们的心境。

　　做养生主题休闲农园，只要找准市场缺口，创意与诚意相结合，才能做出有档次、有内涵的项目，才能更多地获得市场的青睐。

78　休闲农业采用什么土地经营模式最好？

　　休闲农业是农旅相结合的新型产业，具有以土地为根本、以产品服务为内容的产业特征。要发展休闲农业，除了资本和人力要素的投入以外，还有赖于土地要素的投入。土地的有效利用直接影响到休闲农业组织形式、发展规模、经营管理水平以及标准化推进的难易程度，关系到休闲农业升级的成败。

　　凡是效益好的休闲农业企业，无一例外，在发展的道路上，都始终坚持引导农民积极参与休闲农业项目建设、运营、管理，企业的命运与他们的命运相连。一个休闲农业企业使用的土地少则上百亩，多则几百亩甚至上千亩。如何做好土地经营，降低生产成本，是休闲农业经营者首先要面临的问题。

　　目前，休闲农业园区的土地除了极少数是自己耕种外，主要有以下5种经营模式。

（1）聘用农民方式

　　聘用农民方式就是休闲农业企业流转到土地以后，直接聘用农民进行生产与管理。从湖南省的2万多家休闲农业企业用工情况来看，每一家企业都吸纳了农民就业，少则几个，多则十几个，一些大型五星级休闲农业园区达到几十人甚至上百人。休闲农业企业的员工中农民所占比例都超过了50%，离城市较远的园区比例会更高，达到80%以上。如宁乡市湘都生态农庄安排150名当地农民就业，占农庄用工人数的90%；浏阳市田螺小镇安排了80名当地农民就业，用工比例达到了 95%。

（2）返聘农户方式

这种方式就是土地流转给了休闲农业企业之后，企业再聘请出租土地的农民参与耕作，其参与方式有：目标管理方式、包工不包成本方式、承包经营方式等。如宁乡市湘都生态农庄，聘请了 10 多户的出租土地农户全家在农庄工作。

（3）入股经营方式

在长沙，有部分休闲农业企业为了做大企业，对土地实行与农民合股经营的方式：农户用土地、房屋、传统技艺等资源入股；企业以资金、生产资料等多种方式入股；农户生产的产品与提供的服务，由企业随行就市购买，企业与农民实现双赢。

如长沙县慧润山庄与当地农民采用农户入股经营的方式就收到很好的效果。入股经营方式能做大企业，整合农户有利资源，充分调动农民参与的积极性，企业与农户形成了利益共同体。

（4）订单生产方式

订单生产方式是休闲农业企业、农户都比较喜欢的一种合作方式。休闲农业企业制定产品质量标准，然后下单给农户，农户按照合同与生产标准进行生产，休闲农业企业依照合同标准进行收购。

长沙县慧润山庄注册了"板仓人家"的农产品品牌，与当地农户采取订单生产合作方式，农户生产的产品由企业采购后销售，生产品种已达 50 多个，销售情况良好。

浏阳市田螺小镇多家合作社和家庭农场采用订单生产合作方式，其中向四家黑山羊养殖合作社每年采购黑山羊 300 多只；向三家养鸭合作社每年采购 10 万枚绿壳鸭蛋；向桂花种植农户每年采购桂花上千千克。

长沙海天山庄每年采用订单生产的猪、鸡、鱼占了其农产品销售总量的 80%。

（5）合作社合作方式

休闲农业企业与农民合作社合作，让合作社共同参与休闲农业与乡村旅游的合作开发。有了合作社作为纽带，企业与当地农户就很容易形成鱼水关系，有利于企业有序健康地发展，如湘乡市龙生龙和休闲农业园与当地蔬菜合作社签订共同发展合同，既降低了企业的运行成本，同时也扩大了土地规模，由过去的300多亩增加到上千亩，实现了合作社与企业的资源整合和合作共赢。

在休闲农业企业的发展过程中，人员因素和土地经营至关重要，只有积极与农民开展土地合作经营，农民赚生产的钱，休闲农业企业赚经营服务与品牌营运的钱，企业的生存和发展才会走上良性的轨道，取得良好的业绩，得到政府和社会的认可。

79 休闲农业缺人才应该怎样培养？

休闲农业是一个有活力且具备很好引领能力、综合解决问题能力的新型产业。但是，目前很多从事这项事业的企业，总是显得发展乏力、举步维艰，这是因为企业还缺乏与休闲农业产业发展内在要求相适应的各种专业人才。

（1）休闲农业从业人员素质偏低

休闲农庄调查发现：
• 85%的休闲农庄管理还是粗放式管理，没有形成规范性管理体系；
• 85%以上的休闲农庄没有运用信息管理技术的意识；
• 85%的休闲农庄开发，没有进行科学系统的规划设计；
• 70%的休闲农庄没有重视人才的引进和建立完善的人才培训机制；
• 70%的休闲农庄不知道如何制定企业的总体营销战略；
• 80%的休闲农庄在整合应用广告、公关、网络、促销策略上有困难；
• 50%的休闲农庄对主题定位模糊，不知道自己农庄的定位与特色该是什么。

湖南生物机电职业技术学院对53家休闲农庄从业人员情况问卷调查的结果：
• 学历情况：研究生0%，本科9.43%，专科36.42%，高中45.28%，初中8.87%。
• 专业人员情况：专业人员只占45.85%；非专业人员占54.15%。专业人员中，休闲农业专业 5.9%，农业专业 16.70%，旅游专业 15.87%，管理专业 30.51%，其他专业 30.02%。

（2）人才缺乏对休闲农业的影响

① **目标不清**　一些休闲农庄投资者对休闲农业的性质和特点认识不足。有的经营者忽视或脱离农业生产经营，只单纯地搞旅游，把农业产业园区变成了文化娱乐区，结果使休闲农庄缺乏持续发展能力。

② **项目单一**　一些休闲农庄没有深入挖掘乡村产业旅游资源和民俗文化内涵，主要停留在观光、采摘、垂钓等项目上，以满足游客的物质需求为主，缺乏精神陶冶和氛围。不能满足多层次游客，尤其少年儿童求知、求真、求趣的需要。

③ **基础设施差**　主要是休闲农庄基础设施适应不了游客的需要。园区道路、停车场、洗手间等公共设施简陋、设备不足，客房、餐厅、茶楼等主要设施条件差，安全性不好，难以留住游客。

④ **服务水平低**　休闲农庄管理和服务人员素质较差，服务水平偏低，不能满足游客的需求。

（3）休闲农业人才的培养

休闲农庄要加大在职人员的培训力度，制定人才培养规划，特别是要与中高职业院校合作，建立休闲农业专业人才培养机制，如订单培养、委托培养等。

第一，人才培养是个基础工作。专业人才的培养要贯穿于休闲农庄业务的各个环节中。如在农业生产技术方面，不能仅仅是为了生产而生产，而是应该通过农业生产把专业人才同时也培养出来，其他休闲服务、产品营销工作的开展也是如此。农庄的每个人员在开展任何一项业务的时候，都应该形成一个观念：是否会因为此项业务的开展而得到某些方面的提升与奖励。

第二，**人才培养是个系统性工程。**对人才的培养不仅仅是领导谈谈话、送出去听听课、考察参观那么简单，而是应该从人才培养的各个环节开展全方位、系统性的工作。如是否形成了尊重人才的环境？在人才队伍建设方面是否提供了制度上的保证？能否给人才队伍建设过程中出现的各种问题提供一套系统的解决机制？在专业人员的薪酬、福利、工作环境、责任分配、监督检查、日常培训等诸多方面，是否形成了互相支持的系统？

第三，**人才培养是领导者工程。**对于专业人才培养，很多休闲农庄投资者往往是非常关注和重视的。这里想强调的重点是，休闲农庄专业人才培养，如果不是投资者来直接推动，这个系统工程运行起来就可能非常缓慢，甚至会偏离原来的方向和目标。只有企业的领导者给予足够的重视，做好资源配置，建立运行机制，才是推动休闲农庄人才队伍建设的重要力量，而且往往是关键力量。

第四，**人才培养要突出重点。**休闲农业园区所需要的人才队伍是由各种不同专业的人组成的。对待不同的人才需要采取不同的政策和培养方式。不同的专业人才，基础不一样，需求不一样，职业规划不一样，人生定位也不相同。有些专业人才在休闲农庄表现非常突出，对于这样的专业人员就应该给予特别的关注。有些专业人员往往看起来好像对休闲农庄没什么实际作用，但是一旦培训得当，很可能就会成为休闲农庄的栋梁之材。

80　超市的商品布设方式对休闲农园的功能分区有何启示？

　　大型超市的商品陈列布局，果蔬与生鲜商品一般是放在日用品、食品的最里面，而化妆品、首饰、奢侈品等一定会放在超市的入口位置。这种布设方式主要是为了能够延长消费者的停留时间。顾客在超市更多的停留时间，也就意味着更多的消费。

游客服务中心

图例
① 筋斗云主题墙　　　　⑩ 大圣石
② 主题门楼　　　　　　⑪ 仙果盆景展示坊
③ 云上停车位　　　　　⑫ 云间生态停车场
④ 东胜迎客中心　　　　⑬ 八戒食坊
⑤ 望天石　　　　　　　⑭ 大圣食坊
⑥ 睡莲池　　　　　　　⑮ 菩提长廊
⑦ 神石水帘　　　　　　⑯ 食坊九间
⑧ 登云梯　　　　　　　⑰ 仙田菜谱
⑨ 葫水洞

　　同理，超市的布局也可以用在休闲农园的功能分区规划设计上，因为休闲农园与超市面对的都是城市消费人群，目的也是尽量延长消费者在农园的停留时间，争取更多的消费。但现实情况是很多休闲农园，功能分区不合理，观光休闲体验项目单一，游客来之后，不到半天时间就能看完想离开。或者待一天时间就没了兴趣，压根没有留下来进行二次、三次消费的意愿。

　　休闲农园的功能分区怎样规划才是留住顾客的最佳方案？从保证游客流动通畅和遵从顾客消费心理角度，农园大门附近布置什么项目？主导产业放在什么位置？营销爆点项目要放在什么地方？餐饮适合与什么项目进行搭配？

　　农园的功能分区应遵循的原则：最盈利的经营项目应该放在农园最显眼、游客最方便的地方。而最吸引游客的景观与活动项目应该放在农园相对靠里的地方。

（1）服务区一般应该规划在农园的入口处

在服务区内，农副土特产品卖场应该是摆在服务区的最前面，或是最显眼的地方，顾客进去都会经过的地方。科普馆、文化长廊、表演舞台、棋牌活动室应该放在服务区的最里面。这些是游客必去的地方，不必放在农园入口处。

（2）花海、农园特色景观区要放在园区的最里面

因为最里面是昭示性最弱的地方，通过景观设计不仅能吸引游客前往，还能留住消费者的消费时间。当然，农园的大门与入口处也要有景观设计，这主要是为了提升农园的档次与形象。

（3）果蔬与农作物生产示范区与活动体验区一般可放在农园的中部与两边

因为这些区域虽然不及特色景观区有吸引力，但通过田园风光的规划设计，农作物景观的打造，与之配套的休闲体验活动也能让游客流连忘返。

（4）养殖生产区与活动体验区应规划在农园靠里的区域

从游客角度考虑，养殖场应规划在农园的下风位置；从环境保护考虑，养殖场应规划在农园水源地的下方位置。要将养殖生产区与游客观赏区适当分开，供游客参观的示范养殖区域要按照参观体验流程越严格越好，这样会给消费者一个心理暗示，这家农园的养殖产品安全可靠。

（5）亲子活动区、儿童游乐场、拓展基地应规划在农园靠里面的位置

这些都是游客，特别是小朋友喜欢去的地方，虽然盈利性不高，但人气很旺。放在昭示性较弱的地方也能吸引游客。

（6）别墅区与度假休闲区要规划在农园的最幽静处

这主要是从游客的私密性与舒适感考虑，通过景观设计与休闲度假项目的规划，打造成低调奢华意境，让游客真正能住下来，有享受、能品味，感受农园的浓浓情意。

总之，休闲农园在进行功能分区规划设计时，要融入时间规划的概念。不能只注重景观设计，这样游客看完就想走，来了一次不想来第二次。大型休闲农园要按照消费时间轴，安排1天或2～3天的观光休闲体验活动项目，让消费者按照规划设计的项目一项一项体验，最后带着满意和开心离开。

81 特色小镇的产业应该如何发展？

目前，全国各地都在探索特色小镇的发展。有成功的经验，也有失败的教训。在湖南，一些特色小镇主要还是开展观光、休闲和旅游服务项目，没有产业支撑，这样的特色小镇难以持续发展。

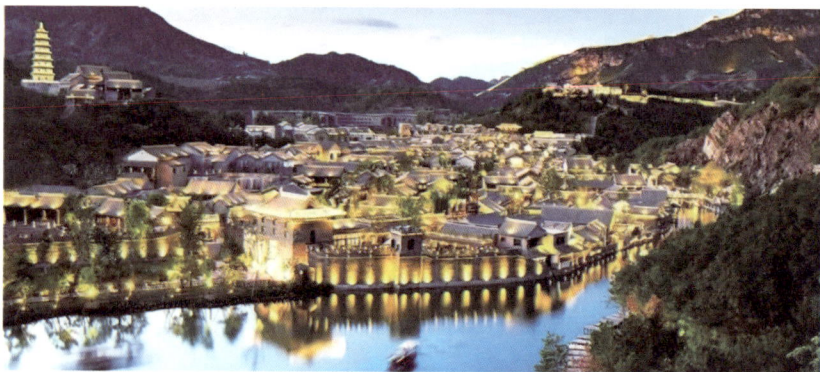

浙江、江苏的特色小镇发展之所以成功，是因为大多数都是围绕最有基础、最具潜力、最能成长的特色优势产业发展起来的。通过特色小镇的打造，紧扣产业发展趋势，延伸产业链、提升价值链，构建小镇大产业，培育出了有竞争力的创新集群、有影响力的细分行业。

特色小镇是一个功能多元、一二三产深度融合的产业体系。中西部地区发展特色小镇，一定要以产业思维为引领，多视角审视，掌握品牌传播规律，才能更好地推动特色小镇发展。

（1）产业定位是发展的基础

特色小镇的关键在于一个"特"字，而其中特色产业是"特"的灵魂，围绕特色主导产业形成产业集聚生态圈，最终实现"以产立镇、以产带镇、以产兴镇"。那么，特色小镇的产业到底如何选择？

首先，进行政策研究，以顺应大势。特色小镇的定位，应与国家特别是各省市的产业主导方向一致。

其次，明确自身发展优势。特色小镇的定位，应基于小镇自身自然历史资源、产业基础和开发资源等自身产业发展条件。

最后，梳理脉络，定位小镇特色产业。应挖掘和梳理本省、市，乃至全国范围内特色小镇产业主题的布局，特别是那些自身产业和资源条件不太鲜明的小镇。

（2）品牌化与体系化是发展方向

在中西部地区，特色小镇对于以农业为主的乡镇来说，就是利用自有的农业生产及景观资源，以观光、旅游及体验为主要模式来创造经济价值，促使农民增收。对于游客而言，特色小镇则是出于对城市化景观的差异化追求和对乡村休闲体验的期待。

特色小镇则往往以区域内的协同发展为主，构建产业发展流程、标准与品牌，与此同时，地方政府的参与度显得更有必要。

一个拥有良好农业发展基础的地区，想要打造特色小镇来进一步深化发展，必将朝着体系化与品牌化的方向迈进。

（3）乡村振兴是发展战略

建设特色小镇是推进供给侧结构性改革的重要平台，是深入推进新型城镇化、辐射带动新农村建设的重要抓手。国家实施乡村振兴战略，是"十四五"

时期的重大战略性任务。

在中西部地区，特别是有贫困人口的地区推进特色小镇建设，有利于为利用特色产业防止农民返贫搭建平台，为转移就业、脱贫致富拓展发展空间，为乡村振兴提供载体。

特色小镇规划、建设要按照乡村振兴的要求，充分发挥开发性金融作用，推动金融支持与产业兴旺紧密衔接，夯实城镇产业基础，完善城镇服务功能，推动城乡一体化发展，通过特色小镇建设带动区域性发展，实现特色小镇持续健康发展和农村人口脱贫致富双重目标。

（4）文化与地理元素是发展优势

中西部地区特色小镇发展要依托良好的自然环境、农业生产条件，积极发展生态农业，打造一批具有较大影响力的养生养老基地、红色文化教育基地和休闲度假目的地。

湖南益阳桃江县修山特色小镇项目，地处湖南最大的竹产业生产区，全县竹子生产面积超过100万亩。这里素有"竹乡""美人窝"之称，发展竹产业特色小镇具有得天独厚的条件。修山特色小镇以竹产业升级为突破点，重点发展以竹制品、竹文化产品为主的竹产业特色小镇。产业布局主要以"一心（竹文化中心）、一山（羞女山）、一街（竹产品街）、五村（特色产业村）、八园（生态农业产业主题园）"来进行推进。

修山特色小镇由原来的低端竹原料、竹包装编织产业为主，向竹加工产品、竹全产业链延伸发展为主转变。推进农林旅游业，以农促旅，以旅带农。依据竹产业的各个生产环节，拓展开发多种类型的农业体验旅游项目，如科普教育、竹林观光休闲、竹文化展示与竹编体验等活动。在此基础上，还可以延伸产业链，开发竹餐饮、竹养生、竹保健、竹文化；利用周边水系、山系等环境资源，开展水上活动、空中活动等。

修山特色小镇应打造成湖南特色小镇的标杆，从而提升桃江县竹产品品牌知名度，带动桃江县及周边竹产业的发展，提高竹产品附加值，真正做大做强特色小镇，增加农民收入，保证特色小镇健康发展。

因此，大力发展特色小镇，有利于促进农村一二三产融合发展，是带动农民就业增收和产业兴旺的重要渠道。只有念好特色小镇的"产业经"，才能唱好老百姓的"致富曲"。

82 休闲农业园区哪些工作缺失将导致盈利艰难?

休闲农业作为一二三产业融合发展的新兴产业，在国家政策的大力支持下迅猛发展，但也出现了一些乱象，比如一谈起休闲农业，社会各界几乎一致看好，各种投融资机构也纷至沓来，而在业内，却是前景惨淡，从业者普遍感觉休闲农业赚钱异常艰难。如此反差，原因何在?

作为一个朝阳产业，休闲农业未来的发展可以说是方兴未艾，顺应了如今人们对自然、生态、安全、健康、休闲、养生的需求。但在一些地区，休闲农业的发展也还存在着一些不容忽视的问题，主要表现在：数量上"供过于求"；质量上"供不应求"。一方面，各种低层次、服务质量差的休闲农业经营主体呈现一种数量上"供过于求"的状态；另一方面，一批特色鲜明、定位精准、创新意识强、服务质量高的休闲农业经营主体脱颖而出，呈现一种质量上"供不应求"的状态。存在两极分化的现象，值得我们认真去反思。

那么，是什么原因造成上述问题的出现呢? 大家知道，休闲农业的产业发展，核心制约因素是：土地、人才与资金，三者缺一不可。但从投资与运营的角度分析，下列工作缺失或做得不好，也将导致园区盈利艰难。

(1) 规划设计"错位"

一些休闲农业项目,如田园综合体、现代休闲农庄、特色小镇、乡村旅游等项目不做规划,或是规划设计错位,没有充分发掘当地丰富的农业资源内涵,造成园区功能混乱、休闲娱乐项目设计组织不合理、服务产品结构单一、资源利用不够,很难满足城市游客的需求。加之园内管理人员文化素质低,生态知识贫乏,致使服务质量较差,管理比较混乱。

休闲农业除了观光、美食、民宿和采摘外,还要进一步拓展农业的休闲、科普、教育、养生等功能。

(2) 主题定位"错误"

很多休闲农业园区发展方向不明,没有主题定位,因而也就缺乏产业支撑。休闲农业只有以农业为基础,围绕产业主题定位来加大旅游设施的投资力度,才能使农业和旅游齐头并进、相辅相成。但现在一些休闲农业园区,只是凭借当地自然资源条件,修建别墅等建筑设施和游乐场所,大规模开发度假村,而偏离休闲农业的农旅有机结合发展方向。

很多休闲农业园区农业生产布局杂乱无章,导致休闲体验性不强。在开发旅游产品时只盲目追求"大而全",缺乏拳头产品和特色产品。园区形象不美,品牌不高,内涵不深,没能做到"人无我有,人有我精,人精我新"。最终导致旅游项目单一,缺乏吸引力,难以深度开发,偏离主题发展,失去休闲农业的特色和优势。

(3) 生态示范"错题"

休闲农业的核心基础是生态、绿色或有机农业,休闲农业园区的农业要体现"整体、循环、协调、再生"原则和"生态文化"内涵。一些投资人以休闲农业经营为幌子,没有采用生态农业的模式来设计,生产的农产品多是以高投入换来的低产出,没有完全遵循有机农业的生产模式去做。

这种缺乏示范、引领、带动效果的生态园区经济,投资价值和发展潜力将大大降低。所以,也就很难起到相应的生态农业示范作用,同时也不具备通过绿色农业来进行生态食品生产的能力,很难实现经济、社会与生态效益三者的统一。

(4) 科普教育"错失"

休闲农业,不仅仅是一种观光休闲旅游,它更是一种注重保护自然的体验活动和教育活动。休闲农业作为传统农业与现代旅游业相结合的新型产业，其实质是具有休闲、娱乐和求知功能的生态、文化科普新业态。现阶段我国农业科普存在很大的市场潜力，这也是现代农业发展新方向，理所当然应成为休闲农业和农业科普教育发展的新方向。

很多休闲农业园区没有专门的"农耕学堂"、科普教育中心和环保教育宣传基地，无法为学生提供课外实习基地和少年儿童环保教育基地。再加上很多园区没有导游或导游素质较低，很难发挥相应的教育功能，无法为农业科普事业的发展营造良好的环境。休闲农业要让游客欣赏最美乡村、唯美景色，了解生我、养我的故土，关注乡村的经济发展、现代农业、生态环境。

（5）投入产出"错乱"

目前很多休闲农业项目，既没有进行深入地市场调查和预测，也没有搞清楚市场的竞争程度；有的休闲农业项目花了很多钱，但是却没有研究其经营模式，它的盈利点在哪里，利润怎样获取。这样的项目不光是赔钱，而且还背上了沉重的包袱。

虽然有的休闲农业项目在规划时测算了产值与利润，可是具体经营中却很少能实现计划的农产品产出。"休闲农业"变成了"豪华农业"，一些休闲农业园区依赖设备和设施的简单堆积，赔钱赚吆喝。

因此，休闲农业应该是一个"优化"的农业，应该考虑休闲农业园区生产经营模式到农业生产设施装备，以及休闲、娱乐、体验、农业从业者素质、信息化需求和综合效益等多方面的因素，是一个综合优化的结果。

83　休闲农园为什么必须配备导游人员？

目前，很多投资人不重视导游工作，从而导致了休闲农业园区诸多问题，主要表现在园区的特色宣传不够，体验活动缺乏有效组织，经营产品营销推广不够，园区文化内涵传播力度不大，园区品位低、效益差等现象。

休闲农业园区导游就是休闲农园专门负责陪同游客休闲观光并进行观光讲解，组织游客开展休闲体验活动的人员。也有的休闲农业园区将其称为游客组织者、游客指导老师、游客管家等。不管叫什么，园区导游在休闲农业营运中起着非常重要的作用。

（1）体现休闲农园服务质量的高低

由于休闲农园安排的导游人员直接同游客接触，面对游客，代表着园区的形象，对休闲农园的经营以及游客的观光与体验产生着重要影响。导游工作对休闲农园经营与游客休闲观光具有很强的关联性，并对园区的发展起到重要的影响。休闲农园的发展离不开导游人员和他们提供的服务。导游在游客观光休闲活动中应居于主导地位，园区多数旅游消费活动应该通过导游的沟通与组织来实现，导游就是休闲农园观光休闲的引领者、指导者。导游在园区的工作质量直接影响着游客的休闲观光行为，进而关系到休闲农园的生存与发展。

城市游客一般通过导游来了解一个休闲农园，体会一个体验项目，认识园区经营服务产品。从一个以个体形式出现的导游身上，可以感受到休闲农园主题定位、经营特色、文化内涵等，了解到当地的民俗与风情。

游客对休闲农园的印象，大多会来自导游，而不会来自未曾谋面的园区管理人员和其他工种的员工，导游是游客首先了解并感受休闲农园服务优劣的窗口，在这一点上导游的重要性怎么强调都不会过分。

（2）有利于休闲农园产品的销售

游客到休闲农园进行休闲观光的目的有所不同，但其基本消费内容一般有三个：感受农村、体验农业、品味生态产品，休闲农业与乡村旅游就是围绕农业这个基础进行的功能拓展，来满足人们食、住、行、游、购、娱的旅游休闲需求。

无论哪一层次的游客来园区休闲观光，其目的都是要使自己得到休闲与体验，因此很多休闲农园都设计了有很强吸引力的休闲旅游产品，这种吸引力除传统的食、住、行、游、购、娱旅游六要素之外，还蕴藏着休闲农业新型产业发展的六要素：

• 文化：休闲农园的特色文化，优势文化；

• 体验：为游客提供各种农事体验活动；

• 环境：良好的乡村和农业景观环境；

• 科教：农业科技进步，教育、培训的提升；

• 健康：主要围绕生产、生态、生活和生命来打造休闲农园的产业发展，从而形成良性运转；

• 综合：主要是休闲农园多样化的产品，满足不同游客多方面系列化的要求。

这些都是包含着巨大信息量的生态农业产品。比如以茶叶为主题的休闲茶园，要设计茶叶的起源，茶文化，茶故事，茶的生产，炒茶制茶加工，品茶与茶道，茶的养生等一系列体验活动以及不同规格与品质的茶产品。这使得休闲茶园的生态农产品不同于一般的普通农副土特产品，虽然它是实物性的物质产品，但又是具有无形价值的服务产品，它的生产和消费具有同步性质。休闲茶园根据市场的细分和资源特点设计出的各种体验产品与生态农产品，只有来休闲茶园的游客消费时，它的真正价值才能体现出来。

导游服务工作可以通过落实体验活动实现休闲农园体验产品与生态农产品的销售，通过做好接待工作，树立良好的口碑，增加旅游者对体验产品与生态农产品的购买。

（3）有利于休闲农园形象的推广

休闲农园导游是一项专业性很强的工作，集表演艺术、语言艺术、专业知识于一身，在休闲农园接待服务中发挥着核心作用。

休闲农园导游树立良好的职业形象，为游客提供优质导游服务，有助于增强游客对休闲农园产品的信任感，缩短休闲园区与游客间的心理距离，让游客在休闲农园有一种家的感觉，最大限度地满足游客的需求。同时，园区导游又可作为休闲农园形象代表的身份，具有其他人无法替代的价值。

导游的观念与行为，反映着自身的专业知识、文化水平和综合素质，同时也体现着休闲农园服务的质量，也是游客感受休闲农园特色主题、文化内涵、体验产品、生态农产品的一个十分重要的营销手段。

84 为什么有些休闲农庄游客看到就想去？

名称、门头、园区标志、O2O平台这四点是影响游客走进休闲农庄消费的重要因素。

（1）名称是第一视觉点

对于游客来说，休闲农庄名称的信息传播格外重要。

① **名称信息要简练清晰**　休闲农庄名称上的信息是传达给游客的第一印象，特别是对于新客户来说，他们通常第一眼看到的就是休闲农庄名称，并借助名称的信息来帮助自己做决策。

一是不要让消费者花时间猜你的名字。如果一个休闲农庄名称取得生僻且用繁体字书写，顾客可能看了许久依然不知道休闲农庄的名字。二是游客不知道你的休闲农庄卖的是什么产品与服务，那么顾客选择走进这家休闲农庄的概率不会太大。

所以，休闲农庄名称的内容一定要简练，不需要的内容一律要删掉；字体也一定要清晰，不要把字体设计得太过于艺术或抽象，让顾客读不懂。

② **名称信息要齐全**　有些休闲农庄，只写了品牌名称，没写品类名称，在消费者心中就是信息缺失。例如有很多休闲农庄是以"地名""姓名"等作为名称的，这就让消费者摸不着头脑，这家休闲农庄提供的服务到底是啥？要想顾客一看到名称就了解到休闲农庄的基本信息，名称设置一般是品牌名＋品类名的基本组合，如"飞牛牧场""蘑菇部落""百果园农庄""金勇番茄农场"等。

（2）大门是休闲农庄的标签

休闲农庄的"大门"不仅体现了投资人的经济实力和审美观念，也反映出他们对休闲农庄的理解和认识，以及对消费走向的把握，这些在很大程度上也影响了农庄的未来。

① **突出休闲农庄特色**　要想使休闲农庄大门有特色，就要以主导产业为

依托进行文创设计，既避免了"撞门"，也和休闲农庄内部设计风格保持了一致，强化了游客对园区产品与服务的特色记忆。

②**让游客驻足并主动拍照**　大多数游客不管去哪儿玩都喜欢拍照，喜欢在微信朋友圈、微博等社交平台展示。休闲农庄大门，更是拍照的必选之地。但是很多休闲农庄都把名字招牌高高挂在大门顶部，游客绞尽脑汁试遍各种角度，拍的照片始终不尽如人意。如果把招牌位置放低一些，就可以让用户轻松愉快地拍照、发朋友圈，其他人看到照片就知道农庄是什么特色，这是一种非常有效的社群传播方式。

（3）标志是休闲农庄不可缺少的景观小品

当顾客进入休闲农庄后，通常会先看导游图与指示牌等，其次才会接触园区服务人员，因为大多数人更愿意相信"自己看到的"。

休闲农庄标志系统主要包括五大类：

①**导游全景图**（园区总平面图）　包含园区全景地图、园区文字介绍、游客须知、景点相关信息、服务管理部门电话等。

②**景物或景点介绍牌**　包括景点、景物介绍，相关来历、典故综合介绍，景点说明牌，区域导游图等。

③**道路导向指示牌**　包括道路标志牌、公厕指示牌、停车场指示牌等。

④**警示关怀牌**　包括提示游客注意安全及保护环境等一些提示、警戒、警示牌。

⑤**服务设施名称标志**　包括售票处、出入口、游客中心、医疗点、购物

中心、厕所、游览车上下站等一些公共场所的提示标志牌。

（4）注重O2O信息维护，提高随机顾客转化率

① **如何提高顾客转化率** 随着消费升级的到来，很多年轻顾客外出休闲娱乐时，通常都会通过手机软件查阅休闲农庄评论或特色服务产品，以便做出是否前往该休闲农庄消费的选择。因此，平时注重O2O信息维护的休闲农庄，新顾客的转化率就明显高过其他园区。

② **休闲农庄的信息一目了然** 在维护O2O信息时，休闲农庄不但要在页面上尽可能详细地介绍农庄位置、电话、特色服务产品、环境等信息，而且要及时回复顾客评论，好评予以感谢，差评及时整改。

休闲农庄要吸引新顾客进店消费，提高营业收入，需要把名称、门头、园区标志、O2O平台四个因素综合一起，才能发挥出最大的效果，一旦有一环缺失，整体效果将大打折扣。

85 政府部门如何指导休闲农业的发展？

休闲农业的发展是典型的绿色生态产业，在拉动消费、扩大内需、带动就业、增加收入等方面发挥着重要作用。目前，一些基层政府及相关主管部门，在深入贯彻乡村振兴发展战略，推进休闲农业发展中存在如下困惑。

第一，如何集中财力做好政府应该负责的基础设施建设工作？ 目前，一些地区，尤其是山区或丘陵地区，道路、停车场等基础设施建设比较滞后，特别是休闲农业景区的停车场、卫生间、游客接待中心等基础设施的建设跟不上产业发展需求。

基层政府如何在财力紧张的情况下解决这些问题，一直是困扰休闲农业发展的难题。基础设施保障不到位，难免会对市场开发、产业发展产生制约，影响市场资本的投资热情。

第二，如何选择并做好休闲农业示范点？ 很多地方都在打造休闲农业与乡村旅游示范点，利用当地的自然资源、农业产业、历史古迹、文化遗产等，开发休闲农业。如何在全县范围内选择一个恰当的示范点，是政府主管部门需要

认真思考的问题。

一个好的示范点要既有快捷的交通，优美的自然风光，还要有特色产业，形成风格独特的乡村旅游模式。但在服务标准、服务质量上要保持一致。

怎样选择并办好这个示范点？到底是政府牵头搞，还是引用民间资本呢？出台什么样的政策？可不可以考虑让合作社或农户自己搞，由政府给予补贴？这些都需要结合具体情况把握，做得不好就会出问题。

第三，如何开展休闲农业宣传并引导投资。休闲农业工作不好做，但要想做好这个工作，还是要从宣传开始。实打实地开展宣传工作，不能只是报纸上发一篇报道，抖音上发一个视频，微信上面发一个软文，这些不是真正意义上的宣传。真正意义上的宣传要借助文化的力量，文化必须是根植于内心的。借助文化的宣传，潜移默化地影响，达到"冷水泡茶慢慢浓"的效果。这样才能让优秀、独特的资源在全国的休闲农业大发展进程之中占有一席之地。

很多地方的乡村旅游项目都是靠无中生有、编故事、讲神话来吸引游客，效果可想而知。如何发挥文化优势做好休闲农业宣传，吸引投资和游客，这是需要认真思考的问题。

上述困惑其本质还是缺资金和缺人才的问题。基层政府发展休闲农业如何破解上述难题？除了抓好一二三产业融合、农旅有机结合等新型产业发展核心工作外，还要抓好以下两方面的工作。

一是创新规划工作。重点是要做好规划引导与规划管理。

① **规划引导**　首先要做好区域内休闲农业与乡村旅游的发展规划，县级发展规划要坚持点面结合，特别是在一些重点产业、重点园区、重点景点规划上要科学、精准、可行，不能都是大话、套话，要有能落地的规划方案。县级政府要将有限的财力通过规划进行引导，起到"四两拨千斤"的效果，引导社会工商资本投入到休闲农业与乡村旅游新型产业发展中来。

② **规划管理**　休闲农业项目的开发，要防止"拍脑袋"决策的投资。县（市、区）政府所属规划、发改、财政、农业、林业、国土、旅游等部门要切实履行职责，加强对具体实施项目的审查与管理，做到严格按照规划方案执行，并根据实施进度给予相关支持与扶持，防止不必要的损失与浪费。

二是加强人才培养项目投资与培训力度。

① **人才培养项目投资**　政府在农业项目投资中不能只有设施设备等硬件的资金投入，还要有人才培养等软件项目投资的内容。要做到硬件设施一旦到位，相应的软件配套就能马上启动，有人操作，有人运营，发挥应有的投资效益。

② **加大人才培训力度**　首先，各级政府要开展对相关部门工作人员和乡镇、村级干部的培训力度，重点是开展休闲农业基础知识与发展理念的培训，从而让干部队伍把握休闲农业发展方向，少走弯路。

其次，没有村民参与的休闲农业肯定做不起来。因此，乡镇、村级组织要大力开展农民参与休闲农业的培训工作，开办种植养殖、农家乐、民宿、农产品加工培训班，只有让有意愿、有条件的农民先学懂了，做成功了，从而带动其他村民一起参与，休闲农业才会做得红红火火。

最后，休闲农业的发展还要考虑专业人才的本地化问题。政府可与大专院校合作开展本地专业人才委托培训，这样才能真正缓解当前发展休闲农业专业人才严重缺乏的问题。

86　休闲农业园区与旅游景区的区别是什么？

很多休闲农业的投资人没有弄明白，休闲农业园区和一般旅游景区是有区别的，就盲目按照旅游景区模式投资休闲农业项目，把休闲农业园区当旅游景区来开发，把农业生产基地按照旅游景区模式进行规划打造，梦想着要评上AAA以上的旅游景区，其结果是投资大、收益低，普遍存在不赚钱甚至是亏本经营的现象。

（1）休闲农业园区与旅游景区的共同点

休闲农业主要是利用乡村田园景观、自然生态及环境资源，结合农林渔牧生产、农业经营活动、农村文化及农家生活，提供消费者休闲、增进游客对农业及农村之生活体验为目的农业经营新型产业。

旅游是指游客为了休闲、商务或其他目的离开惯常环境，到某些地方并停留在那里，但连续不超过一年的活动。旅游目的包括六大类：休闲、娱乐、度假、探亲访友、商务、专业访问、健康医疗、宗教/朝拜、其他。

从上述可以看出：休闲农业园区和旅游景区都是为了满足游客休闲旅游活动的需要。因此，休闲农业园区和旅游景区服务的目标市场——游客是相同的。游客的旅行目的也是相同的，都是为了休闲、娱乐、度假。但是，休闲农业园区应该是旅游开发的一种特有方式，它主要以农业生产经营、农村文化及农家生活通过农旅结合的方式为游客提供产品与服务。

（2）休闲农业园区与旅游景区的主要区别

① **经营内容有差异**　旅游景区是指以旅游及其相关活动为主要功能的区域场所，能够满足游客参观游览、休闲度假、康乐健身等旅游需求，具备相应的旅游设施并提供相应的旅游服务的独立管理区。旅游景区主要是开展景区范围的经营与管理。

休闲农业园区由于大部分是农田、水体和林地，从根本上来说休闲农业园区既是一个农业生产区，又是一个休闲旅游度假区，因此休闲农业园区与旅游景区的区别在于：除了考虑园区休闲观光外，还要考虑农林牧渔生产与经营。

② **规模大小不一样**　目前，旅游景区一般规模较大，因此习惯把旅游景区开发叫作大旅游、大开发，不仅旅游景区面积大（AAA以上旅游景区都有具体开发标准），而且投资也很大，一般投资起点就是上亿元，几个亿是正常情况，几十亿、上百亿也不少见。

而休闲农业园区目前相对旅游景区来说，就小很多，一般也就是几百亩、上千亩。在台湾，几亩、几十亩的休闲农场比比皆是。因此，习惯将其叫作小休闲、小开发。不仅规模小，投资也小，几十万或者几百万、上千万办个农家乐或休闲农庄是正常的，几千万、上亿元搞休闲农业就算是巨额投资了。

由于休闲农业是一种新型产业，人们对其认识还不够，相关商业模式还在实践探索阶段。因此，目前我国休闲农业园区还普遍缺少按照旅游景区那样做大的基础条件。

当然，随着休闲农业进一步发展，其商业模式、经营业态、盈利方式、社会服务等进一步健全完善，部分休闲农业园区也会逐步向大园区的规模方向进一步发展，甚至统一品牌、统一体验内容、统一运营模式的连锁休闲农业园区也可能会涌现。

③ **投资内容有差异**　旅游景区投资方向与内容主要是旅游经营设施设备的投入与商业文化的开发建设，重点是机场、火车站、高速公路、景区内道路、桥梁、观光缆车、观光电梯、观光玻璃桥，还有酒店、餐厅、美食街、大型游乐场、各种风情园等。

而休闲农业园区投资方向与内容的重点是自然生态保护、农业生产经营与农村文化开发传承。如在农村文化开发上，休闲农业园区重点是打造与城市公园、旅游景区不一样的乡村休闲游乐活动项目，如乡村建筑文化、民俗居住文化、农耕文化，还有服饰文化、美食文化、习俗文化、礼仪文化、婚庆文化、宗教文化、乡村游乐文化等。

④ **休闲方式不一样**　旅游景区主要满足游客以观光为主要目的旅行需要，都是以大好河山等景区观光为主。当然，目前旅游景区除了观光，旅游活动也越来越丰富多彩了。

而休闲农业园区主要是满足游客进行体验休闲与怡情养性的目的。休闲农业园区切不可模仿旅游景区，只满足游客走马观花的需求，搞观光型花海、设施农业景观、人造景观等，这些只能热闹一时，很难持续发展。休闲农业园区一定要让游客的生活慢下来，深入农村、农园，体验生活、生产，体验乡村文化。

⑤ **盈利模式不一样**　目前，旅游景区的经营方式主要就是出售门票，外加餐饮、住宿、游乐项目、旅游产品等来获取收入，实现盈利。从发展趋势来分析，随着经济的发展，以销售门票、满足观光为主的旅游景区经营模式会越来越难盈利，这是因为凡是去过旅游景区的游客，很少主动再去第二次、第三次。

而休闲农业园区一般是不卖门票的，主要靠为游客提供各种休闲体验服务与生态产品来实现营收，靠丰富业态和产品经营来实现盈利。

休闲农业园区通过生产、生态、生活"三生"的融合发展，农业和旅游的"农旅"有机结合，并建立一二三产业有机融合模式让游客参与其中，完全可以实现轻资产打造。

87　海南龙泉集团是如何建立完整的农旅产业链的？

　　海南龙泉集团有限公司创建于1993年，是一家集农业、餐饮、娱乐、酒店及相关产业为一体的综合性企业，拥有固定资产上亿元。公司创立以来，坚持"食在龙泉、住在龙泉、购在龙泉、休闲娱乐在龙泉"的理念，围绕农业与旅游产业建立了配套完善的产业链。该集团下设十多家企业，分别提供餐饮服

务、基地体验、商品购买、度假住宿等服务，集团将农业各个环节与旅游产品无缝对接，形成密切关联的农旅产业链。

① 集团主导产业是农业（文昌鸡、海南咖啡、海南特产）、特色餐饮、休闲度假。

② 产业模式主要包括五个环节：集团研发—基地建设（公司+基地+农户模式）—产品体验（龙泉酒楼、乡园农庄）—生产加工（食品加工厂）—产品销售（贸易公司、货运公司等）。

③ 进行旅游开发：观光游览、科普教育、节庆活动、美食餐饮、休闲体验、购物商贸、度假旅游（乡园农庄、养殖场、酒楼、咖啡厅、宾馆、旅行社等与之配套）。

④ 开发旅游产品和服务项目：文昌鸡养殖、龙泉酒楼美食、龙泉文昌鸡、龙泉椰子鸡、龙泉咖啡、龙泉休闲食品、乡园农庄服务、龙泉宾馆服务等。

⑤ 围绕产业打造食、住、行、游、购、娱观光休闲体验活动：如博览园、游乐项目、亲子体验活动等。

集团巧妙地将加工产品与服务产品融合包装成体验基地，如文昌鸡养殖基地内就有许多龙泉文昌鸡商品，还有咖啡厅主题馆等。龙泉文昌鸡、龙泉咖啡等产品则会在乡园农庄、酒楼、咖啡厅销售。

在休闲体验方面，集团为游客设置文昌鸡饲养观赏与体验活动项目，游客可在室外零距离观赏到文昌鸡的生态养殖现场，参与一些捡鸡蛋"寻宝"等体验活动。

在科普教育方面，游客可以学习了解文昌鸡、龙泉咖啡的相关知识，在种养基地、乡园农庄可以学习咖啡的制作方法，也可以观赏各类动物。从星期一到星期日农庄都有不同的体验活动供学习体验。

在美食方面，农庄利用成片的荷花园开发了色香味俱全的荷花菜肴，主要有香炸荷花、咸鱼爆藕带、莲粒香、荷叶包饭、冰镇莲子、莲子老母鸡汤等；利用农庄的睡莲开发了乡园茗茶——睡莲花茶。

在产品生产质量方面，从养殖源头抓起，注重专用饲料开发与控制；严格控制药物残留，打造绿色有机食品；采用"公司＋基地＋农户"管理模式，保证产品质量持续稳定。2004年10月，文昌鸡成为海南首个地理标志保护的名牌产品。

龙泉集团最值得学习的地方便是巧妙地将生产、加工、销售与观光体验结合起来，形成一个循环的商业模式。当然更重要的是，集团在细节方面考虑得非常周到，如一年一度的龙泉美食节、文昌鸡新产品开发、龙泉食品包装、游客活动安排与说明、种养基地介绍等。

88　青苗村是怎样利用节庆活动发展乡村旅游的？

湖南津市毛里湖镇青苗村，地处鱼米之乡的洞庭湖平原，是一个普通农业小村庄，当地物产除了有稻米、家禽、家畜、水产品等，还有黑芝麻、绿豆、黄豆、手工艺品等。以前这些农产品都是靠农民自己销售或卖给中间商，价格不高，收入有限。但是。2015年冬天销路遇到了前所未有的困难，村民家里的农副产品全部滞销，村干部也非常着急。他们组织村民多次开会想办法，后来想到青苗村有在重大节日进行"斗牛"的习俗，就尝试举办腊八节"斗牛"、唱戏等活动，通过吸引周边的村民、客商，甚至是城里人前来参观，看看是否能带动农产品销售。

于是，在村干部的带领下，第一届青苗腊八节紧锣密鼓地筹办起来，村民们"有钱出钱，有力出力，有物出物，有屋出屋"，具体工作落实到每家每户，所有村民都积极宣传，通知自家的亲戚朋友，聚集人气。

令人欣喜的是，当年举办的腊八节超过了预期，由于宣传到位，邻里相传，附近十里八乡的人都来了，天天人山人海。5天时间，家家户户囤积的农产品全部销售一空，实现销售收入400多万元。

第一届腊八节的成功举办，让村民们尝到了甜头，增强了信心，于是就积极筹办2016年"第二届青苗腊八节"。为了增加活动的吸引力，提高腊八节的效果和影响力，青苗村特地邀请湖南生物机电职业学院的专家团队对腊八节的活动进行了规划和指导。根据青苗村的农业资源条件，在腊八节的基础上，又设计了传统农家的"四季节庆活动"，如油菜花节、荷花节、罩（捕）鱼节、龙虾节、新米节……将节庆活动贯穿全年，拓展和延长活动的时间、空间，让游客一年中可以多次来到青苗村，体验不同季节的生活，如参加"青苗荷花节"，可以一边品尝荷花宴，一边欣赏荷花舞等。最大程度挖掘了青苗村的休闲农业和乡村旅游资源，不仅带动了农产品销售，还增加了其他盈利模式和渠道，经济效益自然就增加了。由于有了专业规划和科学实施，2016年的"第二届青苗腊八节"效果更好，影响更大。2017年筹办第三届腊八节时，就吸引了云南的一支斗牛队伍来和当地的斗牛队比赛，吸引了更多的人来观看。这样就形成了良性循环，节庆活动年年举办，不断发展壮大，成了青苗村的名片。

这个案例说明了："青苗腊八节"不但提升老百姓的收益，直接"从田间到餐桌"，绕过中间商；让消费者来到青苗和原产地建立共赢的链接，直接品尝到青苗特色农副土特产品，也降低了消费者的购买成本，还享受到了田园牧歌的理想生活。

青苗村本来除了农产品并没有其他任何产业，同时距离城市约一个小时车程，很难吸引城里的游客前来。但是通过挖掘当地特色节庆民俗，举办城市人群难得一见的斗牛活动，产生了连锁效应，在没有大规模硬件投入的情况下，凭借休闲旅游活动带动了农业生产，促进了村里的休闲农业发展，把一个十分普通的农业小村庄，发展成为休闲农业与乡村旅游热点，被评为全国乡村旅游重点村。

89　300亩的小农庄为什么能实现年收入上千万元？

一个不足300亩的小农庄——青天寨，实现年收入上千万元。农庄主人用了什么方法通过一个"貌不出众"，只有几个鱼塘、一片田地、一个小山头的农庄创造出了奇迹，引起很多同行的关注与模仿？

(1) 过去的青天寨

　　青天寨休闲农庄的周庄主，原来是一个普通的医药代理商，看到长沙最早的"农家乐"生意好，以为赚钱容易，利用农村闲置老屋创办了青天寨农庄，开始也是模仿周边的农家乐，设置打牌、钓鱼、吃饭这些服务项目。但是他忽视了其他农家乐的优势：别人用工基本靠一家人，可以忽略人工成本。但周庄主不是长沙本地人，青天寨没有这个条件，凡事都要请人运作，一开始在人力成本的问题上就陷入无钱请人生意差，生意差又无钱请人、也不敢请人的尴尬局面。

　　当初以为最大的利润来源是鱼塘，但是青天寨的鱼塘小，而完全靠农庄自己养鱼不但速度慢，也满足不了客人的需要，靠鱼塘盈利不行。后来以为烧烤赚钱，于是又做起了烧烤项目，真正运作之后才体会到烧烤也是"鸡肋"项目。餐饮的利润更是不稳定，周末有客人时桌子不够用，周一到周五没有客人，工人工资负担不起，再次陷入恶性循环。几个项目的利润都微乎其微，赚的钱支付用工成本都不够。

　　其实周庄主面对的不仅仅是一个用工成本的问题，而是面对农家乐千篇一律的营运模式早已被消费者厌倦的问题。当时，他已经在基础设施建设上投入一百多万元，成本和利润成为摆在青天寨面前的最大困局。不做，将血本无归；做，也是亏，千头万绪，不知道该怎么办！

(2) 与其局限于模仿不如去拓展视野

　　解决问题的关键在于学会找方法、找对策！体会到模仿而不创新就会失去市场竞争力的困境之后，周庄主开始了艰难的转型三部曲：一是外出学习考察，向专家请教，向先进的同行学习，借鉴成功经验。二是对青天寨的资源进行STWO分析，确定青天寨的优势资源。三是走在同行的前面，率先利用好互联网这个营销工具。

（3）教训与实践经验证明：农庄必须规划

周庄主之前创建青天寨农庄时没有进行规划和设计，完全凭着自己的感觉建设，所有农庄主犯过的错误他都犯过：没有充足资金；没有专业知识；更没有进行规划设计而盲目跟风。

后来，周庄主开始学习各种休闲农业发展新方向、新模式的理论知识，购买阅读相关书籍，关注各种线上教学平台，特别是通过"休闲农业和乡村旅游"微信教学平台与湖南生物机电职业技术学院副院长谈再红教授取得联系，并请谈教授带领专家团队对青天寨休闲农庄的提质升级制订和规划了改造方案，策划创新休闲体验项目，提出做大产业项目的指导意见，鼓励他走出打牌、钓鱼、吃土菜"老三样"的传统思路，转型走多元化创新发展的道路。

（4）改造转型后的青天寨，丰富了产业发展模式

转型升级后的青天寨农庄，专注为中小企业团队提供休闲拓展活动服务，用专业化的服务来带动农业种植业、加工业协同发展，把农业种植和加工变成休闲旅游的配套项目，实现了真正的一二三产业融合发展，综合叠加效应显现出来，既能保证餐厅食物原料的新鲜安全，也不用担心农产品的销售问题，农产品的利润得到了最大程度的挖掘。

青天寨农庄的主题定位确定之后，带动产业布局不断延伸和完善，水果品种从葡萄发展到草莓、红枣、黄桃、西瓜、香瓜等，每年5万多人次的客流量保障了农产品销路；在山上、林地养殖土鸡、种植蘑菇等也成为利润来源，农产品年销售额超过300万元，并且完全不用离开农庄销售。青天寨打造的柴火香干

成为望城旅游的知名特产，开发的新包装扣肉、农家干菜等也都成为当红产品。

（5）摸索团队拓展项目，创优质口碑

青天寨的主题明确之后，沿着主题越做越顺手，围绕客户的体验下功夫，在长沙率先引进了多个活动项目：真人CS，树上探险，登山寻宝，蘑菇采摘，龙虾垂钓，定向越野，轻拓展游戏，撕名牌等多个娱乐项目。丰富了游客的体验，游客玩高兴了，口碑自然就好了，回头客自然也就多了，实现了良性循环。青天寨的轻拓展项目侧重团队打造，非常受企业客户的喜欢，每年接待超过3 000个以上企业团队。

（6）充分利用当地资源优势，创新农旅发展模式

青天寨农庄有一个不大不小的山头，为了发展农旅项目，2016年开发了树上探险项目，非常受客户喜欢。树上开展丛林镭战，树下开展蘑菇采摘、土鸡养殖等活动，山林资源得到了充分的利用，实现了林地立体发展的创新模式，成为长沙森林旅游的典范。

（7）打造平台，合作发展，带动当地农民共同富裕

青天寨自有的100多亩的土地用于蔬菜种植，是主要的生产基地，但产品产量远远不够，因此青天寨和周围40多户农民签订种植合作协议，每年收购他们生产的蔬菜、土鸡、土鸡蛋、猪等，实现了休闲农庄示范、引领、带动农民致富的目标。青天寨农庄在2016年就开设了无人售货超市，专门售卖青天

寨的农产品，成为农产品共享模式的亮点。

（8）抓住农业科普教育商机，做大亲子游市场

当前，农业科普教育和亲子活动十分地受孩子和家长们的喜欢。青天寨定位明确，只针对 5～12 岁孩子，开发自己擅长的游乐体验项目，因此顾客的满意度非常高，客户推荐客户的回头客现象在青天寨已成为常态。青天寨一直都能够做到把握市场需求，如农庄推出的多肉植物种植体验项目深受欢迎，而且也是长沙地区第一家推出该项目的农庄。

（9）团队拓展每个企业都需要，商机就是为企业做好配套服务

每个企业为了自身发展都有组织员工开展团队拓展活动的需求，青天寨就利用自身资源，积极开发企业感兴趣的团队拓展项目，为企业提供优质服务，如消防演练活动项目就深受华夏银行等多家单位的认可和青睐，成为长期合作伙伴。帮助客户解决问题，市场自然就打开了。

（10）利用好网络宣传和营销

青天寨农庄发展过程中最重要的一步就是网络宣传和营销的成功应用，从2009年起，周庄主就花大量时间去研究、学习网络营销知识和技巧，掌握了网络营销手段。青天寨把网络作为营销的主渠道，坚持只使用电子宣传资料，既节约成本，又发挥了网络传播迅速的优势，尤其是做到了让来过的客人主动传播，更有说服力。

90 四川省的休闲农业是怎样从农家乐到休闲农庄升级发展的？

(1) 四川省休闲农业发展概况

"十二五"以来，四川省着力培育农民合作社、家庭农场、农业企业、旅游公司四大休闲农业新型经营主体，支持农民发展农家乐，鼓励农民合作社、家庭农场、农业企业发展休闲农业，建成了一批产业特色鲜明、农耕文化浓郁的农业主题公园、农业观光园区、农业科普园区等休闲农业景区景点，并在全国出台首个省级地方标准《农业主题公园建设规范》。

(2) 四川省休闲农业发展新思路、新模式

在全国率先推行产业基地"景区化"建设战略，推动产业基地"产区变景区、田园变公园、产品变礼品"，加快美丽田园、美丽乡村建设。

实施"5111工程"，即认定50个省级农业主题公园，打造1 000个休闲农业景区，推荐10大休闲农业精品路线，推选10大优秀节会；评选精品农庄、乡村美味、最美乡村、创意产品、度假村落5个"十佳"，开启品牌培育时代。

启动"百、千、万、十万"项目，即联合百家省级示范农庄、整合千种优质农产品、携手万名爱心人士、帮扶十万困难山区农民。为困难农户提供产前、产中、产后的信息、技术、培训和项目支持，直接和贫困农户一对一建立联系，实现精准扶贫目标。

提供金融服务，省农业农村厅与三大涉农银行签订战略合作协议，支持休闲农业协会会员、经营主体和金融服务机构对接，享受不高于基准利率上浮30%的低息贷款。

(3) 案例分析

① 友爱镇农科村——求新求变的农家乐变脸之路　农科村是中国农家乐的发源地，被誉为"鲜花盛开的村庄，没有围墙的公园"。"南阳诸葛庐，西蜀子云亭"，20世纪80年代末，在一代大儒扬雄故里，农科村人首创了中国的农家乐旅游模式，凭借地处国家级生态示范区和中国盆景之乡的地理优势，花卉种

植、盆景博览的产业优势和深厚的文化底蕴，被评为国家AAA级景区。目前，全村共有农家乐接待户100余户，其中常年经营接待的有30余户，拥有三星级农家乐4家（静香园、庭院新村、观景楼、临水轩），四星级农家乐1家（徐家大院），四星级乡村酒店1家（中华盆景园）。农科村以生态为依托，以民俗为特色，以文化为重点。游客在这里可以住农家屋、吃农家饭、观农家景、购农家物、干农家活、享农家乐，体验浓郁的川西乡村民俗风情。

然而，经过长期发展，农科村也面临着内容单一、业态狭窄、经营理念陈旧、管理水平落后等一系列问题。面对现实，农科村人开始求新求变。首先，是进行产业链的延伸打造，将传统农家旅游、农耕体验向亲子教育、运动健身、养老养生等领域延伸，开辟教育实践园、骑游绿道等项目，实现多业态跨界融合。其次，是进行文化深度挖掘，包括传统农耕文化、盆景休闲文化以及扬雄儒家文化。从不同文化内涵代表的意义出发，分别打造天府农耕园、农家乐旅游发源地旅游文化展厅、中华盆景园、农科村盆景大道、扬雄文化广场、子云廊园等项目，开发手工制作、文化节庆、诗歌行吟等互动活动，不断彰显文化的魅力。最后，是健全完善管理机制和运用新型营销手段。如今的农科村建立了农家旅游服务标准化体系，有独立的宣传门户网站、官方微博，配备专业接待服务人员和讲解人员，为游客的吃、住、娱、游各项活动提供标准化、便捷化和智能化服务。

② **都江堰三文鱼基地——依山傍水的产业升级之路** 通威（成都）三文鱼公司是国家级高新技术企业和成都市农业产业化重点龙头企业，专门从事冷水鱼类研究、开发、经营，目前已先后成功引种大西洋鲑（三文鱼）、虹鳟、金鳟、北极红点鲑、河鲈（五道黑）等名贵冷水鱼，年产三文鱼10万千克，

可培育三文鱼苗种300万尾。公司在养殖产业基础上，探索一二三产业融合发展的产业升级之路，建设了一座集养殖、科研、产业化开发、立体综合农业、观光旅游为一体的三文鱼产业化基地。

　　基地位于都江堰市青家镇柏河村，占地面积300余亩，分为湿地公园、冷水鱼科普博览馆、渔业观光体验三大功能区。基地内部三文鱼养殖场顺地势落差而建，形成三文鱼养殖带和若干支不同品种的渔业养殖带，养殖带穿过猕猴桃种植区，为猕猴桃提供灌溉水源和肥料。这种布局充分利用空间，使资源配置更为合理，促进了生态可持续发展。基地内风景秀丽，环境幽雅，并配套休闲观光设施、儿童游乐设施、食宿服务设施、科普教育设施等；以基地养殖的名贵冷水鱼为食材，提供特色餐饮服务，形成了独特的产品体系与服务体系，推进冷水鱼产业链和功能体系的升级发展。

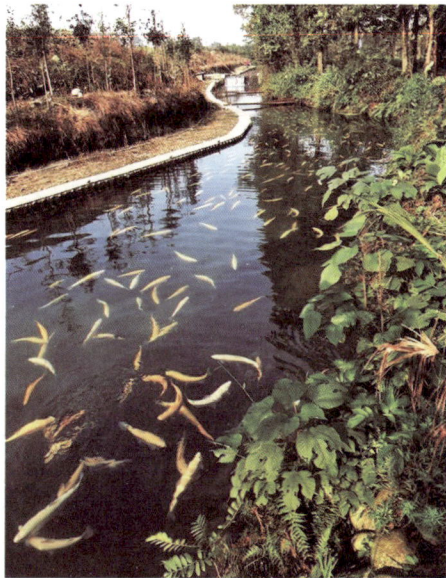

　　③ **新津县纳雅山庄——玩转线上线下的资源整合之路**　纳雅山庄位于成都市新津县梨花溪旅游风景区，占地1 200亩。山庄定位于生态休闲观光农场，崇尚自然农耕，追求从田间到餐桌一站式供应，通过对生产过程的严格管控，对绿色生态循环生产方式的科学运用，将生态休闲观光农业打造成为一种生活模式。山庄致力于发展三大产业，即生态种养殖业、生态旅游观光和农业科研

及培训。产品涉及有机果蔬、跑山鸡、稻田麻鸭、巴马香猪、羊、牛、鹅、野化鱼、香肠腊肉等，并联合农业科研院所和高校，积极开展农业新品种、新技术研发推广，带动区域农业科技水平提升。

纳雅山庄秉承绿色发展、循环发展、生态发展理念，初步建立起绿色安全农业的产业体系、生产体系、经营体系。在生产发展的基础上，山庄运用"互联网+"思维，不断整合自身资源，打造出"线下生产体验、线上定制服务、活动营销推广"的发展模式。目前，山庄已有的新型服务平台包括生鲜O2O超市、电子商务平台、社区餐饮连锁店和特色物流体系，带动山庄及周边区域优质农产品销售，实现了良好的经济和社会效益。

纳雅山庄是一座新农人返乡务农的创业庄园，也是一座有情怀、有梦想的创新庄园，更是推进农业强、农民富、农村美的示范庄园，呈现出一副活力四射的田园景象。

④ **大梁酒庄——文化引领的主题开发之路** "大梁酒庄"是以酒文化休闲

体验为主题的风情旅游村落，这里不仅将酒人、酒事真实再现，游客还可到大梁烧坊与酿酒师傅一起参与体验，感受百年古法酿酒的全过程；也可以盛一坛自酿的白酒存放于山洞之中，三年五载后再来开坛畅饮，感受"地藏老酒"的别样风味。酒文化广场上定期在"大梁老戏台"演出与酒人、酒事相关的经典剧目，诠释酒文化的博大精深；酒艺楼为文人雅士和品酒师们提供了一个专业的品鉴之地；而以酒疗洗浴、白酒熏蒸和红酒SPA等为特色的"青庭紫院"，不仅是养生保健的休闲中心，还可提供五星级的客房服务。

　　大梁酒庄景区内的设计处处体现着酒文化的主题和年代历史感。如"酒朝会"的13个包间，对应春秋、战国、汉、唐、清等朝代，而每一个包间都力求还原当年的历史意境。比如，在"汉朝包间"，一进去就如同穿越到了汉朝，有身着汉服的服务员为你煮酒、温酒。宾客们跪坐于蒲团，在案几之上饮酒喝茶，体验汉代的礼仪及饮食风格；在元朝包间，一进去就好像到了蒙古大汗的营帐，蒙古族姑娘为你献上牛腿、烤羊；而在清朝包间，是清朝宫廷风格和格格装束的服务员为你服务。每个包间都播放所属朝代的古典

音乐。

所有这一切都与景区的企业化经营、规范化管理密不可分。景区由成都市大梁餐饮文化有限公司负责整体经营运行，并与大梁农业公司密切合作，捆绑发展，在大梁酒庄周边流转土地上万亩，已形成了万亩红高粱产业基地、千亩猕猴桃种植园、千亩酿酒葡萄示范园、百亩樱桃采摘园、百亩农耕文化园等现代都市农业观光园区，除为古法酿制高粱酱酒、猕猴桃养生酒、樱桃滋补果酒、红白葡萄酒等提供生产原料外，还以碾坊、磨坊的传统加工方式加工生产高粱粳米、高粱面粉等五谷杂粮，为游客提供原生态的特色农副产品。

91　卢村是怎样利用文化特色建设美丽休闲乡村的？

卢村地处安徽省南端、黄山风景区西南的黟县北部，隶属于黟县宏村镇，始建于南唐时期，至今已有一千多年的历史，距离世界文化遗产宏村仅1千米，距离黄山风景区20余千米、黄山机场62千米、京福高铁黄山北站50千米、S42黄祁高速黟县出口23千米。全村下辖4个村民小组，212户650余人，是一个以农业为主，蚕桑、茶、林业、毛竹、旅游等多业并举、多业融合的皖南古村落。卢村古民居群为清道光年间所建，至今仍完整保存着志诚堂、思齐堂、思成堂等宅院。

近年来，卢村以"旅游＋"模式大力发展休闲农业与乡村旅游，实现村级集体经营性年收入30多万元，农村居民人均纯收入2.4万多元。先后荣获中国美丽田园、中国历史文化名村、中国传统村落、中国特色景观旅游名村、安徽省生态村、安徽省级农村危房改造和村庄整治示范村等荣誉称号。

卢村进行生态、文化、旅游"三位一体"深度融合，以"打造美好乡村，发展休闲农业旅游，提高农民生活水平，构建和谐文明乡村"为目标，紧紧依托绝佳的自然生态、厚重的历史文化，持续扩大有效投入，美丽乡村建设亮点纷呈、成效明显。

（1）田园风光保护得好，是吸引游客的基础

卢村靠山临水，四季如画，被誉为全国十大油菜花观赏地之一。这些年来，镇村两级组织严控关键区域，划定保护界址，严查违章建设，持续加大田园风光保护力度，并且鼓励引导村民自发种植油菜、水稻、乌桕等，这样不仅有效地调整了产业结构，更丰富了田园景观，还增加了游客观赏的多样性。全村共有耕地4 672亩，其中观光作物种植2 326亩。有目标地策划摄影、写生两大主题，并围绕主题加大基础设施投入，建设田园观光步道1 200米、摄影点1个、观景台3处，年均接待摄影爱好者、写生学生约35万人次，成功举办10多届摄影展览。

（2）历史古宅保存得好，让乡愁有记忆可寻

卢村现有保存完整的明清古民居65幢，特别是卢村木雕楼，被誉为"徽州第一木雕楼"。村里利用历史文化名村、中国传统村落等项目资助，累计投入3 680万元，先后实施了"百村千幢"保护利用、徽州古建筑保护利用等工

程，挂牌保护古民居12幢，修缮维修古民居28幢。此外，牢牢把握全省农村综合改革示范试点契机，不断探索古民居保护利用新机制、新渠道，通过民间融资、政府补助的方式吸引社会资本460万元，按"只修不拆、修旧如旧"原则，成功抢救性修缮了贤泰堂、述理堂、华生堂等濒临倒塌古民居，鼓励、培育华生堂、云霞居等为代表的古民居利用新业态、新模式充分弘扬建筑艺术。由于对古建筑传承利用得好，吸引了大量的游客前来休闲度假，寻找乡愁。

（3）宗族文化传承得好，精神文明建设有的放矢

卢村以姓名村，宗族关系严密，卢氏子孙一直尊崇家训族规，读书习文的风气和尊老爱幼的孝道文化延续至今，并被广为传播。村里举办中华卢氏代表大会，通过《中华卢氏文化渊源研究总会章程（草案）》，深入挖掘民俗文化；投入300余万元，建成民俗文化展示中心、1200米^{2}的村民文化广场；大力挖掘民俗文化，恢复"雉山凤舞"这一传统民俗文化活动，组建雉山凤舞表演队、广场舞蹈队各1支。雉山凤舞也因此成为卢氏文化的重要载体，美誉纷至，扬名全省，被评为安徽省非物质文化遗产。卢村的精神文明建设滋润了人心、德化了人心，也凝聚了卢村人的向上的精神，推动物质文明和精神文明协调发展。

（4）生态环境整治得好，村庄全域优美舒适

卢村人注重生态环境整治。他们深知，乡愁不是一个空洞的词，而是良好的精神与物质条件的结晶。只有好山、好水、好村庄才能吸引人们前来。生态环境整治好了，村庄变靓丽了才能满足游客的"归宿"情结。村里整合美丽乡村建设、改徽建徽、传统村落建设等项目资金5500万元，实施村庄基础设施提

升工程，新建旅游生态停车场、无害化旅游公厕；整治村中河道3 000余米，景观蓄水坝12座；三线地埋7 000余米，铺设石板道路3 000余米等；拆除畜栏、路障房510米^2；聘请专职保洁员3名。生态宜居建设让古村落重焕生机，为卢村的旅游发展打下了基础，提升了设施档次和服务水平，打造了生态旅游业态。

（5）栽好梧桐树，凤凰自然来，"旅游＋"模式成功引资

卢村凭借毗邻世界文化遗产地、国家AAAAA级景区宏村得天独厚的地理优势，通过中国摄影大展、国际山地车公开赛等重大国际、国内赛事活动，发展"旅游＋"模式，不断优化旅游环境。由于前期工作扎实，获得了投资商的青睐，成功引入新加坡悦榕集团累计投资8亿元，建成集休闲俱乐部、度假公寓于一体的高端旅游度假山庄，游客接待能力和游览品质进一步提升。

得益于乡村旅游业的长足发展，全村村民也积极参与，建成自营"徽姑娘农家乐"50多家，日接待食宿游客超过1 000人次。

92 白塔村是如何利用资源优势发展休闲农业的？

白塔村位于江苏省宜兴市西渚镇西部，地处丘陵山区，依山傍水，紧临云湖景区，交通便利，有着良好的资源优势；区域面积7.6千米^2，现有27个自然村，人口3 000多人。

白塔村靠山吃山，靠水吃水，把资源优势转化为经济优势，先后获得"全国生态文化村""中国特色村""全国乡村旅游模范单位""全国休闲农业与乡村旅游示范点""江苏省最美乡村""江苏最具魅力休闲乡村"等荣誉称号。他们是怎么做到的呢？

（1）用好山水资源，培育特色品牌

白塔村坚持"一村一品"的发展定位，挖掘资源特色，发展现代高效休闲农业，产业发展实现应种尽种，不让山地空闲。以种植南天竹为例，全村有250多户农户种植了3 000多亩，辐射带动周边农户种植近1万亩。亩净收益可达3万多元，形成以"竹"为主题的"特色"品牌。

为了推动传统农业转型升级，促进农民增收。除种植南天竹外，还建设了茭白、樱花、苗木、无公害大米、特色瓜果、优质茶叶和波尔山羊七大农业示范基地，生产高产、高效、生态、安全的绿色农产品。红提、油桃等特色水果，适宜当地生长环境，口感好、产值高，村里持续进行选优、培优，提高水果品质，吸引了许多前来观光采摘的游客，形成了一二三产融合发展的产业链，扩大农民增收的有效途径。

昔日的扶贫村一跃成为"全国文明村""中国美丽休闲乡村""全国生态文化村""中国最美村镇""中国特色村"以及"江苏最美乡村"，平均年接待游客 60 万人次，2017 年甚至多达 80 万人次。全村村民均可根据自身家庭情况选择合适的高效农业品种进行种植。在此基础上，村里积极组建休闲农业专业合作社，推进农业产业化。累计销售农产品 1 亿多元，带动本村和外来人口就业 1 800 多人，辐射带动周边农户创业致富 2 000 多家。

村里组织开展种植养殖技能与电商微商创业培训，将具有浓厚本土特色的农特产品探索实行整体策划、分头包装，创新打造"白塔味道"农产品品牌，并通过宜兴素食文化博览会、"白塔乡村旅游季"等活动进行宣传销售。同时，使村里大量闲置富余劳力，尤其是留守妇女的作用得以发挥，"竹"相关产业成为群众增收致富的有力支撑。

（2）巧借资源，补齐景区短板，促进休闲农业发展

白塔村夯实了产业基础，又借云湖风景区开发的契机，顺势而为发展乡村旅游，创新打造兴望农牧文化园、甲有农林生态园、芸芯山庄三大知名生态农业观光园区，利用"猪"的文化创意，建成了"亚洲第一、中国最大"的"猪文化馆"，赋予养殖产业的文化性、趣味性，实现一二三产融合发展。打造出集旅游、休闲、住宿、餐饮、采摘、垂钓、会议为一体的江苏省四星级大型农家乐 2 家。兴望农牧文化园先后被评定为"无锡市农业科技示范园""无锡市农业旅游示范基地""国家 AAA 级旅游景区""全国休闲农业与乡村旅游示范点"，每年接待观光游客 30 多万人次。

由于政策和投资环境好，吸引了一批有资金、有理念、懂经营的投资者前来白塔村投资。横塘自然组的"牵稼园"精品民宿区域里，行香竹苑、阅宜兴、云香喜舍等一批特色精品民宿相继建成，通过分区分片、因地制宜规划发展，突出"白塔民宿"特色，闯出了休闲农业与乡村旅游产业发展的新路子。

（3）深挖文化资源，树白塔形象品牌

白塔村是"中国革命戏剧拓荒者""革命电影事业奠基人"、著名剧作家于伶的家乡，也是星云大师祖庭大觉寺的所在地。村里选取了星云大师通俗易懂、劝人为善的警示语装饰村民门前屋后的文化墙，通过耳濡目染，以启迪心灵、提升心性。建有白塔文化公园，内有于伶纪念馆、于伶文化广场、乡村记忆馆以及星云大师捐资建设的宜人书院，是集文化、观光、互动、体验为一体的综合性主题公园。由于白塔村具有丰富的历史文化底蕴，对历史文化的认知和传承比较好，《中国作家》杂志社宜兴创作基地也落户于白塔村，前来采风、创作的作家络绎不绝。通过旖旎秀丽的山水风光和为人乐道的禅居文化，白塔村的形象品牌得到进一步提升。

（4）优化生态环境，秀美白塔脱颖而出

白塔村在发展休闲农业的过程中充分尊重农业、农村的传统和习惯，保持生态环境和自然田园风光的原生性。以张戴公路沿线为区域板块，以薛家桥自然村为重点，打造100家样板户，横塘自然村成功创建为三星级康居示范村。全村主干道路全部用水泥进行硬化，梳理河道，清理池塘，翻新老屋外墙立面，建造公厕，建设微动力生活污水处理设施，将村庄道路、公共场所、房前屋后和河道绿化等基础设施进行改造建设，进行全方位规划、一体化实施。村庄通过一系列的整治，水清、树绿、景美，焕然一新的秀美白塔村展现在游客的视野中。

一方水土养一方人，一方山水有一方风情，白塔村利用山水资源优势，探

索适合自身特点的休闲农业发展之路，围绕"农业立村、文化兴村、旅游强村"的乡村振兴目标，立足休闲农业协调发展，村里呈现出生态环境日益优美，旅游特色日益彰显，农民群众安居乐业的良好态势。

93 发展乡村休闲旅游，集体增收渠道有哪些？

乡村振兴，不仅农业产业要兴旺，农民要增收，农村集体经济也要发展。在休闲农业与乡村旅游产业发展中，政府、企业、个人都要探索村级集体经济的实现方式，主要有以下四个增收渠道。

（1）资源开发增收

主要是利用村里拥有的土地、山水、田园等特色自然资源，开发休闲农业与乡村旅游增收项目，实现村级集体经济稳定增长。

典型案例：湖南省浏阳市张坊镇田溪村。

浏阳市田溪村是一个群山环绕、田舍俨然的美丽村庄，潺潺的溪流穿村而过，远处是满目青翠的大围山，近看是白墙黛瓦、错落有致的农房民宿，是有名的"网红村"。村内的西溪磐石大峡谷景区，更是吸引了无数慕名而来的游客。

而在几年前，田溪村还是"省级贫困村"。尽管有湖南面积最大、有"活化石"之称的南方红豆杉林；有流泉飞瀑、峰奇石异的西溪磐石大峡谷……守着宝贵的好山好水，却由于缺乏巧妙挖掘和利用的思路和做法，少有人来欣赏游览。不少年轻人都去外面寻找发展机会。

2015年，田溪村在浏阳市政府的扶持下，决定将乡村旅游作为支柱产业来发展。随后，村集体与190多户村民入股"众筹"1 000多万元，开发西溪磐石大峡谷风景区，并成立湖南西溪旅游发展有限公司，明确了"公司+农户"众筹共建模式，打造形成集观光、体验、民宿、康养为一体的乡村旅游目的地。从昔日落后的省级贫困村，变成如今的美丽乡村，获得了"长沙市十大最具魅力旅游乡村""湖南省乡村旅游重点村""湖南省文化和旅游扶贫示范村""全国乡村旅游重点村"等荣誉。村集体通过发展乡村旅游有了稳定的收入来源。

（2）物业经营增收

引进龙头企业发展休闲农业和乡村旅游，村集体利用集体所有的非农建设用地或村留用地，配套投资建设生产厂房与仓储设施、生活服务设施等，通过租赁经营等方式，增加经济收入。

典型案例：湖南省长沙县锡福村。

湖南慧润农业科技公司是一家涉及酒店管理、农业种植、农副产品开发、旅游景区管理运营、亲子研学、网络系统开发及运营等领域的农业龙头企业，建成有露营基地、帐篷酒店、山谷民宿、农科新城、蝶梦山谷等多个度假基地。

长沙县锡福村通过引进该公司发展乡村民宿，企业投资建设了"锡福民宿"互联网电商平台，打造了"锡福村民宿旅游"乡村度假服务品牌。乡村旅游的发展，使村里的农产品不愁卖了，村民参与乡村旅游服务增收了，村集体利用集体所有的非农建设用地或村留用地，投资建设生产厂房与仓储设施、生活服务设施等，通过租赁经营等方式，每年实现收入200多万元。

（3）资产盘活增收

利用村集体闲置的工厂、寺庙和废旧养殖场、中小学校等设施，通过公开拍卖、租赁、承包经营、股份合作等多种方式进行盘活，增加经济收入。

典型案例： 浙江省东阳市六石街道张麻车社区。

张麻车社区发展休闲农业和乡村旅游，利用当地资源条件打造文旅项目，总投资400多万元，其中财政补助200万元，村里自筹200多万元。项目建设主要是利用社区及周边闲置房屋、厂房、老电影院等资源，委托规划公司统一设计、统一施工，以美化提升村居环境为基础，着力打造独具特色的休闲文化旅游社区。社区按照"修旧如旧"理念对原有建筑进行修整加固，并在此基础上提升道路两侧及周边的村居环境和商业品位，提高社区房屋总体租金水平。同时，社区引进专业创意设计公司，策划打造集娱乐、休闲、办公于一体的众创社区，助力青年创新创业，实现居民小区和创客社区辐射互动。

项目建成后，张麻车社区从一个老旧街区蜕变成为集文化、休闲、创业于一体的优选之地。通过发展休闲观光、餐饮美食、商铺出租、影视剧拍摄等方式，实现村集体经济增收，并带动第三产业发展，帮助村民就业、增收。

（4）村庄经营增收

主要是充分利用美丽乡村建设成果，大力发展休闲农业和乡村旅游，拓展集体经济发展空间，打造村域观光景点、农家乐、民宿经济等，把绿水青山变成"金山银山"。

典型案例： 浏阳市官桥镇竹联村和苏故村。

竹联村和苏故村是省级美丽乡村示范村，他们是怎样做到的呢？

• 首先是做好人的思想工作，调动村民积极性，让村民一起参与到开发中来，会避免很多的矛盾。

• 整治农村环境，开展污水治理，发展产业支撑。村庄太大，就分成片区来管理，一个片区一个产业一个内容，引来了很多游客，由过去的贫困村，到老百姓达到了年收入3万多元，且每年都在提升。

• 要有信心，通过近几年的休闲农业与乡村旅游发展，村民们都尝到甜头，得到了实惠。

• 要有思路，尤其生态资源贫瘠的情况下，一定要发动老百姓一起来把农业产业做强，发展农业生产就离不开老百姓。

• 利用闲置房屋开发民宿项目，合作经营，一来让老百姓增加收入，二来增加公司的接待功能。有60多户村民把自家的房屋建成民宿，目前能够接待500多人住宿。房屋所有权归房东，经营和管理权归公司，所得收入按比例分配。

94 为什么发展休闲农业可以向别人学习，但不能盲目复制？

很多休闲农业投资者在走马观花式的参观学习中，没有深入了解、区分地域环境的优势就模仿复制，照抄照搬而不是借鉴性地挖掘自己的优势，彰显自己的发展主题与经营特色，导致同质化现象严重，浪费大，效益差。

（1）简单模仿

陕西关中平原的蒲城县城往东15千米，当地打造了一个乡村旅游景点——重泉古镇。这座建造于荒地上的古城，几乎完全复制了很多古镇模式。尽管投入巨资建设，景观美轮美奂，但门庭冷落，游客稀少。为什么会是这样呢？

据了解，这里原来是一片荒地，蒲城县政府通过招商引资，引进了投资商进行开发经营。古镇2016年开始营业，其经营理念完全照搬别处的乡村旅游模式。刚开业时，还有一些游客前来体验观光，但是由于与别的古镇景点没什么区别，没有自己的特色，很快就失去了新鲜感，游客逐渐减少。

几年前，陕西富平县城附近也修建了一个乡村旅游景区——和仙坊。现在大部分的商户已经关门歇业，建设到一半的大楼已经停工。

（2）盲目跟风

湖南岳阳市平江县平汝高速安定出口旁边的一家水上乐园，投资数千万元，开业两个月就关门歇业了。无独有偶，与其邻近的浏阳市，还有两家休闲农庄也是开发水上游乐项目，一家投了3 000多万元，另一家投了8 000多万元。7月运营旺季，顾客还可以，但只经营了一个半月，也歇业了事。

由于投资人不了解休闲农业与乡村旅游的内涵，一般是通过参观学习，看到别人的项目收益好，就盲目跟风，生搬硬套，不针对当地市场进行调查，不取长补短，而是一窝蜂上马新项目，新项目越来越多，同质化严重，而产品服务又跟不上，导致举步维艰，惨淡经营，甚至维护成本高于经营成本。同质化还导致恶性竞争，加之缺乏创新产品，经营项目单一，对季节依赖性强的项目，旺季一过，只能关门。

（3）照抄照搬

有这样一个投资者，非常热爱自己的家乡，创业成功后回报家乡，投资建设了一个大型休闲农庄，占地1 000多亩，总投资2亿元。并且在国内外四处参观学习，把所到之处的经典创意都搬到了自己的农庄：学习了红色文化创意，他在自己的农庄里仿照毛主席故居建起了毛屋湾；学习了农耕文化，他把炎帝陵雕像放在农庄的百草园里；学习了养生文化，他把红豆杉栽在农庄的湿地水塘边上；学习了采摘项目，他把几十种水果栽在农庄里；学习了农业产业，他在农庄养了猪、鸡、鸭、鹅、各种鱼、特种水产等。农庄里应有尽有，不分区域板块，典型的大杂烩，没有经营主题，因而也就没有形成自己的特色。导致喜欢幽静的客人不愿来，喜欢热闹的客人又嫌氛围不够，农庄到现在只有投资，没有回报。所以，盲目照搬别人的经典创意，其结果是投入大量资金，再经典的东西也会"水土不服"。

（4）复制抄袭

目前，很多地方依托城市与周边名胜古迹、旅游景点发展起了乡村旅游，生意还不错。但是，也有一些地方，通过人造景观发展起来的乡村旅游，几乎都是把景点观光作为外在包装，将附近农民的房屋简单"穿衣戴帽"，刷白墙壁，做成统一的仿古建筑等，形成一定规模的乡村旅游景点，就开门迎客。但是，这些景点基本上靠跟风、复制、模仿，千人一面，没有明显特色，文化元素太少，缺少农耕文明、农耕文化的内涵，基本上去一个景点，其他的景点都不用去了；来过一次，下一次再也不会来了。

乡村旅游，背景是乡村文化，特色是民俗体验，引擎是旅游产业，如果忘记了这三者之间的有机协调，一味强化乡村旅游的景区化，则同质化、空心化、庸俗化以及粗制滥造、东施效颦等现象会层出不穷。乡村旅游如果没有根据自身的资源禀赋，进行特质化的研究和规划，缺少文化创新，没有打造出自己的特色，一般是很难持续发展的。

事实上，闻名遐迩的陕西袁家村、浙江鲁家村、湖南青苗村也没有太多的优势资源，它们更多地依靠产业发展、旅游创意设计与组织，才逐渐成功的。因此，只有因地制宜地发展当地特色产业，进行休闲农业与乡村旅游创意，才会有自己的经营特色。

95 南边生态农场升级发展之路在哪里？

　　南边生态农场地处浏阳市官渡镇田郊村南边大桐庵，紧靠长浏高速，距浏阳市42千米，距长沙市97千米。农场有土地525.53亩，其中农田102.85亩，土地33.45亩，山林360.23亩，山塘29亩。农场成立以来，一直坚持生态、绿色、健康的发展理念，投入资金1 200多万元，致力于发展现代休闲农业与乡村旅游。

（1）南边农场的主要特点

　　① **生产先行，突出生态种植**　恢复耕地，修复山塘，利用天然山泉水和自种青草，养鱼2万余斤。以天然虫草为食，补充自种杂粮，发展林下土鸡放养。采取传统的牧草喂养和山林野外放牧的方式养殖浏阳黑山羊。利用所养畜禽粪便，发展生态种植，主要有蔬菜、桃、梨、枣、橘、李、杨梅、枇杷、板栗、火龙果等。

　　② **因地制宜，创建休闲农场**　建造了农家四合院、吊脚楼木屋、观光休闲走廊，以及集会议、就餐于一体的多功能木屋；进行主干道的提质硬化，建设三味书屋，恢复望夫井，并在2019年建造了南边山居民宿。农场主要以黑山羊品种保护为特色主题，集种养产业、农耕体验、特色餐饮、休闲度假等功能于一体，让游客在青山绿水间感受自然，体验农业。

　　③ **开拓创新，加速农场发展**　农场创建浏阳黑山羊纯种科研保护站、黑山羊养殖体验园，与当地农户合作扩大黑山羊养殖规模，打造黑山羊品牌效

应，带动其他农场土特产销售。农场自己的微信公众号，设有"农场商城"，及时对农特产品进行宣传，并且通过小红书、抖音、微博、网站等发布农场信息。南边山居民宿目前也已在携程、去哪儿、途家、爱彼迎等平台上线，小程序商城可以直接开通腾讯直播，实现以农带旅、以旅兴农，文化、旅游、农业互动融合发展新局面。

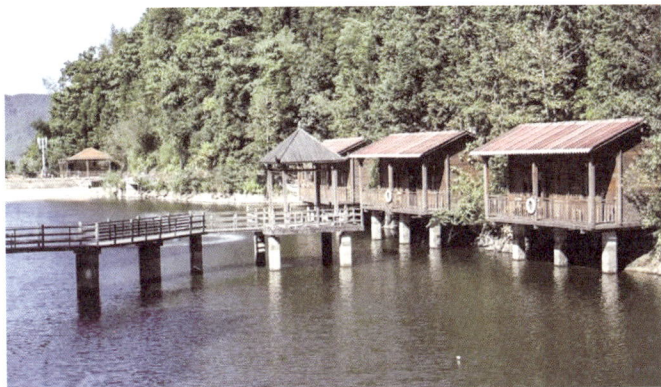

④ **基础条件较好，具备发展潜力** 南边生态农场已获评国家级四星农庄、省级示范家庭农场。农场为了打造一流健康休闲度假农场，还计划新增民宿房屋，完善吃住接待设施，开发森林步道等，让游客到农场真正体验自然，感受自然。

(2)南边农场存在的主要问题

① **农旅经营项目相对单一** 农场经营的休闲项目主要就是吃饭、住宿、垂钓、烧烤、采摘等，与其他休闲农庄和乡村旅游点没有做差别化经营，同质化程度较高，加之农场所处的交通与区位不占优势，急需升级发展。

② **盈利点少，盈利能力不强** 农场主要靠餐厅、客房等重资产经营项目盈利，缺少轻资产性质的休闲农业创意盈利项目，虽有采摘、烧烤等经营项目，但是规模不大，也很难盈利。由于盈利点少，盈利能力不强，所以农场建成后，尽管精心经营，但是赚钱不多，只能勉强维持。

③ **产业主题不明显，支撑力不强** 农场

虽有黑山羊和鱼养殖业，还有蔬菜、水果等种植业，但规模都不大，也没有做成经营平台的示范、引领、带动效应。且农场农旅产业结合得不紧密，主要还是从田头到餐桌的低端农旅结合形式，产业的支撑力没有显现出来。

④ **文化特色不明显，内涵不深**　农场虽然挖掘了一些当地特色文化的项目，如三味书屋、望夫井等，农场餐厅、客房也很有乡土味道，但由于没有将文化与经营主题、产品相结合，缺乏主线与内涵，显得凌乱。

（3）发展建议

① **明确产业主题**　南边生态农场的产业主题就是黑山羊养殖，要充分挖掘黑山羊国家地理标志产品的品牌和文化价值，打造全国第一个农旅有机结合的黑山羊示范农场，在当地起到引领、示范、带动作用。

② **明确休闲特色**　要以科普教育为主，打造黑山羊科普教育基地。通过开发黑山羊养殖、黑山羊体验、黑山羊科普学堂（校）等经营项目，形成中国第一个黑山羊产学研科普基地。

③ **明确文化内涵**　要以黑山羊文化为主轴，与当地古迹文化、山水文化、建筑文化、服饰文化、美食文化、习俗文化、宗教文化、婚庆文化、游戏文化等相结合，挖掘浏阳当地古代名人、红色文化、历史传说等文化资源，讲好浏阳黑山羊的故事。

④ **实现农旅有机结合，丰富盈利项目**　主要是以黑山羊产业为基础，大力开展农旅有机结合，重点做好7个方面：看羊（羊景观，羊小品，羊标识）、玩羊（有羊参与的娱乐活动）、吃羊（羊美食）、住羊店（羊主题文化民宿）、卖羊产品（开发黑山羊产品，打造产业链）、羊科普（科普游学活动）、羊文化（讲黑山羊故事）。

96　大禹农庄是怎样成为品牌农庄的？

四川大禹农庄是一家集绿色农产品、休闲农业和乡村旅游为一体的现代农业示范园，是从事种植业、养殖业的开发与研究，以及农业生态旅游开发经营为主的省级农业产业化重点龙头企业。农庄位于汶川县绵虒镇国家ＡＡＡＡ级旅游景区——大禹文化旅游区内，距成都城区100多千米，这里的客源主要是成都市民，还有来自全国各地的旅游者。

（1）生态环境优美

大禹农庄所在地海拔1 250米，年平均气温13.5℃，负氧离子丰富，生态环境优美，历史文化源远流长。特别是2008年大地震之后，汶川地区在全国人民的大力援建下，交通、产业、旅游等基础条件有了很大的改善。

大禹农庄森林植被与水资源十分丰富，农庄通过精心规划设计，所有客房都被掩藏在绿树丛中，房前屋后还有涓涓小溪流过，让人心情十分舒畅。在这里可以让游客紊乱烦躁的心安静下来，产生爱惜土地，珍惜环境，保护生态的情感。

（2）规划设计到位

大禹农庄将山、水、植物、房屋、农业生产、乡村文化等进行了科学的规划设计，给人一种简单、朴素、整洁的美感，体现了良好的艺术修养与农业情怀。城市游客久居都市，自然具有爱整洁的习惯，大禹农庄的整洁美，让人有种清新优雅之感，消费者来到这里就会产生舒适感，慢慢地欣赏与体会农庄之美，感受农庄的真实与朴素。

大禹农庄除了本身的清新自然外，园区标识或指示牌非常具有特色，除了一目了然外，都显现其主人独具匠心的设计和制作，虽然只是细节，但仍能表现出农庄的人文素养。

（3）主题特色鲜明

大禹农庄是一家以康养度假为主题的休闲农庄，围绕主题定位，农庄进行了独具特色的打造。

① **特色理念设计**　大禹农庄康养理念：古，取之源远；羌，得之流长；药，造化于天地；泉，流淌过春秋。古羌药泉，所含之意境，氤氲中方知妙绝。农庄利用来自高山融雪水源，炮制古羌医药的神奇功效，成就古羌药泉的独特魅力。玻璃房内泡泉可仰观星河，山间户外泡泉更是触手皆是天然。

② **特色客房**　在这里，木，是养心树；屋，是傍山居，木香扑鼻，满眼风光。山间木屋采用进口松木全实木搭建，通透和保暖兼顾。无论房外的鸟鸣或者小溪，都将带你回到自然的怀抱，忘却城市的喧嚣。

③ **特色美食**　大禹农庄餐厅的食材主要来源于自给自足的种养生产。结合当地藏羌特色和传统烹饪工艺，创新出独特的菜式和佳肴。利用高山融雪水养殖的三文鱼能一鱼五吃，生、煮、煲、煎、炸特色各异。猪肉全部来源于农庄自产，且做法具有当地美食文化特色。各种高山特色蔬菜，如白菜、萝卜、青笋等不仅仅是有机食品，而且味道十分鲜美。在历届阿坝州美食节上，大禹农庄的烹饪作品获得多项奖励。

④ **特色休闲项目**　大禹农庄拥有齐全的会议培训、休闲体验和运动训练设施。设有各类客房161间，能同时接待160人温泉洗浴、300人住宿、400人会议、500人就餐，可以提供会议培训、拓展训练、企业团建、家庭休闲等服务。这里有锅庄晚会、烤全羊、采摘、拓展训练、体育运动、棋牌、品茗、农耕体验、亲子活动、科普教育、野炊、烧烤等丰富多彩的活动项目。

⑤ **特色农产品体验馆**　"净土阿坝"是阿坝州人民政府将各县的品牌农产品在大禹农庄进行展示的一个体验馆，是地震后的政府援建项目，由农庄进行管理。体验馆涵盖了阿坝州内最有价值的农牧产品，既是展示和销售的超级市

场，又是互联网交易、临时仓储、货运中转等多种功能的集中地，还是阿坝优质农牧产品的一扇宣传窗口。

体验馆内以阿坝州14个县市区分区展示，展柜的构思均来自当地极具特色的造型。如小金县的苹果造型、卧龙的熊猫造型、马尔康的卓克基官寨造型……在体验馆内游览，不仅可以买到最纯正的阿坝农牧特产，如金川雪梨膏，阿坝县牦牛肉干，九寨沟葡萄酒等，还能了解当地的风土人情。

⑥ **特色种养区**　大禹农庄有自有耕地，进行特色蔬菜、水果种植。有标准化种猪场，年产仔猪5 000头以上。实现了生态养猪与大棚种植相结合的循环农业生产模式。

农庄还有三文鱼养殖基地，利用融雪冷水养殖三文鱼，是一大特色产业，其发展潜力巨大。

(4) 农业功能开发

大禹农庄在农业功能的开发上做了许多的探索，除了前面所说的生态功能、休闲功能、康养功能，科普教育功能外，农庄还建立了阿坝州农民培训基地——阿坝州大禹农民培训学校。学校自成立以来，锐意进取，硕果累累，已开展多期种植、养殖、果树、蔬菜、创业、乡村旅游等许多期专业培训，培训人数10 000人次以上，受到各地政府、群众和相关企事业单位的广泛好评。

(5) 注重品牌经营

大禹农庄与成都周边的休闲农庄相比区位方面没有优势，但在品牌经营中补短板、强优势上做了大量工作。

① **线上模式**　"恋上农庄"是由大禹农庄发起并持有的农庄连锁品牌，致力于整合业内资源，形成品牌影响力，为广大消费者提供"自然、生态、健康、美好"的乡村旅游一体化服务以及休闲农庄生态产品。在线上建立了OTA平台，利用微信和网上商城的无缝对接，实现了农庄产品的网上销售。

② **线下模式**　通过引入优秀的管理人才，确保运营和服务的高效率、高品质。农庄计划用五年时间，践行"大禹"的品牌追求，缔造健康与快乐，并与大众一起分享。

（6）文化内涵丰富

大禹农庄位于大禹文化旅游区内，农庄的文化主题就是大禹文化、大禹精神。同时，农庄周边就是羌族集中居住区，红哈达、康巴汉子、能歌善舞、特色建筑、特色美食等就是勤劳智慧的羌族人民的文化符号。

大禹农庄的文化理念是：用最质朴的感情温暖人；用最纯真的物产馈赠人；用最优质的服务体贴人；用最传统的文化感染人。秉承生态理念，维护物产的纯正；重视文化的感染力，赋予产品以灵魂。追随大禹的品德魅力，使体验充满情感和温暖。

97　百翠山居为什么能吸引游客提前预订、非住不可？

各地有很多漂亮的休闲农庄，大批的游客慕名前往休闲观光，甚至在此就餐、游乐，然而选择晚上留宿的并不多，究其原因，最主要的还是住宿环境不好、不够舒适，不如回家。

很多休闲农庄庄主认为，既然是农庄，那住宿就应该住的随意才更有"土"味。其实，城市消费者虽然对乡村美景、休闲体验活动感兴趣，但同时他们已经习惯了舒适、卫生的城市生活，太过简陋和脏乱的环境很多人无法接受。所以在休闲农业园区建设中，住宿的"土"味很重要，但还是第二位的，第一位的一定要舒适，农庄的住宿只有打造成比家还舒适，才能真正让游客留宿。

浙江的百翠山居已有两家连锁农庄，一个在湖州，一个在桐乡，虽然同样是田园度假风格，但是各有千秋。湖州的百翠山居拥有两千多亩土地，种植树木、观赏植物、农作物，有丰富的负氧离子，"依山而居，竹海为家，仰头便是星空，推窗即是竹林"！

桐乡的百翠山居没有山，但却是鱼米之乡，有着丰富的水面，优美的自然风光，自然质朴的夯土屋。

（1）设计理念，对生活与文化的用心

百翠山居以道家五大基本元素的"土"为基础，解构"土生农田与农耕社会"，"以土为系"的设计荣获2015年米兰世博会农业主题景观设计一等奖。希望把中国的好的古老文化留下来。对于山水田园梦他们从城市到乡村，从建筑、人文到整个乡村生活而不是把城市生活移植到乡村，从心灵的放松达到身心灵的回归。

因此，百翠山居的建筑和装修，充分体现了设计、用材与自然环境协调的原则，尊重自然，关注环境，注重人与自然的沟通，以鲜明的主题特色来展现农庄风貌，并使之与周边的旅游风景区有着明显的差异性，充分体现出当地的文化特色和自身的个性化特质，创造出独特的景观形象和游赏魅力。陶翁笔下的田园、陆游的柳暗花明又一村；家的温馨、文人墨客的雅致、情景、意境、温馨、浪漫、可现代、可穿越都得到了体现！

　　来休闲农庄住宿的客人，多数追求的是一份恬静和舒适。在百翠山居住宿的客人就能感受到环境的宁静清幽、空气清新。通过窗口就能观赏到优美的田园风光；在浴室沐浴就能看到窗外的一片翠竹，收获一份愉悦放松的心情。客房内部装饰"俗"中有"雅"，"土"中有"洋"，简单明了，突出了乡土特色，营造出了民俗的氛围。利用农家特有的材料，巧妙地设计制作地方特色室内装饰。如用民间旧物、仿农家的家具（红板柜、矮炕桌、竹木椅、梳头匣等）、民间瓷器、民间剪纸进行装饰；用农庄作物装饰，如麦穗、谷穗、黍子穗、高粱头、葵花头、豆荚等；用乡野植物装饰，在不同季节将不同植物做成小装饰品或小型盆景；用藤编、草编制品装饰，有筐篓、壁挂、草墩、坐垫等。

　　百翠山居的客房内除配置大床、方桌、木椅等必备家具外，还安装了降温、取暖设备；灯光照明充足，通风状况良好。卫生间的布置非常人性化，除装有自动冲洗坐便器外，旁边还设有扶手架，手纸盒位置醒目，开关和各类按

钮方便，洗漱台设置高低不同。此外，为方便客人上网，在客房内安装网线；为方便客人手机、相机、电脑同时充电的需求，提供多种电源插座。

游客在百翠山居住过之后就会有这样的感受：800亩田园风光，姜黄色的夯土屋错落其中，推窗便是随风摇曳的花草，香气扑鼻。农庄小屋相连，共用院落空间，保证私密性的同时，又有鸡犬相闻的村落生活乐趣。农庄原木原瓦，隐于山水之间，推窗可见竹林，听风听雨，与传统的田园自然融为一体。

（2）温暖而人性化的经营理念

桐乡百翠山居设有平安村、莲花村、稻香村，每村配备一名管家，提供一对一定制专属服务。从宾客预订开始，管家便开始着手打造专属于你的VIP服务：从接待到入住，从用餐到活动，全程引导对接；客人也可以根据自己的需求，安排骑马、农业观光、自制陶器、蔬菜采摘、宠物乐园、儿童乐园等休闲项目，充分享受田园生活的乐趣。

管家会真诚地对待每一个客人，发现客人内心真正需要的东西，将服务做到客人心里去，希望每位客人都能在农庄里找到乐趣，满足需求。例如，农庄为了解决客人参加体验活动时不方便携带宠物的问题，提供宠物乐园、宠物宾馆等设施和细致周到服务。

（3）重视人才培养与考核

① **重视员工培养** 通过培训，使员工掌握至少三项工作技能；然后将他们安排到各个部门进行轮岗实习，每个部门实习2～3个月，经考核过关后到另外的部门。这样既提高了员工的工作能力，也使他们熟悉了农庄的整理情况和工作流程。

② **独特的组织方式**　对客人的所有服务方案和调度都由管家负责，即谁接触客户谁说了算。采用这种方式，使得员工工作有成就感，才会主动做事、乐于创新，发挥综合能力。

③ **对主管的严格要求**　在服务行业，所有的水准是通过末端传送的，也就是说员工这个层面会直接影响客人的情绪，主管必须贴近和了解员工，才能及时反馈员工的想法和工作状况。

④ **员工自评**　要求员工对自己的工作进行自评，鼓励他们提供感动服务，提出创新建议；要求员工不能只会做事，还要学会动脑做事。

⑤ **管家考核**　从 5 个方面进行考核：现场表达；事务处理能力；资源的调度能力；应变性；合理程度。非常满意度要求达到 90% 以上。

（4）采用会员制建立长效市场

百翠山居提供会员制服务，会员有两种：年度会员和终身会员。农庄为会员提供专属服务，如农产品配送、客房优惠、免费参加节庆活动，提供专属管家服务、专属礼品、专属园地等。通过吸纳会员，可以为农庄培养忠实用户，提升运营效率，建立长效市场，提高经济效益。

（5）提供丰富多彩的节庆活动

百翠山居在一年中设计、组织 50 多个节庆活动，如春茶节、杨梅节、丰收节、鲜腊节等。游客可以感受风俗文化，体验乐趣活动，会员家庭均可免费参加。比如，稻谷丰收时组织"丰收节"活动，游客可以前往山庄参与稻谷收割：换上农装，下田体验割稻、打谷、晾晒等劳作，然后还可以品尝用自己亲手收取的稻米制作的新米饭……

98 百果园是怎样打造成"省级示范农庄"的?

在湖南省长沙市望城区有一个国家级果茶良种繁育示范基地,是湖南省为加快农业产业结构调整、改良优化全省果茶品种所成立的国家级种苗龙头企业,也是省级示范农庄。至于这家单位的全称可能没几个人能说清楚,但它有一个长沙人都知道的名字——百果园。百果园为什么会被评为"省级示范农庄"呢?

(1)产业主题鲜明

百果园以果、茶、薯种植资源引进、保存、研究与利用,品种改良及良种苗木繁育,高科技生产、加工示范为主业,并依托产业发展休闲农业,主题十分鲜明。

百果园先后从美国、法国、荷兰等十多个国家及国内各省市引进优质果、茶、薯20多个品类近300个优良品种,建有品种资源圃1公顷,果茶良种母本园5公顷,采穗圃6.7公顷,繁育圃4公顷,设施生产示范园13.3公顷;贮藏冷库及茶叶加工厂1 840米^2;组培及脱毒检测中心1 200米^2。每年可向社会提供优质果、茶、薯种苗300万株(粒),果、茶、薯母苗(接穗)1万千克以上,生产优质果、茶、薯产品200吨以上。

(2)农业科普教育基地

百果园在2010年与中国电信合作,通过引进优良品种,实行规范化科学栽培管理,采用先进的设施农业技术,建成现代设施农业展示区。展示区内划分为七个小区，分别为植物组培快繁小区、茶叶加工与产品展示小区、名优花卉生产示范小区、瓜菜丰产栽培示范小区、特色瓜菜品种展示小区、中草药品种展示小区、名优食用菌栽培示范小区。

百果园每年都会开展中小学生春秋季"科技游"活动，平均每年接待 2 万多名师生，前来参加采茶、制茶、认果、采果等绿色科技游活动，并为湖南农业大学、湖南生物机电职业技术学院等多所院校相关专业的学生提供专业实习、实训条件。

（3）农旅结合的休闲基地

百果园以市场为导向，依据市场需求，以水果、蔬菜、花卉、马铃薯、种苗的示范、推广、生产、销售等为主导产业，并开发与之相配套的吃、住、游、购、娱一体化的产品及规范化服务。

休闲娱乐活动主要有：科普教育、果蔬采摘、现代设施农业观光、趣味农耕、乡村高尔夫、垂钓、拓展训练、嘉年华游乐、射箭、镭战、登山、健身等30 多项。年接待会议、农业技术培训和休闲观光游客超过 24 万人次。

（4）示范带动效果明显

百果园按照"公司＋基地＋合作社＋农户"的发展模式，带动了当地种植业、养殖业的发展。园区现有就业人员 176 名，60% 以上为当地劳动人口，人员招聘以当地为主，有效地缓解了当地就业压力，转移了农村剩余劳动力，为农民创收提供了有利的条件和平台。园区带动 300 多户农民进入产业链，发展基地 3 000 多亩，每年为当地农民增加收入 1 000 多万元。

百果园先后获得"国家级农业旅游示范点""全国五星级庄园""省五星级休闲农业庄园""湖南省科普基地""长沙市特色旅游示范点""长沙市十佳乡村旅游点""望城旅游十佳定点单位"等荣誉。

（5）休闲项目有趣增收

百果园利用园区果茶特色资源与山水自然资源接待各地游客休闲观光，依托农业生产示范基地开展了特色科普教育与亲子游乐活动，在休闲娱乐方面园区以市场为导向，创意了丰富多彩的休闲旅游活动。

① 吃　百果园餐饮以酒店宴会厅、农家乐为主，湘菜、农家菜系列品种多样，采用产自农庄蔬菜基地及养殖基地绿色无公害原材料，烹制健康味美的佳肴，能根据时令推出特色餐饮，服务周全，深受顾客好评。

② **住** 百果园农庄酒店建筑面积 6 000 米^2，综合楼按四星级标准建设，有标准单人间、标准双人间、标准三人套房、豪华三人套房、豪华复式套房、豪华行政套房等共80间（套），近300个床位，人性化布局、设计，傍山临水，景致宜人。

③ **玩** 利用1 200多亩的广阔场地设计了丰富多彩的休闲项目，包括真人CS镭战、射箭、骑马、拓展训练、科技观光等，还可以进行拔河比赛、环湖接力赛、羽毛球等30多种体育运动项目。

④ **卖** 百果园拥有果园、茶园、良繁苗圃、蔬菜基地等，可供游客入园摘果、采菜、采茶，尽享田园风味、体验农家乐趣。另有自制的各种干菜、茶油、果酒、熏鱼、熏肉、坛子菜、水产品等可供出售。

(6) 市场营销有力有效

百果园已建立了自己的销售渠道和营销网络，客源情况基本保持稳定。目前，已同一批旅行社建立了良好的业务合作关系，保证了一定的客源，如中国国际旅行社、中国青年旅行社、新康辉国际旅行社、光大旅行社、妇女旅行社、岳阳云梦旅行社等。

建园之初，百果园农庄就注册了"百果园"商标，围绕打造"百果园"品牌，借助各种渠道加大品牌的宣传和推广力度，先后对接当地电视台、广播电台、报纸等二十多家媒体对"百果园"进行宣传报道，产生了较大的社会反响，加速了品牌的提升和无形资产的积累，"三湘水果自采第一园"形象已深入人心。在网络营销宣传方面，园区与红网、湖南旅游网等合作取得了很好的宣传效果，同时自身网站建设也取得了长足发展和较大进步。通过多种方式和渠道的宣传，百果园品牌知名度和美誉度大大提高，奠定了园区作为湖南农业休闲观光领域知名品牌的市场地位。

(7) 游客接待有品有味

百果园设有独立的接待部门，主要负责所有宾客的接待工作。接待部门服务团队有健全的接待制度和完善的接待程序，每一位接待员都通过了专业的培训后上岗，并具备了一定的业务素质和综合能力。接待员有统一的着装、热情的态度、优质的服务，让每一位来百果园的客人尽兴游玩，满意而归。

百果园清新的空气、优美的环境、多样的娱乐设施、优质的服务让客人都赞不绝口，顾客的满意度基本在98%以上。

(8) 可持续发展态势良好

百果园在看到休闲农业的发展及存在问题的同时，也意识到要在农业观光休闲旅游的大市场中可持续发展，就应创新管理机制，培养专业团队，优化内部管理，加强横向联合，谋求共同发展、合作多赢；同时，综合考虑农庄的功能要求、地域优势和经济效益，结合现阶段发展休闲农业形成的优美环境和品牌资源，不断创新、科学规划、合理布局观光休闲项目，注意农业旅游资源开发的模式定位、文化定位，明确目标市场，将百果园农庄打造成为全国休闲农业、果（树）品高科技科普、旅游产品展示"三位一体"的现代化高科技农业观光示范基地。在这基础上的项目规划、资金投入、施工建设等各项工作中都应坚持旅游观光休闲与农业生产协调统一发展的原则。在遵循农业生产的基本规律的前提下，在果、茶品种引进、生产等工作中兼顾观光休闲旅游功能的开发，在农业开发与观光休闲旅游的同时考虑园区整体景观布置和景点设置，做到合理规划，和谐统一。

99　邓石桥村乡村旅游发展的经验与教训是什么？

邓石桥村位于益阳市赫山区谢林港镇，是著名作家周立波的故乡。周立波的小说《暴风骤雨》《山乡巨变》让益阳人脸上沾了不少光，邓石桥村也因周立波而远近闻名。2008年9月周立波故居对外开放，邓石桥村也先后被评为湖南省"新农村建设示范点""农业旅游示范点""省级生态旅游村""特色景观旅游名村""国家AAAA级旅游景区"等。

（1）大量店铺关门，街道上几乎空无一人

邓石桥村景区开业初期的游客众多，人流量大，生意火爆，商铺摊位紧张；但是，两年以后，缺少新鲜感，兴盛期结束，客流量大幅度减少，生意一落千丈。天气晴好的周末，本来是游客出游、生意兴隆的时候，但是在周立波故居旁大量商铺依旧关门歇业，街道上也几乎无人，与刚开业鼎盛时期游人如织、人声鼎沸的情形相比，真可谓冰火两重天。

（2）民俗文化少，体验只有餐饮

邓石桥村的景区建设作为美丽乡村建设项目，主要靠政府资金扶持投入，总投资2亿元左右，目的是依托周立波故居，打造一个集生态农业观光、民俗文化体验、农事活动体验及乡村精品休闲度假为一体的文化乡村旅游综合项目。景区里有水车、石碾盘、织布机……偶尔可见一些摆放的"老物件"，但数量稀少，被淹没在浓郁的现代商业氛围中。显然，邓石桥村对传统民俗文化的传承，整体上仅处于成品展示阶段。各种餐馆倒是很多，除了益阳本地土菜馆外，还有擂茶、烧烤店等。游客在此吃完饭就走了，留不住人，缺乏互动和参与。

游客稀少的根本原因是现在休闲农庄和乡村旅游点很多，各家的经营项目几乎都是简单复制，而且只是复制了餐饮项目，业态单一，容易让人产生审美疲劳。而消费者以本地游客为主，虽然也有外地旅游团，但数量很少。根源是前期缺乏足够的经营策划，中期缺乏市场调研和更新升级。

(3) 旅游景区一味模仿，大同小异

近几年，在邓石桥村旅游景区的建设中，当地政府也想了一些办法。如在周立波故居前，种植了300亩荷花。荷塘的布局、风格、品种还是从成都学来的，目的是想打造荷塘月色的美景。但由于只有赏荷花、摘莲蓬这种千篇一律、简单重复的活动，缺少一二三产融合发展的深度策划与创意，也只红火了一两年就少有人来了。

邓石桥村旅游景区没有大企业参与投资和经营，主要是政府投入，村里经营。老百姓只会做自己熟悉的，只知道"卖吃的"。进入餐厅，每个包厢里除了餐桌外，还放着一台麻将机，一看就是接待当地人的。由于缺乏专业团队经营管理与指导，也就缺乏对"周立波故居"承载的文化挖掘，少了文化内涵也便少了对外地游客的吸引力。

周立波故居始建于清乾隆五十三年（1788年），文化底蕴厚重。邓石桥村景区为了竞争当地客源，急功近利地分享着"周立波"这个资源而没有从根本上深挖其文化品牌。景区投入上亿元建造，主要用于基础设施，而真正的乡村民俗文化配套不

齐全，其结果也只能变成了小吃餐饮大杂烩。优秀文化品牌的挖掘是成长壮大的"根基"，只有蕴含了文化的生命力才有传承性和延伸性。

近年来，很多乡村旅游项目新建、改建的许多古镇、民俗村、文化村之类的人造景区，一味模仿，大同小异。一些乡村旅游项目又建设了许多应景的仿古建筑，一拆一建失去的不仅是有形的建筑，还失去了和建筑互通互融的灵魂，难怪这些"道具"一般的项目，开业时会红火一下，然而最终还是很快就门庭冷落了。

（4）寻找乡愁，品味乡土，如何让游客留下来

那么，类似邓石桥村这样的乡村旅游景区怎样吸引游客"常来常往"？

邓石桥村的情况很典型，本来是想迎合城市居民希望寻找乡愁、感悟"周立波"文化、周末出去走一走的愿望，但没有认真规划定位就快速上马，其结果造成业态单一、招商难以为继、持续吸引力不足，缺乏生命力。

城市游客到农村是去寻找乡愁氛围、品味乡土气息，不是简单地下车吃饭、拍照。部分乡村旅游景区和民俗村没有把握住城市游客的内心和出发点，表面看确实摆放了不少农耕器具、古旧物品，也似乎古色古香，但这远远不够，不能把人留下来。此外，城市游客消费心理细腻，也比较挑剔，新鲜感一过就厌倦了。

有人认为人造景点没意思，但迪士尼、长隆、方特等景区也是人造景点，为何人山人海呢？关键是要抓住游客需求，做好主题定位和市场调研，确定合适的运营方式和盈利模式。乡村旅游景区应该更注重于体验式、互动式的深度旅游，要再现历史而传统的生活场景。如果在保持原貌（味）基础上，主打地方特色文化，不仅能吸引游客的眼，还能留住游客的心。

100 锦逸农庄是如何从"老三样"蜕变成"全国十佳产业农庄"的？

从长沙城区沿芙蓉大道向北行驶40多千米，就到了湘阴县玉华镇的天鹅社区。2015年开业的湖南锦逸山水农庄就坐落在天鹅社区芙蓉北路边上。刚开业时，农庄主要经营"老三样"休闲农业和乡村旅游项目：餐饮、住宿（棋

牌)、垂钓。由于主要是模仿其他农庄，经营项目单一，没有发展主题，没有产业支撑，投资资金也较大，开业时红火一阵后，没有赚到钱，只能艰难维持。2016年，农庄主人联系了湖南生物机电职业技术学院谈再红休闲农业工作室，邀请专家团队对农庄的升级改造进行规划设计，从此开始了蜕变之路。

(1) 产业优先，夯实盈利基础

很多休闲农庄为了寻求差异化，一方面绞尽脑汁"标新立异"，另一方面费尽心思从外部引入"异地特色"，但结果往往是短时间内形成的新鲜感，很快就会变成千篇一律的同质化。事实上，真正的差异化，不是引入外面"稀罕物"，而是当地农业资源的开发利用。

① 开展水稻种植与螃蟹养殖　农庄建立了稻蟹生态种养基地，2016年从辽宁盘锦引进中华绒螯蟹，结合当地实际生产条件，采用稻蟹共生立体养殖模式，优势互补，相得益彰，实现了稻蟹双丰收。2018年，稻田养蟹面积已经扩大到上千亩。

② 充分利用荒山林地，生产绿色农产品　通过科学规划和园区整改，利用农庄的林地开展林下种植、养殖，栽培沃柑、无花果、草莓、葡萄、火龙果等特色水果，林下放养土鸡、黑山羊等。2018年，林下种养面积已经扩大到近400亩，绿色蔬菜种植面积达到100余亩。采用生态有机种植和养殖方式生产的水果、蔬菜、畜禽肉等农产品，品质及口感都非常好，深受客户欢迎。

③ 拓展农产品深加工，延长产业链　农庄采用传统方式加现代技术对自产农产品进行深加工，生产葡萄酒、稻蟹米、干笋、干菜、菜籽油、糯米酒、李子干、剁辣椒、腊味等系列产品，打造出优质农副产品品牌。

(2) 休闲体验，让游客舒心欢乐

农庄的农业产业生产什么，就决定了开展什么样的休闲娱乐活动。锦逸山水农庄充分利用与挖掘当地自然和农业资源的条件，创意设计、组织开展丰富多彩的休闲体验活动，让游客舒心欢乐。

① 好看　农庄以生态美为特色，绿色覆盖率达90%以上，各类林木品种繁多，各类花卉栽种面积近30亩。来到农庄的游客可以观赏春、夏、秋、冬四季各异的景色，春天万物复苏，春色宜人；夏天荷塘月色，鱼跃蟹爬；秋天稻浪金黄，瓜果飘香；冬天清平幽静，品尝美食。

② 好玩　农庄游乐项目丰富多彩，有捉鱼、捉鸡、抓蟹、插秧、割稻、打谷等农事体验活动；有烧烤、野炊、山塘垂钓、水上游船、瓜果蔬菜采摘、

亲子科普、骑马、射箭、拓展训练、各式球类运动等活动；还有豪华KTV、棋牌室。是亲朋聚会、假日休闲、商务会议、业务培训、拓展训练的好去处。

③ **好吃**　农庄餐厅提供的都是用自产的绿色食材、经过精心烹制的、原汁原味的农家菜肴，色香味俱佳。其特色菜品是在传统清蒸蟹和口味蟹基础上研发的全蟹宴——稻田蟹火锅、卤稻田蟹、蟹黄＋泉水蒸鸡蛋、蟹黄炒茄子、蟹黄粉丝、蟹黄豆腐、蟹黄炒饭等。另外，还有水煮活鱼、年猪宴、黑山羊火锅、各式稻蟹米饭等。

④ **好购**　农庄生产的稻蟹米品质上乘，色泽光洁，口感清香，香糯适中，包装精美，携带方便，有25千克装、5千克装、0.5千克装等不同规格，深受客人喜欢。另外，农庄还有自制葡萄酒、干菜、菜籽油、糯米酒等产品可供客人选购。

⑤ **文化内涵丰富**　农庄的文化节庆活动及民俗风情活动开展得有声有色。如举办各类社戏和广场舞比赛、拔河比赛、露天篝火晚会；举办杀年猪活动、美食节、野菜节、湖藕节、品蟹节；组织儿童夏令营和冬令营等。这些极具特色的乡村文化与节庆活动都深深地吸引了来自长沙等城市的客人。目前，农庄的回头客消费和慕名而来的新客户越来越多。

（3）科学管理，以人为本

① **科学管理**　农庄借鉴其他行业成功企业的优秀管理经验，结合自身特点制定了一套完善的内部管理制度。管理、营销、导游、服务分工明确，人员齐备。

② **以人为本**　农庄非常注重人性化管理，为员工提供尽可能好的食宿条件。经常组织各级管理人员和员工外出考察，培训学习，以开阔眼界，提高专业技术能力。为了满足员工精神层面的需求，成立党支部、工会，组织开展丰富多彩的员工活动。员工家里有困难和出现重大变故，公司一定会组织慰问看望。遇到恶劣天气，公司会安排车辆接送员工上下班。这些举措都很好地提升员工对公司的归属感和幸福指数。

③ **资源整合**　为了企业的长远发展，农庄与相关科研院所合作，不断引进技术和管理方面的专业人才，以提升企业的竞争力。如聘请专业人员负责农庄的运营；聘请实践经验丰富的专家进行种植、养殖技术管理；聘请相关专家来农庄进行指导和传授经验；邀请政府相关部门领导前来公司指导等。

④ **惠及村民**　农庄吸收附近的村民到农庄工作，提供了不少就业岗位。公司与周边农户合作开展各种种植、养殖生产，公司提供相关技术指导和资金帮扶，并保证回收产品，大大增加了当地居民收入。出资硬化和修整社区周边道路，改善了当地居民出行条件。积极支持社区精神文明建设，常年免费提供农庄内所有球类活动场地和文化广场，供地方政府和当地企业举办球类比赛，老百姓跳广场舞。

（4）品牌建设，成效显著

锦逸山水农庄经过提质升级改造后，生意是蒸蒸日上。2018年，全年完成经营收入2 000多万元，实现经济效益300多万元。"锦逸"品牌已经在当地获得了较高的市场美誉度和知名度，公司的微信公众号、网上商城以及各级市场开发和销售渠道布局均已完成。2018年，农庄被湖南省农业农村厅评为"省级示范农庄"，被首届全国乡村产业博览会组委会评为"全国十佳产业农庄"。